유통산업 발전법

박민규

우용출판사
1997
www.choolpansa.com

Preface 序 서문

대학에서 유통과 물류관련 법규를 강의하면서 매학기 강의 자료를 바꾸지 않고 지나간 적이 없었다. 특히 2007년 가을학기에는 많은 변화가 예상된다. 현재 국회에는 물류정책기본법을 포함해 5개의 법률에 대한 정부 및 의원 입법안이 제출되어 개정 작업이 진행 중이다. 2007년 국회 회기는 2월, 4월, 6월 그리고 9월에 예정되어 있다. 법률이 2월에 개정이 될 경우 하반기부터 시행하는 데에 무리가 없으나, 4월을 넘기게 되면 7월부터 시행하는 데에 어려움이 있을 것으로 보인다. 이렇게 불확실한 상황에서 다음 학기 강의를 위한 교재를 준비하는 것이 쉽지만은 않았다. 고민 끝에 2006년도에 개정이 마무리되어 금년도에 다시 개정될 가능성이 적은 유통산업발전법을 선택했다. 그러나 이 책을 편찬하면서 유통산업발전법이 여러 가지 문제점이 있는 것을 발견했다. 이런 문제점은 별도의 논문 등으로 다시 자세하게 논의하고자 한다.

2006년은 한국 유통산업의 역사에 있어서 이정표가 될 만한 사건이 있었다. 세계 유통업에 있어 1위와 3위의 월마트와 까르프가 한국 시장에서 철수한 사건이다. 한국의 유통업은 지난 5년간 많은 발전을 하였고 이를 뒷받침하기 위해 유통산업발전법이 2번이나 개정되었다. 2004년에 이어 2005년에도 전면개정이 있었다. 이 책은 이러한 상황을 반영하여 유통산업과 법에 대한 설명을 하고 있다.

이 책은 다음과 같은 특징이 있다.

첫째, 유통 및 물류업계에 종사하고 있지만 법률에 대한 기초 지식이 없는 사람들의 이해 편의를 도모하기 위하여 제1장에서 유통 및 물류의 전반적인 현황 및 법률 기초지식을 설명하였다.

둘째, 제2장에서는 유통산업발전법에 대하여 법률, 시행령, 시행규칙, 시행세칙, 기타 고시에 있는 내용들을 반영하여 상세한 설명을 하였다. 물류관리사 시험을 준비하고 있는 사람들이라면 법률, 시행령, 시행규칙과 관련된 내용만 학습하면 될 것으로 보인다.

마지막으로 나머지 물류관련법규에 대하여 요점중심으로 설명하고 있다. 이 내용은 지난해 한국물류협회가 펴낸 물류관리사 교재 가운데서 저자가 집필한 물류관련법규 부분이다. 그러나 많은 법령들이 2007년 개정될 예정이므로 항상 최신 법률을 참조하여야 할 것이다.

분량이 많아져 유통산업발전법 관련 법령을 제외한 다른 법령은 부록으로 첨부하지 않을 예정이다. 법제처 및 국회 관련 사이트를 참조하기 바란다.

선배 제현의 지도·편달을 기다리며, 부족함에도 책의 출판을 허락해주신 우용출판사 고 종식 사장님과 여러 직원들 그리고 출판을 지원해준 인하대학교의 홍승용 총장님과 연구처 직원들께 감사드린다.

용현동 연구실에서

박민규

Contents 次 목차

제 1 장 총설

제 2 장 유통산업발전법

제 3 장 유통·물류관련 법규

유통산업발전법

제 1 장 총설

제 2 장 유통산업발전법

제 3 장 유통·물류관련 법규

1 章 총설

Ⅰ. 서설

최근 들어 유통과 물류에 대한 사회적 관심이 높아지고 있지만, 유통·물류법규의 관점에서 볼 때 국가가 유통과 물류를 발전시키기 위해 정책을 수립하고 제도적인 노력을 하기 시작한 것은 10년 이내이다. 정부의 정책은 법으로서 완성이 되고 강제적인 구속력과 위반시에 집행을 담보할 수 있게 된다. 우리나라의 물류에 관한 기본법이라고 할 수 있는 화물유통촉진법은 1991년 제정되었다.1) 그러나 그 당시 화물유통촉진법에는 물류에 대한 정의도 없었으며 물류라는 단어는 물류시설과 물류표준화와 관련하여서만 사용하였다. 1991년 화물유통촉진법에는 화물유통촉진계획에 대하여서만 규정하고 있었으며, 우리나라 물류에 관한 기본계획인 국가물류계획은 2001년도에 비로소 등장한다. 결국 국가에서 물류의 체계적인 발전에 본격적으로 관심을 가지기 시작한 것은 5년 이내라고 볼 수 있다. 유통산업발전법도 1997년에 제정되었고, 2003년과 2005년에 개정이 있었다.

유통과 물류에 대한 연구는 근래 여러 학회와 대학을 중심으로 활발한 연구가 진행되고 있으며 국가에서도 특성화 정책 등을 통해 적극지원하고 있다. 그리고 참여정부에서는 동북아물류중심국가 건설을 적극적으로 추진하고 예산 및 제도를 정비하

1) 법률 제4433호, 1991.12.14 제정

고 있다. 유통과 물류 이론에 대한 연구는 많이 진행되고 있지만 유통 및 물류관련 법규에 대한 체계적인 연구가 부족한 실정이다.

여러 가지 원인이 있겠지만 유통·물류법규가 상법에서 행정법, 개별 유통·물류법규까지 공법(公法)과 사법(私法) 영역에 걸쳐 넓게 존재하고 있고, 유통·물류법규의 규율 대상인 유통·물류사업도 도·소매업, 육상·해운·철도·항공 운송업, 도로·항만·공항·등의 물류관련시설, 그리고 다양한 물류서비스업을 포함하고 있기 때문일 것이다. 다양한 영역에 개별법이 존재하는 관계로 공·사법을 명확하게 구별하여 연구와 강의를 하는 한국의 법학분야에서 법학자들의 유통·물류법규에 대한 연구를 어렵게 하며, 법학이라는 특성상 기존의 무역·상무영역이나 경영·유통영역에서 담당하는데도 한계가 있어왔다.

그리고 유통·물류관련 업종은 여러 법령에 산재되어 있으며 소관부처도 다양하게 분포되어 있는데 이것도 유통·물류법규의 체계적인 연구를 어렵게 하는 요인 중의 하나이다. 유통업의 핵심인 상품 판매의 경우 산자부·농림부·해수부·식약청 등이 관련되어 있다. 도로운송의 경우 화물자동차운송사업, 도매배송업, 보세운송업, 철도운송업 등이 있으며 건교부, 산자부, 관세청이 관련 업무를 관장하고 있고, 해상운송은 해양수산부, 항공운송은 건교부가 담당하고 있다. 운송주선업도 화물자동차운송주선업, 복합운송주선업, 보세화물운송주선업 등이 있으며 건교부와 관세청이 소관부서이다. 창고·보관업의 경우 창고업, 화물터미널운영업, 보세창고·장치장업, 공동집배송센터, 농수산물물류센터 등이 있으며 건교부, 관세청, 산자부, 농림부가 담당부서이다.

최근 들어 정부는 유통·물류사업의 경쟁력을 강화하기 위해 새로운 업종을 만들고 있는데 이러한 새로운 업종들에 대한 법적 연구와 검토도 충분하지 못한 실정이다. 유통산업발전법에서는 2003년에 인터넷을 통한 유통업을 규정하기 위해 무점포판매업에 대한 규정을 하고 있으나 실질적인 지원이나 규율하는 내용은 없다. 2004년 개정된 화물자동차운수사업법에서는 기존의 운송업과 운송주선업을 함께 영위할 수 있는 화물자동차운송가맹점업을 만들었고, 2005년 개정된 화물유통촉진법에서는 운송업, 물류시설운영업, 물류서비스업을 함께 영위하는 종합물류업를 새로이 규정하였다. 그러나 이러한 새로운 제도들에 대한 보완이 필요한 것으로 알려지고 있다.

【표 1-1】 물류관련 세부업종 및 관련법령

물류산업 업종구분			관련법령
운송업	도로	화물자동차운송사업	화물자동차운수사업법
		도매배송서비스	유통산업발전법
		보세운송업	관세법
	철도	철도운송업	철도사업법
	해상	외항운송, 내항운송	해운법
	항공	정기·부정기항공기운송사업 상업서류송달업	항공법
시설업	창고/보관업	창고업, 화물터미널운영업	화물유통촉진법
		보세창고·장치장업	관세법
		농수산물물류센터	농안법
서비스업	운송주선업	화물자동차운송주선업	화물자동차운수사업법
		복합운송주선업	화물유통촉진법
		보세화물운송주선업	관세법
		항공운송총대리점업	항공법
	하역업	항만하역업	항만운송사업법
		항공기하역업	항공법
종합	운송+서비스	화물자동차운송가맹사업	화물자동차운수사업
	운송+시설+서비스	종합물류업	하물유통촉진법

화물유통촉진법에서 규정하고 있는 물류관리사 시험과목 중에서 물류법규는 그 범위가 넓고 내용이 어려워 수험생들에게 가장 어려운 과목의 하나로 여겨지고 있다. 실제 물류법규에 대한 연구와 강의를 수행하는 입장에서도 매년 1~2개의 법령이 개정되고, 새로운 정책들이 발표되는 상황에서 모든 여건을 반영하여 강의 교재를 편찬하고 연구를 수행하는 것이 매우 어려운 실정이다. 물류관리사의 물류법규 7개의 중에서 2006년에서 2007년에 개정되거나 새로이 추가되는 법률은 이미 입법 예고된 물류정책기본법, 물류시설법, 화물자동차운수사업법, 철도사업법, 농안법 등 5개 법률이다. 일반적으로 법률이 개정되고 나서 하위법령이 완비되기까지 6개월이 소요되는 것을 고려할 때

2007년 6월까지는 개정된 내용에 의한 물류법규 강의를 할 수 없게 된다.

【표 1-2】 2007년 개정 예정 물류법규

법령명	국회 제출	개정형식	주요내용
화물유통촉진법 (물류정책기본법)	2006.12.20	전부개정	-「화물유통촉진법」을 「물류정책기본법」으로 변경 - 물류범위 확대 - 선진물류체계의 구축 - 제3자물류의 촉진 및 지원근거 마련 - 국제물류의 촉진 및 지원
유통단지개발촉진법 (물류시설의 개발 및 운영에 관한 법률)	2007.1.4	전부개정	-「유통단지개발촉진법」을 「물류시설의 개발 및 운영에 관한 법률」로 변경 - 「화물유통촉진법」의 화물터미널 및 창고 관련규정을 이관 - 물류시설에 대한 5년 단위의 물류시설개발종합계획을 수립
철도사업법	2006.10.18	일부개정	- 철도사업자의 경영자율성을 높여 책임경영체제를 구축 - 철도사업의 경쟁력을 확보하기 위하여 현행 철도운임・요금 상한제(上限制)를 여객운임외에는 폐지
농수산물유통 및 가격안정에 관한 법률	2006.11	일부개정 (정부와 김우남, 한광원, 강기갑, 김선미 의원 등 5개 개정안)	- 농수산물 수급계획 수립 - 도매시장관리자 범위 확대 - 상장경매원칙 폐지 - 도매시장법인의 경영범위 확대 - 경매사 공영제 도입 - 안전성 검사 - 도매사업자에 대한 세금 감면 - 농수산물 소매유통의 개선 - 벌칙 정비
화물자동차운수사업법	2006.12.14	전부개정	- 한글화·체계정리

본서는 이러한 여러 사정을 감안하여 물류관리사의 물류관련법규를 중심으로 주요 이슈와 논점들을 연구해 보는 것을 목적으로 한다. 또한 현행 주요 유통·물류법규의 범위 내에서 물류와 유통법규의 범위, 물류법규의 목적을 달성하기 위한 법적수단과 구제절차들을 연구해 보기로 한다.

본장에는 유통·물류법규의 정의와 연구범위를 확정하기 위해 물류와 유통의 구별, 유통산업, 물류사업과 물류산업의 구분, 물류시설에 대하여 살펴보고 유통·물류법규의 정의를 내려 본다. 그리고 유통·물류법규의 법원과 행위형식에 대하여 살펴본다. 그리고 유통·물류법규의 임무와 규제수단에 대해서 연구한다. 정부는 유통·물류행정의 목적달성을 위해서 행정행위, 사실행위, 행정계획 등 다양한 방법과 이러한 행정의 실효성을 확보하기 위해 다양한 수단을 사용하는데 이러한 방법과 수단들이 유통·물류법규에 어떻게 나타나 있는지 살펴본다. 그리고 전통적인 수단 이외에 새로운 의무이행 확보수단에 대하여 알아본다. 또한 이러한 정부 또는 행정청의 권력적·비권력적 수단에 대응한 권리확보 및 구제수단에 대해서 살펴보도록 한다. 마지막 제도개선을 위한 몇 가지 제안을 해 보고자 한다.

II. 유통과 법규

1. 물류와 유통

(1) 물류와 유통의 정의

물류의 정의에 대하여는 학자에 따라 논의하는 학문 분야에 따라 다양하겠지만 법적으로는 「재화가 공급자로부터 수요자에게 전달될 때까지 이루어지는 운송·보관·하역·포장과 이에 필요한 정보통신등의 경제활동」을 말한다.[2)]

온라인 사전에서는 「유통(distribution)」을 '매매·교환과 같은 쌍방적 유통은 크게 상품유통과 자본유통의 2가지로 나눌 수 있는데 단순히 유통이라 하면 상품유통을 말한다'고 설명하고 있다.[3)] 온라인 사전에서는 「상품유통」을 '생산자로부터 소비자로의 소유권의 이전과 실체물(實體物)의 이동'으로 나누고, 소유권 이전만을 유통, 상적 유통 또는 거래유통이라 하고, 실체물의 이동은 물적 유통으로 구분하고 있다. 「유통」이란

---

2) 화물유통촉진법 제2조제1호, 법률 7384호(2005.1.27)

3) 네이버 백과사전 유통의 정의<http://100.naver.com/100.nhn?docid=123003>참조 (2006. 10. 3일 방문)

'생산자에 의해 생산된 재화가 판매되어 소비자·수요자에 의하여 구매되기까지의 계속적인 여러 단계에서 수행되는 여러 활동'을 말하는데, 전자는 매매거래를 중심으로 하는 활동이고, 후자는 재화(財貨)의 보관·수송 및 하역 등을 중심으로 하는 활동이다.[4)]

사전에 나와 있는 유통의 정의를 정리하면 협의의 「유통」은 생산자로부터 소비자로의 소유권 이전 또는 매매거래와 관련된 활동이고, 광의의 유통은 협의의 유통에 재화(실체물)의 이동(보관·수송 및 하역)을 포함하는 활동이라고 할 수 있다.

「유통」에 관하여는 관련 법령에서 명확한 정의가 없다. 다만 유통단지개발촉진법[5)]의 「유통시설」과 유통산업발전법[6)]의 「유통산업」에 대한 정의에서 유추해 볼 수 있다. 유통단지개발촉진법에서 「유통시설」은 「상품의 수송·보관·포장·하역·가공·통관·판매·정보처리 등을 위한 시설」이므로 유통은 「상품의 수송·보관·포장·하역·가공·통관·판매·정보처리 등의 활동」이라고 할 수 있다. 유통산업발전법 제2조제1호에서는 '유통산업'을 「농산물·임산물·축산물·수산물(가공 및 조리물 포함) 및 공산품의 도매·소매 및 이를 영위하기 위한 보관·배송·포장과 이와 관련된 정보·용역의 제공 등을 목적으로 하는 산업」이라고 정의하고 있다.

이를 종합하면 유통은 「상품(농림수산물 및 공산품)의 판매(도소매) 및 이를 영위하기 위한 수송(배송)·보관·포장·하역과 이와 관련된 정보·용역의 제공 등의 활동」이라고 할 수 있다. 결국 상품의 판매(매매)와 이를 원활하게 하기 위한 물류활동이 결합된 행위를 유통이라고 할 수 있는데 이는 온라인 사전의 '광의의 유통' 정의에 해당한다고 할 수 있다.[7)]

---

4) 네이버 백과사전 상품유통의 정의<http://100.naver.com/100.nhn?docid=773668>참조 (2006. 10. 3일 방문)

5) 법률 7335호(2005. 1.14 개정)

6) 법률 제7943호(2006.4.28 개정)

7) 농수산물유통및가격안정에관한법률에서는 「농수산물종합유통센터」의 정의를 농수산물의 출하경로를 다원화하고 물류비용을 절감하기 위하여 '농수산물의 수집·포장·가공·보관·수송·판매 및 그 정보처리 등 농수산물의 *『물류』* 활동에 필요한 시설과 이와 관련된 업무시설을 갖춘 사업장'을 말하는데 여기서 물류는 적절하지 않은 용어이다. 농수산물유통센터의 기능에 판매라는 기능이 포함되어 있으므로 물류대신 유통으로 대체되어야 할 것이다.

(2) 물류와 유통의 구분

물류관련법령에서는 물류와 유통을 함께 사용하고 있다. 화물유통촉진법상의 물류는 협의의 물류로 정의를 하고 있는데 '생산자에서 소비자에 이르는 과정에서 발생하는 운송·보관·하역·포장 및 이에 필요한 정보통신 등의 경제활동'에는 판매행위가 필연적으로 수반되게 된다. 즉 생산자가 소비자에게 무료로 재화를 공급하지 않는 이상 매매 내지 판매계약에 기초하여 재화를 전달하는 것이다. 물론 제3자 물류 및 전문 물류기업의 경우에는 독립적으로 운송·보관·하역·포장·정보처리활동 등을 수행하겠지만, 화주 내지 의뢰인의 판매라는 원인에 기초하여 이러한 개개의 물류활동이 가능하게 되는 것이다.

입법예고중인 물류정책기법8)에서는 『물류』를 「재화가 공급자로부터 조달되어 생산되고 수요자에게 전달되거나 회수 또는 폐기될 때까지 이루어지는 운송·보관·하역 등의 주된 활동과 이와 관련되는 부가가치물류」라고 규정하고 있다. 기존의 화물유통촉진법에서 규정하고 있는 물류의 정의가 생산물류에 치중하고 있었는데 물류정책기본법안에서는 생산에서 회수 또는 폐기까지 범위가 넓어졌으며 부가가치 물류까지 포함하고 있다. 여기서 『부가가치물류』는 「일련의 주된 물류활동에 부가되어 가치를 창출할 수 있는 가공·조립·분류·수리·포장·상표부착·통관취급·판매·정보통신 등의 활동」을 말한다. 현재의 화물유통촉진법에서는 물류에 판매의 개념이 없었지만 물류정책기본법안에서는 판매의 개념이 포함되었다. 결국 물류정책기본법안에서 물류는 기존의 유통을 포함하는 넓은 개념이다.

뒤에서 살펴보겠지만 물류관리사 시험과목인 물류관련법규도 유통단지개발촉진법, 유통산업발전법, 농안법 등 유통에 관한 법률이 다수 포함되어 있다. 따라서 물류와 유통을 별개로 다룰 것이 아니라 함께 연구하여야 할 것으로 보인다. 본 연구에서는 물류라는 용어에는 유통이라는 기능이 내포된 것으로 보기로 한다.

---

8) 건교부 홈페이지 <http://www.moct.go.kr/> (2006. 9. 21 방문) 참조

2. 유통산업

위에서 살펴보았듯이 유통산업발전법 제2조 제1호에서는 '유통산업'을 「농산물·임산물·축산물·수산물(가공 및 조리물 포함) 및 공산품의 도매·소매 및 이를 영위하기 위한 보관·배송·포장과 이와 관련된 정보·용역의 제공 등을 목적으로 하는 산업」이라고 정의하고 있는데 구체적으로 어떠한 업종이 유통산업인지에 대한 설명이 없다. 온라인 사전에서는 '유통활동을 담당하는 기업을 유통업(체)이라고 하며 총칭하여 유통산업'이라고 정의하고 '상적 유통업으로는 도매업·소매업·중개업·대리업·무역업 등이 있으며, 물적 유통업으로는 운송업·창고업 및 하역업 등이 있다'고 되어 있다.[9] 상적 유통업 가운데 무역업은 좁은 의미에서 유통산업이라고 할 수 없으며 대리업은 명확하게 구분하기 어려우며 도매업, 소매업, 중개업은 명확하게 유통산업에 해당한다고 볼 수 있다. 운송, 창고, 하역업 등 물적 유통업은 모두 물류산업이라고 보면 될 것 같다. 이하에서 도매업·소매업 등의 상적 유통업에 대하여 기술하며 물적 유통업은 장을 달리하여 물류산업 부분에서 살펴보기로 한다.

(1) 유통산업의 중요성

유통산업은 국민경제 및 서비스산업 발전에 파급효과가 크고 성장잠재력이 높은 고부가가치 산업이다.[10] 2010년에 GDP의 11.3%를 차지할 전망이며, 선진국의 예를 볼 때 15%내외의 성장이 가능한 것으로 나타나고 있다. 2010년까지 유통산업의 연평균 성장률(7.8%)은 제조업(6.1%), 전기·가스 및 광업(7.0%)에 비해 높을 전망이다(산업발전전략기획단, '02년).

유통산업은 서비스산업의 18%를 차지하여 비중이 크고 물류업과 연계하여 서비스산업의 발전을 선도하고 있다. 생산과 소비의 중간에서 제조업의 경쟁력 제고와

9) 네이버 백과사전 상품유통의 정의<http://100.naver.com/100.nhn?docid=773668>참조 (2006. 10. 3일 방문)

10) 이하 산업자원부, 「유통산업발전기본계획」, 2004. 6. 25. 참조.

소비자후생 증진에 중요한 역할을 담당하고 있다. 유통산업은 새로운 시장을 창출하여 제조업의 기술혁신과 신제품 개발을 주도하고 있다.

대형할인점·홈쇼핑의 부상, 유통단계의 축소 등 유통구조의 개선은 상품거래비용 하락을 통해 물가안정에 크게 기여하고 있다. 유통산업 0.1%p 성장시 생산자물가 0.03%p, 소비자물가가 0.05%p 하락하는 것으로 나타나고 있다(한국경제연구원, '02).

유통산업은 고용창출과 외국인 투자 측면에서도 비중이 큰 산업으로 매출액 10억원당 5060명의 고용창출 효과가 있고, 홈쇼핑 등 신업태의 경우 여성고용창출에 큰 역할 담당하고 있는 것으로 나타나고 있다.

【표 1-3】 국내 홈쇼핑업체 고용현황

('02. 11월, 인)

업체명	LG홈쇼핑	CJ홈쇼핑	현대홈쇼핑	우리홈쇼핑	농수산쇼핑
종업원수	2,400(1,720)	1,800(1,100)	1,000(650)	800(520)	550(350)

* 주 : ( )는 여성인력, 자료 : 한국전자상거래 및 통신판매협회

유통산업은 지역별로 GRDP의 417% 정도를 점유하고 전국적으로 고루 분포되어 있어 지역경제 활성화 및 균형발전에 크게 도움을 주고 있다. 결국 지역경제 활성화를 위해서는 첨단산업육성과 함께 지방유통산업의 활성화가 중요하다.

【표 1-4】 유통부문 GRDP 비중 현황

('02년, %)

서울	부산	대구	인천	광주	대전	울산	경기	강원	충북	충남	전북	전남	경북	경남	제주
16.7	14.8	14.8	8.0	13.7	14.6	3.7	4.2	9.7	4.9	5.0	8.9	5.7	4.4	6.4	10.8

* 자료 : 통계청

(2) 현황

국내 유통산업은 GDP의 9.0%, 고용의 17.5%를 차지('03년)하고 있으며 현재 성장기에 진입한 상황이다.

【그림 1-1】 한국 유통산업의 위치

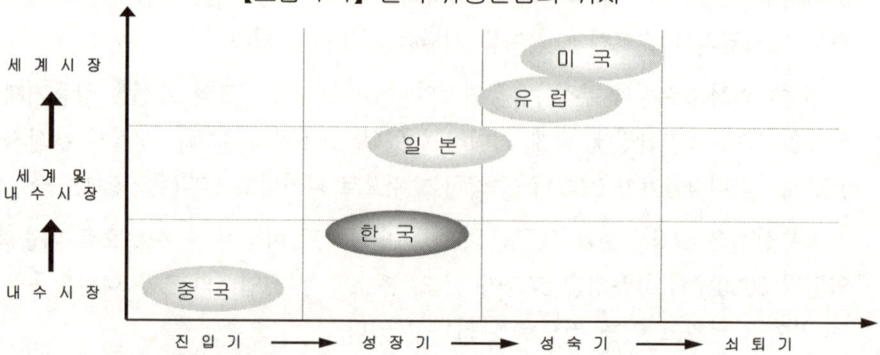

* 자료 : 산업연구원, '03년

유통구조가 재래시장·중소슈퍼 등 생계형에서 백화점·대형할인점 등 기업형으로 전환이 진행 중이다. 대형할인점, 프랜차이즈 등 국내에서 경쟁력을 확보한 업태를 중심으로 중국 등 해외시장진출 적극 추진 중이다. 온라인 쇼핑 등 전자상거래 규모가 급성장 하여 유통산업이 입지산업에서 정보산업으로 변화하였다.

(3) 문제점

유통산업의 규모가 영세하고, 생산성이 여전히 낮은 수준으로 생계형 소규모 유통업이 국내유통산업의 다수를 점유하고 있어 유통경영혁신의 큰 걸림돌로 작용하고 있다. 할인점 등 효율성 높은 신업태의 확산으로 생산성이 급격히 향상되고 있으나, 외국 및 국내 타업종과 비교할 때 생산성이 취약하다. 또한 유통전문인력 양성을 위한 교육시설이 부족하고 유통·물류 정보화 및 표준화가 취약하여 유통산업의 성장역량을 제약요인이 되고 있다.

대형할인점, 편의점, 무점포 판매업 등의 급속한 확산으로 재래시장 및 중소유통업이 위축되고 있다. 대형유통업체와 중소유통업간 상권갈등문제가 지역경제의 주요현안으로 부각되고 있다. 지자체는 교통영향평가, 건축허가 등의 행정수단으로 대형점의 출점을 억제하여 지역복합상권의 개발이 어려움이 있다.

유통경영여건은 글로벌화 되었으나, 국내유통기업들은 해외진출 노하우가 부족하여 국제유통시장으로의 진출이 부진하다. 세계 유통산업의 일류기업들은 유망시장 선점, 글로벌 네트워크를 구축하기 위해 해외진출을 경쟁적으로 추진하고 있다.

상거래질서·소비자보호를 위한 제도적 장치가 선진국보다 미흡하여 유통산업의 중요성에 대한 국민의 인식 개선이 부족하다. 아직까지 무자료거래가 근절되지 않고 부당염매행위, 불법 복제품 유통, 과도한 경품제공 등 불공정거래행위가 상존하고 있다.

(4) 유통산업 전망

가. 국내 유통산업 성장규모

산업자원부에 의하면 유통산업의 실질규모('95년 기준)는 2001년 48.0조에서 연평균 7.8% 성장하여 2010년 94.4조로 약 2배 증가할 것으로 예상하고 있다.[11] 또한 유통산업이 국내총생산(GDP)에서 차지하는 비중은 2001년 9.7%에서 점차 증가하여 2010년에는 11.3%를 기록할 것으로 전망했다.[12]

【표 1-5】 유통산업과 부가가치 생산 (1995 불변가격)

(단위 : 십억원, %)

	2001	2002	2003	2005	2008	2010
실질GDP(A)	493,026	522,608	553,964	622,434	741,329	832,957
유통산업부가가치생산액(B)	48,019	51,764	55,802	64,847	81,235	94,402
유통산업비중(B/A)*100	9.7	9.9	10.1	10.4	11.0	11.3

자료 : 산업연구원, 2002

그러나 1990년, 불변가격기준으로 주요 선진국의 유통산업이 GDP에서 차지하는 비중은 미국 16.3%, 일본 13.6%, 이태리 16.1%, 호주 16.75를 나타내고 있어 우리나라 유통산업이 GDP에서 차지하는 비중은 여전히 낮은 수준이다.

---

11) 이하 산업자원부, 「2010년 유통산업 발전전략(안)」 <http://www.mocie.go.kr/user.tdf?a=user.board.BoardApp&mc =P_03_03_01&board_id=P_03_03_01&c =2002&seq=653>2002. 7. 18. 참조.

12) 산자부 윗 보고서.

유통산업의 명목규모는 2001년 52조에서 2010년 130조로 약 2.5배 증가할 것으로 예상하고 있으며 GDP에서 차지하는 비중은 2001년 9.5%에서 2010년에 11.0%로 예상하고 있다.

【표 1-6】 유통산업과 부가가치 생산 (경상가격)

(단위 : 십억원, %)

	2001	2002	2003	2005	2008	2010
경상GDP(A)	545,013	594,610	642,178	749,037	943,571	1,100,581
유통산업 부가가치생산액(B)	51,790	56,503	61,995	73,946	95,105	112,001
유통산업비중(B/A)*100	9.5	9.5	9.7	9.9	10.1	10.2

자료 : 산업연구원, 2002

한국은행 통계자료에 따르면 도매 및 상품중개업의 사업체 수는 2001년에 2000년에 비해 2,552 감소한 것을 제외하고 지난 10년간 계속 증가하고 있음을 알 수 있다. 도매업과는 반대로 자동차 판매를 제외한 소매업 사업체의 경우 1995년부터 2004년까지 10년간 1999년 소폭 증가한 것을 제외하고는 매년 계속하여 감소하고 있음을 알 수 있다. 자동차 판매 및 차량연료 소매업의 경우 1998년과 2004년을 제외하고는 계속 증가하고 있다. 전체 유통산업 사업체수는 소매업이 계속하여 감소한 결과 계속 감소추세를 보이고 있다. 이는 한국 유통산업이 대형할인점, 무점포 소매업 등 신업태를 중심으로 대형화하는 방향으로 재편되어 구멍가게나 재래시장으로 대표되는 소매업의 수가 감소하고 있다고 볼 수 있다.

【표 1-7】 유통사업체 수

	1995	1996	1997	1998	1999	2000	2001	2002	2003	2004
도매 및 상품 중개업	160,361	160,991	162,985	166,859	177,303	189,452	186,900	195,188	205,321	205,442
전년비 증감	16,539	630	1,994	3,874	10,444	12,149	-2,552	8,288	10,133	121
소매업(자동차 제외)	755,668	738,643	732,548	690,689	699,739	693,701	671,520	668,658	653,752	638,017
전년비 증감	31,594	-17,025	-6,095	-41,859	9,050	-6,038	-22,181	-2,862	-14,906	-15,735
자동차 판매 및 차량연료 소매업	28,102	28,699	29,205	28,951	32,163	33,532	34,010	35,028	35,337	34,835

전년비 증감	2,679	597	506	-254	3,212	1,369	478	1,018	309	-502
사업체 수 합계	944,131	928,333	924,738	886,499	909,205	916,685	892,430	898,874	894,410	878,294
	50,812	-15,798	-3,595	-38,239	22,706	7,480	-24,255	6,444	-4,464	-16,116

자료 : 한국은행, 산업별 사업체수 및 종사자수, 2006.

나. 업태별 전망

유통산업의 환경 변화로 Category Killer(전문할인점), On-line과 Off-line의 강점만을 수용한 Hybrid Merchant 등 신업태가 지속적으로 등장할 것으로 예상하고 있다. 쇼핑에서 entertainment 요소의 중요성 증가와 도시 재개발 노력 증가로 쇼핑몰 혹은 대규모 상점가가 조성될 전망이며 향후 소매업의 경쟁 단위는 상권간 경쟁으로 발전할 전망이다.

【그림 1-2】 업태별 전망

구 분	전 망
백 화 점	• 소비양극화를 배경으로 고급화 경쟁 가속화 • 차별화전략을 통한 할인점과 공존모색
할 인 점	• 고성장세는 지속될 전망이나 적정점포수(250~300여개)에 근접으로 성장률이 다소 완화되고 업체간 경쟁이 심화 • 장기적으로 M&A를 통한 구조조정에 돌입한 전망 • 고성장세 유지시 유통 제1업태 등극 전망
수퍼마켓	• 기업형 수퍼와 중소수퍼간 명암이 엇갈릴 전망 • 수퍼의 대형화 추세 지속, 수퍼수퍼마켓의 신빕 본격화
편 의 점	• 소규모점포를 대체하는 편의점 확산 기대 • 대규모 신규출점은 수년간 지속
무 점 포	• TV홈쇼핑 : 신규3사 가세로 다자간 경쟁구도 본격화 • 인터넷쇼핑몰 : 구조조정기를 거쳐 향후 안정성장 전망 • 다단계판매를 포함한 방문판매의 지속적 성장
재래시장 등	• 신업태 성장에 따른 시장잠식 지속 • 재건축/재개발, 리모델링 혹은 업태전환 • 소비자 니즈에 부합하는 서비스제공과 상인들의 자구노력이 매출신장의 관건

(5) 유통업태

법에서 유통업종에 대하여 명확한 규정이 없어 산자부의 각종 자료에는 각각 다른 설명을 하고 있다. 먼저 유통산업발전법[13]에서는 유통산업의 정의는 있지만 유통산업의 업종 내지 유통산업 업태(종류)에 대하여 규정하고 있지 않다.

산자부가 2002년 7월 발표한 「2010년 유통산업 발전전략(안)」에는 도매업과 소매업을 유통산업이라고 규정하고 있다.[14] 그러나 도매업에는 어떠한 업종이 있으며 소매업에는 어떠한 업종이 있는지에 대한 체계적인 구분이 없다.

한국은행 통계[15]에 의하면 서비스업의 여러 업종 중에서 도소매업으로 표시되어 있으며 도소매업은 다시 도매업 및 상품중개업, 소매업(자동차제외), 자동차판매 및 차량연료 소매업으로 구성되어 있다. 한국은행의 주요경제지표에 의하면 소매업은 다시 종합소매, 음식료품 및 담배, 무점포소매업으로 구성되어 있다.

유통산업발전법 제2조에는 대규모점포, 임시시장, 체인사업, 무점포 판매의 정의가 있을 뿐이며 어떤 것이 도매이고 어떠한 것이 소매인지에 대한 명확한 구분이 없다. 유통산업발전법 시행령 별표에는 대규모점포의 종류와 체인사업의 구분에 대하여 규정하고 있다.[16] 한국은행의 분류에 의하면 대규모점포, 체인사업, 무점포 판매 모두 소매업에 해당한다고 볼 수 있다. 결국 유통산업발전법은 유통산업 가운데 소매업에 관한 사항을 중심으로 규율하고 있다고 볼 수 있다.

3. 물류사업과 물류산업

(1) 물류사업과 물류산업

가. 물류사업

물류사업에 대하여 처음으로 규정을 한 것은 1995년 제1차 화물유통촉진법을

13) 법률 제7995호 2006.9.27 개정.
14) 보고서 제1쪽.
15) 한국은행경제통계시스템 홈페이지<http://ecos.bok.or.kr/> 참조.
16) 대통령령 제19542호, 2006.6.22 개정.

개정할 때였다.[17] 화물유통촉진법 제2조제1호에서 "물류사업"이라 함은 타인의 수요에 응하여 유상으로 화물의 운송·보관·하역 또는 포장과 이와 관련된 제반활동을 영위하는 것을 업으로 하는 것을 말한다고 규정하였으며, 동조제2호에서 "물류사업자"라 함은 물류사업을 경영하는 자를 말한다고 규정하였다.

화물유통촉진법에서는 타인의 수요에 응하여 화물의 운송·보관·하역 또는 포장과 이와 관련된 제반활동을 영위하는 '물류사업의 종류'에 관하여 규정하고 있지 않다가 2005년 화물유통촉진법시행령 개정안에서 처음으로 도입하였다. 이 개정안은 물류사업을 대분류하여 화물운송업, 물류시설운영업, 물류서비스업으로 나누고 있다. 물류사업의 정의를 물류사업의 종류에 따라 분류해보면 운송은 화물운송업, 보관은 물류시설운영업, 하역·포장 및 제반 활동은 물류서비스업에 포함됨을 알 수 있다. 결국 물류사업을 다른 말로 표현하면 '타인의 수요에 응하여 화물운송업, 물류시설운영업, 물류서비스업을 운영하는 사업'이라고 할 수 있다.

【표 1-8】은 화물유통촉진법 시행령 별표 2에 규정되어 있는 물류사업의 종류이다. 물류사업의 종류를 최초의 입법예고에서는 세부 업종까지 포함하고 있었으나 최종안에서는 대분류와 세분류에 대하여 규정하고 있다.

【표 1-8】 물류사업의 종류

대분류	세분류	업종
화물운송업	육상화물운송업	일반/용달/개별 화물자동차 운송업, 철도운송업
	해상화물운송업	외항 화물 운송업, 내항 화물 운송업
	항공화물운송업	정기 항공운송업, 부정기 항공운송업, 상업서류송달업
	파이프라인운송업	
물류시설운영업	창고업(공동집배송센터 포함)	일반창고업. 냉장·냉동창고업, 농산물창고업, 위험물품보관업, 기타 창고업
	화물터미널 운영업	복합화물터미널, 일반화물터미널, 해상화물터미널, 공항화물터미널

17) 법률 제5110호, 1995.12.29 개정.

물류 서비스업	화물취급업 (하역업 포함)	육상/항공/해상 화물취급업 * 취급업: 하역업, 포장업, 단순가공·조립·상표부착·프로그램 설치, 품질검사 등의 부가가치물류업
	화물주선업	복합운송주선업, 화물자동차운송주선업, 해운중개업 등
	물류장비임대업	운송장비임대업, 운반용기 임대업, 상/하역장비 임대업, 컨테이너/파렛트 등 임대업
	물류정보처리업	물류정보데이터베이스 구축·물류소프트웨어 개발/서비스 제공 등
	물류컨설팅업	물류관련 업무프로세스 개선 관련 컨설팅, 자동창고, 물류자동화 설비 등 도입 관련 컨설팅
종합	종합물류업	운송·시설·서비스업을 1개 이상 포함하여 물류사업을 종합적·복합적으로 운영
	화물자동차운송 가맹점업	화물자동차운송사업, 화물자동차운송주선업을 함께 영위

건교부에 따르면 2003년 기준 국내에 등록된 물류사업자수는 총 159,980개로 2001년 이후 연평균 9.5%씩 증가하고 있다.[18] 【표 1-9】에 의하면 2003년 기준 운송업이 145,863개로 전체의 91%, 물류시설운영업이 1,232개로 1%, 물류서비스업이 12,885개로 8%이다. 2002년에 비해 운송업과 물류서비스업의 증가율은 각각 8.8%, 19.6%로 매우 급격하게 증가하고 있으나, 물류시설운영업은 0.2%에 그치고 있다.

종사자수는 운송업이 2003년 기준 379,579명으로 전체의 79%를 차지하며 물류시설운영업이 16,820명으로 4%, 물류서비스업이 81,234명으로 17%이다. 물류사업의 업체수와 종사자수를 비교해보면 운송업은 업체 수는 많지만 종사자수는 상대적으로 적음을 알 수 있다. 업체당 종사자 수에서 운송업은 2003년 기준 업체당 2.6명이 종사하고 있지만 물류시설운영업은 약 14명, 물류서비스업은 6명이다. 결국 운송업은 규모가 영세하고 고용효과가 적은 것으로 나타나고 있다.

18) 건교부 홈페이지 국가물류체계현황<http://www.moct.go.kr/mct_hpg/Html/03/031/06/국가물류체계현황.hwp> 참조.

매출액 규모면에서 2003년 기준 운송업이 전체의 84%, 시설운영업이 7%, 서비스업이 9%를 차지하고 있다. 물류시설운영업은 업체 수나 종업원 수에서는 차지하는 비율은 낮지만 매출액규모는 서비스업과 유사함을 알 수 있다.

【표 1-9】 물류사업별 현황

구분		2001	2002	2003	증감율
업체수 (개)	전체	133,370	143,865	159,980	9.50%
	운송업	123,179	131,051	145,863	8.80%
	(%)	92	91	91	
	물류시설운영업	1,226	1,237	1,232	0.20%
	(%)	1	1	1	
	물류서비스업	8,965	11,577	12,885	19.90%
	(%)	7	8	8	
종사자수 (명)	전체	363,060	442,197	477,633	14.70%
	운송업	297,149	355,953	379,579	13.00%
	(%)	82	80	79	
	물류시설운영업	16,776	15,607	16,820	0.10%
	(%)	5	4	4	
	물류서비스업	49,135	70,637	81,234	28.60%
	(%)	14	16	17	
업체당 종사자수 (명)	전체	2.7	3.1	3	4.70%
	운송업	2.4	2.7	2.6	3.90%
	물류시설운영업	13.7	12.6	13.7	-0.10%
	물류서비스업	5.5	6.1	6.3	7.30%
매출액 (십억원)	전체	45,885	48,976	52,512	7.00%
	운송업	39,450	41,085	44,119	5.80%
	(%)	86	84	84	
	물류시설운영업	2,754	3,212	3,429	11.60%
	(%)	6	7	7	
	물류서비스업	3,681	4,678	4,963	16.10%
	(%)	8	10	9	
업체당 매출액	전체	344	340	328	-2.30%
	운송업	320	314	302	-2.80%

(백만원)	물류시설운영업	2,246	2,597	2,783	11.30%
	물류서비스업	411	404	385	-3.10%

자료 : 운수업통계조사보고서(각 년도)의 통계를 화물유통촉진법 시행령 체계에 의해 정리. 건교부 홈페이지 자료 재정리

나. 물류산업

물류산업은 조세특례제한법 시행령 제5조제8항에서 규정하고 있다. 이에 의하면 물류산업은 '운수업중 화물운송업, 화물취급업, 창고업, 화물터미널운영업, 화물운송주선업, 화물포장업, 화물검수서비스업, 화물형량서비스업 및 항만법에 의한 예선업과 기타 산업용 기계장비 임대업 중 파렛트임대업을 말한다'고 규정되어 있다. 조세특례제한법에 의한 물류산업의 분류는 창업 중소기업의 세액감면을 위한 분류로 물류산업을 체계적으로 분류하고 있지는 않다. 이를 화물유통촉진법상의 물류사업과 비교하여 보면 화물검수서비스 및 형량서비스는 물류서비스업 중에서 화물취급업으로 분류될 수 있다. 그러나 항만법에 의한 예선업의 경우 적절한 물류사업의 종류로 분류되어 있지 않다.

그러나 조세특례제한법 시행령 물류산업은 포괄적이 않으며 조세 목적상 설정한 것으로 물류산업의 정확한 분류 내지 정의가 아니다. 결국 운송업, 물류시설운영업, 물류서비스업은 각각 물류사업이지만 3개 업종을 모두 합한 것을 물류산업이라고 하는 것이 타당할 것으로 보인다.

앞의 【표 1-9】 에 의하면 물류산업의 매출액은 2001년도에 45,885억원, 2002년에 48,976억원, 2003년에 52,512억원이다. 물류산업 종사자수는 2003년 기준 477,633명으로 전년도 대비 15%가 증가하였음을 알 수 있다.

(2) 화물운송업

가. 육상운송업 : 화물자동차운송사업

건설교통 통계연보상의 육상운송업은 일반, 개별, 용달 화물자동차운송사업과

파이프라인 운송업이 있다. 파이프라인 운송업의 경우 1개 업체만 존재하고 있어 육상운송업은 화물자동차 운송업리라고 해도 무리가 없을 것으로 보인다. 화물자동차운수사업법상 영업용 화물자동차는 자동차관리법상의 화물자동차(일반, 덤프, 밴, 특수용도형)와 특수자동차(구난, 견인, 특수작업형)를 말한다. 영업용 화물자동차는 1999년 등록제 시행 후 급속한 증가세를 보인 반면, 2000년부터 4년간 연평균 물동량 증가율은 1.1%에 그쳐 수급불균형이 악화되었으나 2004년 화물연대 파업이후 법을 개정하여 화물자동차운송사업을 2005년부터 허가제로 전환하여 2005년부터는 화물자동차운송사업에 대한 공급기준이 없어 신규허가 하지 않고 있어 영업용 화물자동차의 증가가 거의 없다.

【표 1-10】 영업용 화물차량대수

(단위 : 대)

구분	2000	2001	2002	2003	2004	2005
합계	272,147	302,172	334,294	349,504	357,276	358,123
화물자동차합계	243,697	271,958	301,823	314,864	321,104	321,700
특수자동차합계	28,450	30,214	32,471	34,640	36,172	36,423

자료출처 : 건설교통부 자동차팀

화물자동차운송사업체는 용달화물자동차운송사업체가 가장 많았으며 다음으로 개별화물자동차 운송사업이다. 일반화물자동차 운송사업은 약 6천개의 업체가 있는 것으로 나타나고 있다.

【표 1-11】 화물자동차운송업체 현황

(단위 : 업체)

구분	2000	2001	2002	2003	2004
합계	98,246	122,805	130,711	145,525	148,343
일반화물자동차운송사업	2,598	4,323	5,196	5,765	5,981
개별화물자동차운송사업	44,063	54,394	55,230	60,407	63,316
용달화물자동차운송사업	51,585	64,088	70,285	79,353	79,046

자료출처 : 통계청 「운수업통계조사」

화물자동차운수사업법상 운수종사자는 '화물자동차의 운전자, 화물의 운송 또는 운송주선에 관한 사무를 취급하는 사무원 및 이를 보조하는 보조원 기타 화물자동차운수사업에 종사하는 자'를 말한다.19) 다음은 운수종사자 전체에 대한 사항이 아니고 운송사업종사자에 대한 통계이다.

화물자동차운송사업에 종사하고 있는 종사자 현황은 일반화물자동차 운송사업 208천명, 개별 화물자동차 운송사업 63천명, 용달화물자동차 운송사업 80천명이다. 종사자는 2004년까지 계속 증가하고 있다. 화물자동차운송사업의 최근 4년간('00~'04년) 연평균 성장률은 일반화물 18.3%, 개별화물 9.5%, 용달화물 11.1%로 전체 합계는 약 14.7%이다. 화물자동차운송사업은 2003년 대비 2004년 증가율은 약 10.1%로 일반화물 16.5%, 개별화물 4.8%, 용달화물 △0.3%이다.

【표 1-12】 화물자동차운송업 종사자 현황

(단위 : 명)

구분	2000	2001	2002	2003	2004
합계	203,064	260,658	286,520	319,405	351,567
일반화물자동차운송사업	106,625	141,599	160,114	179,071	208,580
개별화물자동차운송사업	44,063	54,394	55,230	60,407	63,316
용달화물자동차운송사업	52,376	64,655	71,150	79,927	79,671

자료출처 : 통계청 「운수업통계조사」

위의 표를 토대로 화물자동차운송 업체 당 평균 종사자를 수를 살펴보면 화물자동차 운송업체 평균 종사자수는 2명이다. 이는 업체수가 많은 개별화물자동차 및 용달 화물자동차의 업체당 종사인구가 1명이기 때문이다. 일반화물자동차 운송사업의 경우 2004년 기준 업체당 평균 종사인구는 35명이다.

【표 1-13】 화물자동차 운송업체 평균종사자 수

구분	2000	2001	2002	2003	2004
전체 화물자동차운송사업 평균	2	2	2	2	2
일반화물자동차운송사업	41	33	31	31	35

19) 화물자동차운수사업법제2조제6호(법률 제7833호, 2005.12.30일부개정)

나. 해상운송업과 항공운송업

건설교통통계연보 2005에 의하면 2003년 현재 수상운송업체는 442개 업체로 외항화물운송업체가 81개, 내항화물운송업체가 171개 업체이다. 화물유통촉진법 시행령에 의한 물류사업 분류에는 해상화물운송업으로 되어 있는데 건설교통통계연보에는 내륙 수상운송업이 포함되어 있어 해상운송업이 아닌 수상운송업으로 분류되어 있다. 내륙수상운송업체는 2003년 기준 17개이며 694명이 종사하고 있다.

건설교통통계연보에서는 육상운송업이나 수(해)상운송업과는 달리 항공운송업에 대한 통계에서는 여객과 화물 분류를 하지 않고 있다. 2003년 기준 정기 항공운송업은 2개, 부정기 항공 운송업은 5개이다.

【표 1-14】 수(해)상운송업과 항공운송업 현황

산 업 세 세 분 류	사업체수	종사자수	급여액	장비대수 및 창고수	운수수입	운수비용	부가가치	연말유형고정자산
수상운송업	442	21,157	764,453	2,171	26,109,140	23,638,870	5,159,053	12,212,299
외항 화물 운송업	81	13,044	547,098	1,094	24,883,517	22,493,411	4,516,873	11,357,142
내항 화물 운송업	171	4,458	117,893	490	715,429	668,410	399,286	416,179
기타 해상 운송업	5	141	5,150	19	20,622	14,791	15,292	15,349
항만내운송업	67	502	10,023	122	45,416	40,326	25,125	42,178
기타 내륙 수상 운송업	10	694	25,163	122	91,714	81,749	61,826	100,947
항공 운송업	7	19,486	1,044,836	215	9,956,407	9,340,031	3,802,225	13,035,985
정기 항공 운송업	2	19,305	1,035,899	186	9,923,320	9,309,683	3,780,377	13,014,365
부정기 항공 운송업	5	181	8,938	29	33,086	30,348	21,848	21,621

자료 : 건설교통통계연보 2005, 통계청 경제통계국 서비스업통계과

(3) 물류서비스업

건설교통 통계연보(2005)에 의하면 운송관련 서비스업 중에서 업체수가 가장 많은 것은 육상운송주선업으로 2003년 기준 11,797개이다. 여기서 육상운송주선업은 화물자동차운수사업법상의 화물자동차운송주선업으로 보인다. 육상운송주선 다음으로 업체수가

많은 것은 화물유통촉진법에서 규정하고 있는 복합화물 운송주선업으로 1,337개이다.

【표 1-15】 운송관련 서비스업

산업세세분류	사업체수	종사자수	급여액	창고수	운수수입	운수비용	부가가치	연말유형고정자산
운송관련 서비스업	19,749	126,419	2,629,923	14,500	11,244,050	8,466,711	7,446,842	36,078,695
항공 및 육상 화물 취급업	10	2,539	57,870	-	166,016	154,183	106,948	49,150
수상 화물 취급업	63	21,059	478,221	-	1,519,821	1,380,197	990,275	716,441
일반 창고업	171	4,303	110,073	1,245	423,383	374,282	285,790	495,217
냉장 및 냉동 창고업	150	3,041	71,947	307	240,137	195,024	194,722	886,162
농산물 창고업	846	3,527	35,199	11,942	104,100	93,305	71,539	477,401
위험물품 보관업	30	752	24,399	881	119,786	89,577	94,055	540,007
기타 창고업	8	194	5,554	125	21,890	17,563	16,817	73,425
철도운송지원 서비스업	1	-	-	-	-	-	-	-
화물 자동차 터미널 운영업	14	240	6,431	-	96,050	69,524	58,991	457,721
도로 및 관련시설 운영업	12	4,809	151,898	-	2,437,689	837,212	1874 147	347,811
항구 및 기타 해상터미널운영업	5	301	6,939	-	149,994	122,632	86,570	3,258,231
도선업	11	207	5,797	-	16,137	14,052	11,317	6,642
기타 수상 운송지원 서비스업	31	1,195	20,774	-	43,990	40,801	29,316	4,143
항공 운송지원 서비스업	5	7,131	247,380	-	1,346,813	1,017,596	953,167	7,487,300
육상운송주선업	11,797	24,249	224,708	-	945,871	614,782	694,783	179,949
복합운송 주선업	1,337	22,015	603,073	-	2,115,940	1,979,039	1,047,114	271,803
기타 운송관련 서비스업	57	2,616	68,877	-	121,740	112,629	98,157	6,424

자료 : 건설교통통계연보 2005, 통계청 경제통계국 서비스업통계과

화물자동차운수사업법에서 규정하고 있는 서비스업으로 화물자동차운송주선업이 있다. 화물자동차운수사업법 제2조 제4호에 의하면 「화물자동차운송주선사업」은 '타인의 수요에 응하여 유상으로 화물운송계약을 중개·대리하거나 화물자동차운송사업 또는 화물자동차운송가맹사업을 경영하는 자의 화물운송수단을 이용하여 자기의 명의와 계산으로 화물을 운송하는 사업'을 말한다. 화물자동차운송주선업은 2005년말 현재 일반화물주선업체가 7,754개 업체이며 이사화물 업체가 5,846개로 총 13,600개이다.

【표 1-16】 화물자동차운송주선사업자 현황 (2005.10말 기준)

일반화물	이사화물	계
7,754 업체	5,846 업체	13,600업체

(4) 화물자동차운송가맹사업

화물자동차운수사업법이 2004년 개정될 때 기존의 사업이 아닌 다른 형태의 물류사업을 규정하고 있는데 화물자동차운송가맹사업이 그것이다. 법 제2조 제4의 2호에 의하면「화물자동차운송가맹사업」은 타인의 수요에 응하여 자기의 화물자동차를 사용하여 유상으로 화물을 운송하거나 소속 화물자동차운송가맹점(운송사업자인 가맹점에 한한다)에 의뢰하여 화물을 운송하게 하는 사업을 말한다.「화물자동차운송가맹점」은 화물자동차운송가맹사업자의 운송가맹점으로 가입하여 그 영업표지(상호·상표등을 포함)의 사용권을 부여받은 자로서 운송가맹사업자로부터 운송화물을 배정받아 화물을 운송하거나 운송가맹사업자외의 자의 수요에 응하여 화물을 운송하는 운송사업자나 운송가맹사업자의 화물운송계약을 중개·대리하거나 운송가맹사업자외의 자에 대하여 화물자동차운송주선사업을 영위하는 운송주선사업자를 말한다. 결국「화물자동차운송가맹사업」은 운송사업과 운송주선사업을 함께 영위하는 사업을 말한다.

그러나 화물자동차운수사업 시행규칙 별표 5에 의하면「화물자동차운송가맹사업」허가 기준대수가 500대 이상(운송가맹점이 소유하는 화물자동차의 대수를 포함하되, 특별시·광역시를 포함한 8개 이상의 시·도에 각각 50대 이상 분포)으로 다소 많은 편이다.

2006년 4월 기준 가맹사업자는 5개이며 가맹점수는 289개이고 화물차보유대수는 4,113대이다.

【표 1-17】 화물자동차운송가맹사업자 현황

(2006. 4월말 기준)

가맹사업자 수	가맹점수	화물차 보유대수
5업체	289가맹점	4,113대

(5) 종합물류업

가. 도입배경

물류사업과 관련하여 2005년에 개정된 화물유통촉진법에서는「종합물류업」을 새로 규정하였다. 이는 현행 물류법규에 2004년 3월에 발표한『국가물류체계 개선대책』의 중심 추진과제인 종합물류업 육성을 위한 법적 근거와 정부 지원책에 대한 규정이 없어, 물류사업을 종합적으로 영위하는 자에게 소관업무를 관장하는 중앙행정기관의 장이 종합물류업자로 인증할 수 있도록 하기 위한 것이다.[20]

종합물류업의 도입으로 화주기업은 자가 물류시설 확충을 위한 대규모 투자 유지관리비용과 수송·보관비 등 물류비용을 감축할 수 있고, 글로벌 기업과 경쟁하면서 우리나라 업체가 요구하는 맞춤형 물류서비스를 제공할 수 있는 전문기업을 육성할 수 있을 것으로 기대된다.

나. 개념

종합물류업은 물류사업을 종합적·복합적으로 영위하면서 다른 기업으로부터 물류활동을 위탁받아 대행하는 물류 전문사업이라고 할 있다. 종합물류업자는 물류시설을 이용하여 화물운송사업과 물류서비스업을 영위하는 자로서 종합물류업의 기본형태는【그림 1-3】과 같을 것이다.

【그림 1-3】종합물류업의 구성

화물운송 (육상·해상·항공 中 1)	+	물류시설운영 (창고·터미널 中 1)	+	물류서비스 (주선·하역·포장 中 1이상)

다. 인증

종합물류업자는 아웃소싱 비율이 높은 운송과 물류시설운영을 기본으로 최소한 3개 이상의 물류사업을 영위하는 경우로서 자신이 영위하는 물류사업을 관장

20) 최양규, 화물유통촉진법국회검토보고서, 국회 건설교통위원회(2004.11).

하는 중앙행정기관의 장으로부터 인증을 받을 수 있다(법39조1항). 종합물류업자 인증의 기준·절차·방법 및 주무부장관이 2 이상인 경우의 인증신청서 제출기관 등 인증에 관하여 필요한 사항은 물류사업을 관장하는 중앙행정기관의 즉 건교부, 산자부, 해수부 공동부령으로 정하도록 하고 있다(법39조2항).

라. 지원

국가 또는 지방자치단체는 인증종합물류업자가 물류시설의 확충, 효율적인 물류업무 처리를 위한 물류정보시스템의 구축, 첨단물류기술의 개발 및 적용, 물류업무의 자동화 및 물류장비의 표준화, 해외시장의 개척, 그 밖의 물류사업의 육성을 위하여 공동부령이 정하는 사업을 수행하는 경우에는 소요자금의 일부를 융자하거나 부지의 확보를 위한 지원 등을 할 수 있다(법40조2항).

국가 또는 지방자치단체는 국가 또는 지방자치단체가 공급하는 화물터미널, 산업입지 및 개발에 관한 법률에 의한 산업단지, 유통단지개발촉진법에 의한 유통단지, 그 밖에 항만법에 의한 항만배후시설, 항공법에 의한 공항시설 중 공항구역 안에 있는 화물의 운송을 위한 시설과 그 부대시설 및 지원시설, 유통산업발전법에 의한 공동집배송센터 등 물류관련 시설에 인증종합물류업자를 우선적으로 입주하게 하거나, 공공기관 또는 민간기업 등 물류관련시설을 운영·관리하는 자에 대하여 인증종합물류업자를 우선적으로 입주하게 할 것을 권고할 수 있다(법40조1항).

4. 물류시설

(1) 물류시설 및 유통시설의 개념

화물유통촉진법[21] 제2조제5호에 의하면 「물류시설」은 '화물의 운송·보관 또는 하역등 화물의 유통을 위한 도로·항만·철도·공항·화물터미널 및 창고 등을 말한다'

21) 법률 7384호 2005.1.27 개정

고 규정되어 있다. 도로·항만·철도·공항 등 개개의 물류시설이 서로 유기적으로 기능을 발휘할 수 있도록 연계된 물류시설의 전부를「물류체계」라 한다.[22)]

유통단지개발촉진법에서 규정하고 있는 유통시설은 화물유통촉진법에서 규정하고 있는 물류시설보다 범위가 매우 넓다. 유통시설은 이를 다시 상류시설과 물류시설로 구분할 수 있는데 이는 건교부 고시인 유통단지 개발지침에 규정되어 있다.[23)] 유통단지 개발지침에 의하면 판매가 주요기능인 대규모점포, 전문상가단지, 농수산물도매시장, 농수산물공판장 등은 상류시설로 분류되며, 화물터미널, 공동집배송센터, 농수산물종합유통센터 등은 물류시설로 분류된다.

그런데 같은 물류시설이지만 화물유통촉진법에는 물류시설로 되어 있는 도로·항만·공항·철도가 유통단지개발촉진법에는 좀더 구체적으로 항만법에 의한 기능시설중 하역시설 및 화물보관·처리시설, 항공법에 의한 공항시설중 화물의 운송을 위한 시설, 철도사업법 또는 삭도·궤도법에 의한 철도사업 또는 삭도·궤도사업을 경영하는 자가 그 사업에 사용하는 화물운송·하역 및 보관시설로 되어 있다. 또한 유통단지개발사업에는 도로·철도·궤도·항만·공항시설 등의 건설사업이 포함되어 있다.[24)] 입법론적으로 유통단지개발지침의 물류와 상류시설을 법에 반영하여 구분하고 여기에 도로·철도·궤도·항만·공항시설 등을 포함시키고 화물유통촉진법에서 이를 인용하도록 하는 것이 바람직할 것이다. 유통단지개발지침은 그 동안의 법령의 제·개정이나 환경변화를 반영하지 못하고 있으므로 이에 대한 개정도 필요하다고 하겠다.

【표 1-18】 물류 및 유통시설

물류시설	○ 화물의 운송·보관 또는 하역 등 화물의 유통을 위한 도로·항만·철도·공항·화물터미널 및 창고 등(화물유통촉진법)
유통시설	○ 상품의 수송·보관·포장·하역·가공·통관·판매·정보처리 등을 위한 다음의 시설

22) 동법 2조 1의2호
23) 건설교통부고시 제1998- 50호.
24) 유통단지개발촉진법 2조4호나목.

	물류시설	- 항만법에 의한 기능시설 중 하역시설 및 화물보관·처리시설 - 항공법에 의한 공항시설중 화물의 운송을 위한 시설 - 철도사업법 또는 삭도·궤도법에 의한 철도사업 또는 삭도·궤도사업을 경영하는 자가 그 사업에 사용하는 화물운송·하역 및 보관시설 - 화물자동차운수사업법에 의한 화물자동차운수사업에 이용되는 차고·화물취급소 기타 화물의 처리를 위한 시설 - 화물유통촉진법 의한 화물터미널 및 창고 - 유통산업발전법에 의한 공동집배송센터 - 농수산물유통 및 가격안정에 관한 법률에 의한 농수산물종합유통센터 - 축산물가공처리법에 의한 작업장 - 약사법에 의한 의약품도매상의 창고 및 영업소시설 - 관세법에 의한 보세창고 및 보세장치장 - 수산물품질관리법의 규정에 의한 수산물가공업시설(냉동·냉장업 시설 한정) - 위의 시설에 부대되는 시설
	상류시설25)	- 유통산업발전법에 의한 대규모점포 및 전문상가단지 - 농수산물유통 및 가격안정에 관한 법률에 의한 농수산물도매시장·농수산물공판장 - 농업협동조합법·축산업협동조합법·수산업협동조합법·임업협동조합법 또는 중소기업협동조합법에 의한 조합 또는 그 중앙회가 설치하는 구매사업 또는 판매사업 관련시설 - 자동차관리법에 의한 자동차경매상 - 자동차관리법에 의한 자동차매매업을 영위하고자 하는 자 또는 자동차매매업자가 공동으로 사용하고자 하는 사업장 - 기다 판매 등을 위주로 하는 사입

(2) 물류시설과 물류법규

물류법규의 정의와 범위에 대해서는 다음에서 구체적으로 검토를 해 보겠지만, 도로에 관한 도로법, 항만의 건설의 운영에 관한 항만법, 공항의 건설과 운영에 관한 항만법,

25) 유통단지개발촉진 법령에는 상류와 물류시설로 분류되어 있지 않고 건교부 고시인 유통단지개발지침에 규정되어 있다. 유통단지개발지침에는 유통산업발전법에 의한 대규모점포 및 전문상가단지와 농수산물유통 및 가격안정에 관한 법률에 의한 농수산물도매시장·농수산물공판장 그리고 기타 판매 등을 위주로 하는 사업으로 분류되어 있지만, 협동조합이 설치하는 판매사업 관련시설, 자동차관리법에 의한 시설 등은 판매시설임으로 상류시설에 포함시킨다.

철도에 관한 공공철도건설촉진법·철도사업법·철도산업발전기본법 등이 물류법규에 포함된다고 하겠다. 그러나 물류시설에 관한 법률 중에서 도로, 항만, 공항, 철도 등 물류시설의 건설과 관리에 관한 사항은 공공성이 크며, 기술적인 내용이 많이 포함되어 있고 이러한 시설들을 모두 물류법규에 포함시키면 학문의 범위가 확대되어 효과적인 고찰이 어려우므로 토목이나 건설 등 다른 분야에서 연구를 하는 것이 바람직하다고 본다.

(3) 물류시설업

창고업과 터미널 운영업이 화물유통촉진법 시행령에는 물류시설업으로 분류되어 있으나 건설교통통계연보에는 운송관련 서비스업으로 분류되어 있다. 건설교통통계연보에는 물류시설업을 하나의 물류사업으로 분류하지 않고 물류 서비스업에 포함시켜 분류하고 있다. 그러나 창고업이나 터미널 운영업은 물류시설업으로 분류하는 것이 타당하므로 건설교통통계연보를 수정해야 할 것으로 보인다.

건설교통통계연보에 의하면 일반창고업을 영위하는 사업체는 2003년 기준 171개이고 창고 수는 1,245개이다. 농산물 창고업은 사업체 수가 가장 많은 846개이며 창고 수는 11,942개이다. 냉장 및 냉동 창고업도 150개 업체가 307개의 창고를 보유하고 있다.

【표 1-19】 서비스업으로 분류되어 있는 물류 시설업

산 업 세 세 분 류	사업체수	종사자수	급여액	창고수	운수수입	운수비용	부가가치	연말유형고정자산
운송관련 서비스업								
일반 창고업	171	4,303	110,073	1,245	423,383	374,282	285,790	495,217
냉장 및 냉동 창고업	150	3,041	71,947	307	240,137	195,024	194,722	886,162
농산물 창고업	846	3,527	35,199	11,942	104,100	93,305	71,539	477,401
위험물품 보관업	30	752	24,399	881	119,786	89,577	94,055	540,007
기타 창고업	8	194	5,554	125	21,890	17,563	16,817	73,425
화물 자동차 터미널 운영업	14	240	6,431	-	96,050	69,524	58,991	457,721
도로 및 관련시설 운영업	12	4,809	151,898	-	2,437,689	837,212	1874 147	347,811

항구 및 기타 해상터미널 운영업	5	301	6,939	-	149,994	122,632	86,570	3,258,231

자료 : 건설교통통계연보 2005, 통계청 경제통계국 서비스업통계과

화물유통촉진법에서는 물류시설로서 화물터미널과 창고를 규정하고 있다. 화물터미널은 일반화물터미널과 복합화물터미널로 구분하고 있다. 화물유통촉진법에서는 복합화물터미널이란 용어를 사용하고 있는데 실제에서는 내륙화물터미널(Integrated Freight Terminal, IFT)[26]이란 용어가 사용되고 있다. 화물의 수송수요는 급증하는데 반해 물류시설이 크게 부족하여 기업 물류비가 증가하고 국가경쟁력이 약화됨에 따라 다품종 소량 다빈도 화물을 집적화하여 대량으로 수송하는 연계수송망을 구축할 필요가 있어, 전국 5대 물류거점에 내륙화물기지(ITF와 내륙컨테이너기지)를 건설하고 있다. 내륙 화물기지 건설현황을 살펴보면 수도권에는 군포와 의왕에 각각 내륙화물터미널과 내륙컨테이너기지(Inland Container Depot, ICD)가 있다. 군포는 내륙화물터미널은 2010년까지 화물취급장 2동, 복합장고 2동, 배송센터 8동 등 연간 725만톤을 처리할 수 있도록 확장할 계획이다. 부산 경남에는 양산에 내륙화물터미널과 내륙컨테이너기지가 함께 있으며 호남에는 전남 장성에 내륙화물터미널과 내륙컨테이너기지가 있다. 의왕 ICD의 년간 컨테이너 처리능력은 100만 TEU이며 양산의 경우 140만 TEU이다.

【표 1-20】 내륙화물기지 현황('06. 4월 현재)

구분	명칭	위치(규모)	사업비(억원)	기간	주요시설	처리능력 일반화물(만톤/년)	처리능력 컨테이너(만TEU/년)
수도권	군포 IFT	경기군포(11만평)	2,477	'92~'98	·화물취급장(8동) ·배송센타(8동)	482	-
	군포확장	경기군포	4,620	'02	·화물취급장(2동)	725	

26) 내륙화물기지는 화물유통촉진법 제23조의 규정에 의한 화물터미널 중 2 가지이상 운송수단(도로·철도·해운·항공)간 연계운송을 할 수 있는 규모 및 시설을 갖춘 복합화물터미널로서 화물을 대량으로 모아 한꺼번에 운송함으로써 물류비용을 절감하기 위해 전국의 주요 물류거점에 구축하는 대규모 화물터미널을 말한다. 건교부 홈페이지 <http://www.moct.go.kr/> 참조.

	예정	(10.5만평)		~ '10	·복합창고(2동) ·배송센타(8동)		
	의왕 ICD	경기의왕 (23만평)	331	'92 ~ '99	·컨테이너작업장(3동) ·컨테이너장치장(13만평)	-	100
부산권	양산 IFT	경남양산 (10만평)	2,608	'92 ~ '03	·화물취급장(4동) ·배송센타(6동)	371	-
	양산 ICD	경남양산 (29만평)	2,841	'92 ~ '03	·컨테이너작업장(10동) ·컨테이너장치장(19만평)	-	140
호남권	IFT 및 ICD	전남장성 (16만평)	3,373	'99 ~ '10	·화물취급장(4동) ·배송센타(6동) ·컨테이너작업장	486	34

자료 : 건설교통부 내부자료 재인용

※TEU(Twenty Feet Equivalent Unit) : 컨테이너 크기를 나타내는 단위

정부는 거점물류시설이며 건교부장관의 공사시행 인가를 받아 건설되는 복합화물터미널과 시·도지사의 공사시행 인가를 받아 건설되는 화물유통촉진법상의 일반화물터미널을 건설을 촉진하여 상호 연계수송체계를 확립하기 위하여 노력하고 있다. 특히 일반화물터미널의 건설을 활성화하기 위해 매년 공사비의 일정 수준을 장기저리로 융자지원하고 있으며, 2006년 1월 현재 우리 나라의 일반화물터미널은 26개소가 운영 중이다.

【표 1-21】 일반터미널 현황

(2006. 1. 1. 현재)

시·도	터미널명	운영사 (연락처)	위치	기간규모(평)		공용개시
				대지	건축 연면적	
계	26개소			344,179	51,373	
서울	한국트럭터미널	(주)경부유통외3	서초구 양재동	27,875	8,276	'90.03.31
	서부트럭터미널	(주)서부트럭터미널	양천구 시정동	35,063	12,869	'81.07.14
	동부트럭터미널	선창산업(주)	동대문구 장안동	6,179	1,350	'75.08.10
부산	부산종합화물터미널	부산종합화물터미널(주)	사상구 엄궁동	50,952	13,801	'95.03.14
대구	서부화물터미널	(주)대구화물터미널	달서구 월성동	21,335	3,021	'03.01
인천	영창화물터미널	(주)이테크건설	남구 학익동	9,214	690	'83.02.16

	인천전용화물터미널	(주)한진	중구 항동	13,170	3,927	'94.04.12
	인천트럭터미널	한솔CSN(주)	남구도화동	13,910	5,469	'99.01.26
광주	광주화물자동차터미널	광주화물자동차터미널(주)	북구 각화동	10,818	1,782	'86.03.03
	풍암화물터미널	(주)LST	서구 매월동	7,561	3,614	'04.07.29
대전	중부대전화물터미널	중부대전화물터미널(주)	유성구 대정동	18,407	1,678	'02.06.19
	대전공용화물터미널	대한통운(주)	대덕구 읍내동	18,223	11,059	'99.12.21
경기	한진화물터미널	(주)한진	성남시 분당구	2,842	1,007	'01.9
	안산화물터미널	대경TLS	안산시 단원구	13,037	1,741	'95.04.14
	안산물류터미널	(주)한진	안산시 단원구	10,767	342	'99.12.08
충북	청주화물터미널		청주시 상당구	6,120	1,345	'89.07.08
	삼원공용화물터미널		제천시 장락동	275	84	'87.08.25
	보은화물터미널	형제기업(주)	보은군 보은읍	3,261	172	'96.01.24
충남	아산공용화물터미널	(주)광영기업	아산시 선장면	6,490	164	'95.07.10
	(주)중부화물터미널	(주)중부 화물터미널	천안시 구룡동	10,272	2,976	'99.05.04
전북	익산종합 화물터미널	신익산화물터미널	익산시 부송동	7,237	1,414	'99.01.09
전남	여천화물	여천화물	여수시 월하동	3,367	652	'99.06
	여천트럭화물	터미널주요소	여수시 월하동	4,705	876	'01.06
경북	포항화물터미널	(주)삼일	포항시 남구	26,500	1,768	'97.03.24
	구미화물터미널	(주)구미 화물터미널	구미시 오태동	10,073	1,701	'98.12.31
경남	진주화물터미널	(주)진주 화물터미널	진주시 상대동	6,526	649	'87.01.31

유통단지개발촉진법에서는 물류시설로서 유통단지의 건설·운영·관리에 대하여 규정하고 있는데 2002년부터 2006년까지의 5년간 유통단지의 공급계획을 살펴보면 수도권에 126만평, 경상권에 106만평을 포함해 총 367만평이 공급될 예정이다. 2006년 6월 입법예고 된 물류시설법안에 의하면 유통단지는 물류단지로 그 명칭이 변경될 예정이다.

【표 1-22】 제2차 유통단지개발 종합계획(2002~2006)에 의한 권역별 공급규모

권역별		비고
권역	공급면적(만평)	
합계	367	
수도권	126	서울(15),인천(15),경기(96)
강원권	17	
출청권	65	대전(29),충남(20),충북(16)

전라권	53	광주(20),전남(15),전북(18)
경상권	106	부산(26),대구(10),경북(29),울산(14),경남(27)

자료 : 건설교통부 내부자료 재인용

농산물 유통시설은 소비지와 산지 유통시설로 나눌 수 있는데 소비지 유통시설은 「농수산물 유통 및 가격안정에 관한 법률」에서 규정하고 있는 농수산물도매시장, 농수산물종합유통센터, 공판장 등이 있다.

【표 1-23】 농산물 유통시설 현황

(단위 : 개소)

구분	유 통 시 설	'05까지	'06년	'08년까지 목표
소비지	◦ 농수산물도매시장	32	–	32
	◦ 농수산물종합유통센터	15	1	16
	◦ 공판장	88	–	88
	◦ 파머스 마켓	20	–	20
산지	◦ 농산물산지유통센터	232	20	260
	◦ 농산물간이집하장	3,065	–	3,065
	◦ 산지가공공장	1,108	–	1,101
	◦ 미곡종합처리장	302	–	302
	◦ 축산물종합처리장	7	–	7

주) 개장·운영기준이며, 건설 중인 것은 실적에 미포함

5. 유통·물류법규

(1) 연혁

물류의 정의가 처음으로 등장한 것은 화물유통촉진법이 제정되고 10년이 지난 2001년이었다.[27] 물류의 정의가 규정되기 전부터 물류법규란 용어가 사용되었는데 1996년 물류관리사 제도가 도입되면서 물류관련법규가 시험과목이 되면서부터이다. 이때에도 물류법규에 대한 직접적인 정의나 사용이 있었던 것은 아니며 물류관련법규란 용어를 사용했다.

27) 법률 제6305호 2001. 12.29. 개정

물류관리사 시험의 물류관련법규는 1996년에 화물유통촉진법을 포함하여 7개 과목이었고 1998년에 해운법과 도·소매업진흥법이 항만운송사업법과 유통산업발전법으로 각각 바뀌었다. 후에 언급하겠지만 해운법이 항만운송사업법으로 바뀐 것은 적절하지 않은 것으로 보인다. 2005년 5월 현재 입법예고중인 화물유통촉진법 시행령 개정안에 따르면 철도소운송업법이 시험과목에서 빠지고 6개 과목이 시험과목으로 될 예정이다.

【표 1-24】 물류관련법규 시험과목의 변천

년도	1996년	1998년	2007년
물류관련법규	화물유통촉진법, 유통단지개발촉진법, 자동차운수사업법, 철도소운송업법, 해운법, 도·소매업진흥법, 농수산물유통 및 가격안정에 관한 법률 중 물류관련규정	화물유통촉진법, 유통단지개발촉진법, 화물자동차운수사업법, 철도소운송업법, 항만운송사업법, 유통산업발전법, 농수산물유통 및 가격안정 에 관한 법률 중 물류관련규정	화물유통촉진법, 유통단지개발촉진법, 화물자동차운수사업법, 철도사업법, 항만운송사업법, 유통산업발전법, 농수산물유통 및 가격안정에 관한 법률 중 물류관련규정
비고		해운법이 항만운송사업법으로 대체되고 도·소매업진흥법이 유통산업발전법으로 변경	철도소운송업법을 폐지에 따라 철도사업법으로 과목 변경(2007년 시행)

물류관련법규와 유사한 개념으로 물류관련법령이란 용어가 1995년부터 사용되기 시작했다. 즉 화물유통촉진법 제48조의4에서는 전자문서의 효력과 관련하여 '물류사업자 또는 물류관련기관이 물류전산망을 이용하여 승인·신청·신고 또는 등록 등을 전자문서교환방식으로 처리한 경우에는 대통령령이 정하는 물류관련법령에서 정한 절차에 의하여 처리된 것으로 본다'고 규정하여 물류관련법령이란 용어를 사용하고 있다. 물류관련법령의 범위는 물류관련법규의 범위보다 포괄적이고 물류와 직접적으로 관련이 있는 법률들인 것으로 보인다.

【표 1-25】 물류관련법령의 범위 변천

개정년도	1996년	2005년
내용	1. 개항질서법 2. 검역법 3. 도선법	1. 개항질서법 2. 검역법 3. 도선법

	4. 상법 5. 유통단지개발촉진법 6. 자동차운수사업법 7. 철도법 8. 철도소운송업법 9. 항공법 10. 항만법 11. 해운법 12. 기타 건설교통부장관이 관계중앙행정기관의 장과 협의하여 고시하는 법률	4. 상법 5. 유통단지개발촉진법 6. 화물자동차운수사업법(1998) 7. 철도사업법(2005) 8. 삭제 9. 항공법 10. 항만법 11. 해운법 12. 기타 건설교통부장관이 관계중앙행정기관의 장과 협의하여 고시하는 법률
비고		- 철도법과 철도소운송업법은 철도사업법으로 변경

(2) 물류법규의 정의와 범위

가. 정의

물류사업과 물류시설이 물류법규의 핵심요소 이므로 물류법규는「물류사업과 물류체계에 관한 사항을 규율하는 법」이라고도 할 수 있다. 다시 말하면 물류법규는「물류사업과 이를 영위하기 위한 물류시설의 건설 및 관리·운영에 관한 사항을 규율하는 법」이 물류법규인 것이다.

좀더 구체적으로 기술하면, 물류법규는 '군사·경찰·재정 등의 다른 행정목적에 부수하여 물류를 규제하는 법령들을 제외하고, 재화가 공급자로부터 수요자에게 전달될 때까지 이루어지는 운송·보관·하역·포장과 이에 필요한 정보통신등의 경제활동과 물류의 표준화 · 정보화와 물류체계를 합리화하고 화물의 유통과 관련된 사업을 규정하며 화물유통의 촉진과 물류비 절감에 의하여 국민경제의 발전에 기여하는 것을 목적으로 하는 모든 관련 법규'라고 할 수 있다. 우리나라 학계에서는 공법과 사법을 구분하고 있지만 물류법규는 공법과 사법을 구분할 필요 없이 법적 규율을 가하는 모든 법규를 포괄하는 것으로 한다. 결국 물류법규란

「물류사업과 물류시설의 건설 및 관리·운영에 관한 사항을 포함한 물류에 대한 공사법적 규율을 가하는 법규의 총체」라고 할 수 있다.

나. 범위

물류의 개념정의가 어렵고 다양한 정의가 존재하듯이 물류법규에 속하는 법률은 그 수가 많을 뿐 아니라 그 성격과 입법목적도 여러 가지여서 물류법규의 범위와 내용을 명확하게 결정하고 이를 체계적으로 분류하기는 지극히 어려운 일이다. 물류를 협의의 개념으로 이해하여 '생산된 상품 또는 재화를 소비자 및 영업소에 도달되기까지의 일련의 과정'으로 이해한다면 물류법의 범위를 어느 정도 한정시킬 수 있으나 광의의 개념으로 이해하여 원재료로부터 중간제품, 완제품 등을 공급자에게서 수요자에게로 이동시키는 활동으로써, 생산과 소비를 매개하여 경제의 순환과정을 완결하는 본원적 요소라고 물류를 정의하는 경우 물류법의 범위를 한정하기가 매우 어렵게 된다. 결국 학자의 연구 목적에 따라 그 범위를 정하여야 할 것이다.

다. 물류법규의 성격

물류법규의 성격을 명확히 규정하는 것은 쉽지 않다. 물류법규는 공법이라고 할 수 있으나 오늘날 공법과 사법의 개념 및 구별의 기준이 상대화되어가는 경향이 있어 실질직으로 임밀한 구별을 할 수 없다. 앞에서 살펴보았듯이 물류관련 법령에는 상법이 포함되어 있는데 상법은 공사법 구분이 상대화되어 가는 요즘에도 사법의 영역에 속하고 있다는 것은 통설로서 인정되고 있는 실정이다. 따라서 화물유통촉진법상의 물류 개념에 대입하여 물류법규를 정의해 보면 '재화가 공급자로부터 수요자에게 전달될 때까지 이루어지는 운송·보관·하역·포장과 이에 필요한 정보통신등의 경제활동을 규율하는 공·사법'이라고 할 수 있을 것이다.

라. 목적

화물유통촉진법, 유통단지개발촉진법, 유통산업발전법, 농수산물유통 및 가격안정에 관한 법률은 국민경제의 발전, 소비자보호, 국민생활의 안정을 목적으로 하고 있다. 물류에 관한 기본법이라고 할 수 있는 화물유통촉진법은 '물류의 표준화·정보화와 복합운송주선업·화물터미널사업 및 창고업 등에 관한 사항을 규정하여 물류체계를 합리화하는 것'을 목적으로 하고 있다. 그런데 물류체계는 '서로 유기적으로 기능을 발휘할 수 있도록 연계된 물류시설의 전부'를 말하므로 화물유통촉진법의 목적은 '물류의 표준화·정보화와 복합운송주선업·화물터미널사업 및 창고업 등에 관한 사항을 규정하여 물류시설의 전부가 서로 유기적으로 기능을 발휘할 수 있도록 합리화하는 것'이 된다. 화물유통촉진법상 물류시설은 화물의 운송·보관 또는 하역 등 화물의 유통을 위한 도로·항만·철도·공항·화물터미널 및 창고 등을 말하는데, 화물유통촉진법에서는 도로, 항만, 철도, 공항에 관한 사항은 규율하고 있지 않아 법의 내용과 목적이 일치하지 않는 측면이 있다.

6. 유통·물류법규의 법원(法源)

(1) 헌법상의 물류법규 근거

유통·물류법의 근거는 헌법 제34조제1항의 인간다운 생활을 할 권리와 「국가는 균형 있는 국민경제의 성장 및 안정과 적정한 소득의 분배를 유지하고, 시장의 지배와 경제력의 남용을 방지하며, 경제주체간의 조화를 통한 경제의 민주화를 위하여 경제에 관한 규제와 조정을 할 수 있다」(119조2항)고 한 헌법규정 등 대한민국 헌법 제9장의 경제에 관한 규정들을 직접적인 근거로 볼 수 있다. 그리고 이러한 헌법규정을 구체화하기 위한 여러 법률 및 하위규범이 물류법규의 실정법적인 근거이다.

(2) 법원

법원은 법의 존재형식 또는 현상형태라는 의미로 법을 인식할 수 있는 또는 법이 드러나 있는 모습을 가리킨다.[28] 법원에는 성문법과 불문법이 있다. 성문법은 문자로 표시하고 일정한 형식 및 절차에 따라서 제정되는 법이며, 제정법이라고도 한다. 불문법은 관습법·판례법·조리 등이 있다. 우리나라는 성문법주의를 취하고 있으며, 성문법에는 법률·명령·조약·자치법규 등이 있다. 성문법주의를 취하는 경우 불문법에 대하여 어떠한 효력을 인정하느냐는 중요한 문제로 우리나라는 관습법, 조리 등에 대하여 보충적 효력을 인정하고 있다.

가. 법률

법률은 형식적 의미에 있어서의 법률을 말하며, 그것은 헌법이 정하는 절차에 따라서 제정·공포되는 것이다. 도로·철도·항만·공항과 화물터미널·창고·공동집배송센터 등 물류시설에 관한 도로법·철도산업발전기본법·철도건설법·공공철도건설촉진법, 항만법·항공법·유통단지개발촉진법과 물류사업과 관련된 화물자동차운수사업법·해운법·항공법·철도사업법 그리고 물류서비스업과 관련된 화물유통촉진법, 항만운송사업법, 항공법 등이 있다.

나. 명령

입법기관인 국회의 의결을 거치지 않고서, 다른 국가기관에 의하여 제정된 법규를 명령이라고 하며 이에는 위임명령과 집행명령이 있다. 위임명령은 법률에 의하여 위임된 사항을 정하는 명령이고, 집행명령은 법률의 규정을 집행하기 위하여 필요한 세칙을 정하는 명령이며 그 제정권자는 대통령(대통령령), 국무총리(총리령) 및 각부 장관(부령)이다. 대부분의 물류법규는 국회에서 제정한 형식적 의미의 법률과 집행명령인 대통령과 부령으로 이루어져 있다. 결국 명령으로 인해 물류법규의 연구범위는 위에서 언급한 법률의 수보다 3배가 증가하게 된다.

다. 조약

문서에 의한 국가 사이의 합의가 조약이며, 그 내용은 국제법 또는 국제경제법

---

28) 곽윤직, 민법총칙, 박영사, 2004, 12쪽.

을 이룬다. 조약이라는 이름을 가지는 것뿐만 아니라, 협정·협약·의정서·헌장 등으로도 불린다. 헌법에 의하여 체결·공포된 조약과 일반적으로 승인된 국제법규는 국내법과 같은 효력을 가지게 되므로 비준·공포된 조약으로서 물류에 관한 것은 법률과 동일한 효력을 가지는 물류법규의 법원이 된다.

라. 자치법규

자치법규란 지방자치단체가 그 자치입법권에 의하여 법령의 범위 안에서 제정하는 자치에 관한 법규(헌법 117, 지방자치법 15)로서, 지방의회가 제정하는 조례와 자치단체의 장이 제정하는 규칙이 그것이다. 자치법규는 국회에서 제정하는 법 형식이 아니라는 점에서 행정입법으로 분류되기도 하고, 직접 법률의 위임을 받아 제정되는 경우를 제외하고는 행정입법에 포함시키는 것이 자연스럽지 못하다는 견해도 있다. 자치법규는 독립적으로 헌법에 근거를 두고 있는 지방자치단체의 행위형식이라고 봄이 타당하다고 주장하는 학자들도 있다. 자치법규도 물류법규 관계를 변동시키는 법률요건·법률사실이다. 지방자치단체도 물류행정의 주체로서 이러한 조례·규칙에 의하여 물류에 대한 규제와 조정을 행할 수 있음은 물론이다.

지자체에서 물류법규의 시행 내지 집행을 위하여 조례를 제정하는 예로는 화물자동차운수사업법 시행령 제16조에서 '과태료의 징수절차는 건설교통부령 또는 시·도의 조례로 정한다'고 규정하고 있다. 그리고 농안법과 관련하여 서울특별시농수산물도매시장조례, 구리농수산물도매시장관리운영조례 등이 그 예이다.

7. 유통·물류법규의 행위형식

유통·물류법규는 직접 법률 또는 법규명령에 의하여 일정한 의무를 과하는 경우도 있지만, 그보다는 법률 또는 법규명령에 근거한 행정기관의 행위에 의하여 의무가 부과되거나 해제되고 권리가 창설되거나 소멸되는 등의 효과가 발생하는 것이 보통이다. 이러한 행정기관의 행위(행정작용)는 권력적 작용인 경우가 많지만 비권력적 작용인 경우도 있다. 즉 물류행정의 주요 수단은 명령(행정입법), 행정행위(처분), 제재(행정벌) 등 권력적 행정작용이다. 그러나 계획 등 사실행위, 사법적(私法的)작용 등 행위형식은 다양해지고 있는데, 화물유통촉진법에 의하면 건설교통부장관은 효과적인 물류체계를 구축하기 위하여 20년을 단위로 하는 국가물류기본계획을 수립하고(법제3조), 특별시장 또는 광역시장은 관할구역의 물류체계를 개선하기 위하여 10년을 단위로 하는 도시물류기본계획을 수립하도록 하고 있어(법제4조의4) 사실행위인 계획을 주요 수단으로 하고 있다. 그리고 모든 물류법규에서 행정형벌과 행정질서벌을 두고 있다. 다음에서 물류법규의 행위형식에 대해서 살펴보겠다.

(1) 법령에 의한 직접적 규제

물류에 대한 국가 또는 지방자치단체의 개입은 행정의 구체적 조치를 통하지 않고 법령에 의하여 직접 행하여질 수도 있다. 법령이 직접 일정한 행위를 금지 또는 명하는 경우 등이 그것이다. 여기서 법령이란 법률과 법규명령을 말한다. 법규명령이란 국가의 행정권이 정립하는 일반·추상적인 규정으로서 법규적 효력, 즉 행정내부적 효력뿐만 아니라 국민에 대하여도 구속력을 가지는 것을 말한다.[29] 행정권(행정기관)은 일반적·추상적 규율을 제정하기도 하는데 이렇게 행정기관이 제정한 규범으로서의 명령(법규명령과 행정규칙)을 행정입법이라고 한다. 행정입법은 일반적, 추상적 규율의 성질을 가진다는 점에서 행정권의 개별적, 구체적 규율로서의 성질을 갖는 행정행위와 구분되는 행위형식이다. 이러한 행정입법은 형식적으로는 행정작용에 속한다.

물류의 규제수단인 대통령령, 부령 등 법규명령은 일반국민도 쉽게 인지할 수 있으므로 문제의 소지가 적으나, 행정기관이 법조의 형식으로 정립하는 일반적·추상적 규범으로서 법규의 성질을 가지지 않는 행정규칙은 많은 문제점을 내포하고 있으며, 행정규칙의 법규성에 대하여는 판례와 하자에 따라 논란이 있다. 그 일정 유

29) 법규명령은 대통령령, 총리령, 부령, 중앙선거관리위원회규칙, 감사원규칙, 때때로 국무총리 훈령, 국세청 훈령 등 법률이 아닌 명령으로서 재판규범으로 인정되는 것들을 말한다.

형(재량준칙·법률대위적 규칙)에 대하여는 평등원칙 또는 신뢰보호원칙과의 관계에서 법규에 준하는 효력이 인정될 수도 있을 것이나, 그 자체에 법규적 효력을 인정할 수는 없다고 보는 견해가 많다.[30)]

행정규칙은 훈령, 고시, 예규 등의 형식으로 오늘날 실질적 기능면에서 법령에 못지않은 중요한 비중을 차지한다. 예를 들어 유통단지개발촉진법 제33조에서는 유통단지관리지침을 제정하도록 하고 있고, 건교부에서는 유통단지개발촉진법시행령 제11조의 규정에 의하여 유통단지를 합리적으로 개발하기 위하여 필요한 사항을 규정하기 위해 유통단지개발지침(고시 제1998-50호)을 제정하였다. 총 24개의 조문으로 이루어진 이 지침은 정의, 적용범위 등 일반 법규명령의 형식을 취하고 있으며 내용도 통상의 법규명령이 규정하는 내용 이상의 중요한 내용을 포함하고 있다.

최근에는 화물자동차운수사업법과 관련하여 공급기준[31)] 적재물배상보험등의 의무가입대상 제외차량[32)] 등 많은 행정규칙이 제정되고 있으므로 주의를 기울여야 할 것이다.

(2) 법령 등에 의한 직접적 규제의 내용

가. 물류활동에 관한 의무부과

법령에 의하여 사경제주체에 대한 작위·부작위(금지)·수인의 의무가 부과되는 경우가 있다. 유통단지로 지정·공시된 지역 안에서의 행위 등의 제한(유통단지개발촉진법 제8조), 개발한 토지·시설 등의 처분제한(동법 제29조), 시장도매인의 도매시장법인 또는 중도매인에게 농수산물 판매금지(농수산물유통 및 가격안정에 관한 법률 제37조), 수입농산물의 정한용도 외의 사용금지(동법 제15조) 등이 그 예이다. 이러한 법령에 의한 의무부과나 금지에 대하여는 통상 그 의무이행을 확보하는 수단으로서 벌칙이 규정되어 있는 것으로서, 유통단지개발촉진법에서 토지형질을

30) 김동희 행정법 Ⅰ, Ⅱ, 박영사, 1992.
31) 건설교통부 고시 제2004-89호
32) 건설교통부 고시 제2005-53호

변경한 자, 토지 또는 시설을 처분한 자에 대한 벌칙(유통단지개발촉진법 제44조)이나 수입농산물 용도외의 사용에 대한 벌칙(농안법 제87조) 등이 그 예이다.

나. 신고제·등록제 등

인·허가제보다는 그 개입의 정도가 약한 것이나, 법령이 신고 또는 등록·표시 등의 의무를 부과하는 경우가 있다.

신고는 특정한 사실 또는 법률관계의 존부에 관하여 행정관청에 이를 알리는 것이 필요한 경우 또는 일정한 영업이나 사업에 있어서 단순히 자료파악을 위하여 영업자 등의 협조가 필요한 경우 등에 규정한다. 법령 등에서 행정청에 대하여 일정한 사항을 통지함으로써 의무가 끝나는 신고를 규정하고 있는 경우 신고를 관장하는 행정청은 신고서의 기재사항에 하자가 없고 필요한 구비서류를 갖춘 경우 또는 법령 등에 규정된 형식상의 요건을 갖춘 경우에는 신고서가 접수기관에 도달된 때에 신고의 의무가 이행된 것으로 보도록 되어 있다.[33] 따라서 신고가 소정의 형식적 요건을 갖춘 경우에는 일단 이를 수리하여야 하고, 원칙적으로 내용상의 문제를 가지고 신고수리를 거부하여서는 아니 된다.[34]

---

33) 행정절차법 제40조(신고) ①법령 등에서 행정청에 대하여 일정한 사항을 통지함으로써 의무가 끝나는 신고를 규정하고 있는 경우 신고를 관장하는 행정청은 신고에 필요한 구비서류와 접수기관 기타 법령 등에 의한 신고에 필요한 사항을 게시(인터넷 등을 통한 게시를 포함한다)하거나 이에 대한 편람을 비치하여 누구나 열람할 수 있도록 하여야 한다.
②제1항의 규정에 의한 신고가 다음 각호의 요건을 갖춘 경우에는 신고서가 접수기관에 도달된 때에 신고의 의무가 이행된 것으로 본다.
1. 신고서의 기재사항에 흠이 없을 것
2. 필요한 구비서류가 첨부되어 있을 것
3. 기타 법령 등에 규정된 형식상의 요건에 적합할 것
③행정청은 제2항 각호의 요건을 갖추지 못한 신고서가 제출된 경우 지체 없이 상당한 기간을 정하여 신고인에게 보완을 요구하여야 한다.
④행정청은 신고인이 제3항의 규정에 의한 기간 내에 보완을 하지 아니한 때에는 그 이유를 명시하여 당해 신고서를 되돌려 보내야 한다.

34) 관계 법령 소정의 형식적 요건을 갖춘 공장설립신고의 수리를 거부할 수는 없다고 한 대법원 판례

오늘날 대부분의 물류사업은 등록제이다. 등록을 함으로써 사업을 하다가 영업을 양도·합병·상속하는 경우가 발생하는데 많은 물류법규에서 이러한 영업양도는 신고를 하도록 규정하고 있다. 화물유통촉진법 제18조 제2항에서는 '복합운송주선업의 등록에 따른 권리·의무를 승계한 자는 건설교통부령이 정하는 바에 따라 건설교통부장관에게 신고하여야 한다'고 규정하고 있는 것이 그 예이다.

이러한 신고제의 기능은 기본적으로 다음의 두 가지로 요약될 수 있다. 우선 신고제는 경제활동에 대한 사전적 통제기능을 수행한다. 즉 신고제에 있어서도 관계법령상의 요건이 충족되어 있지 않음을 이유로 그 수리거부가 인정되는 경우가 있는데, 이러한 경우에는 신고제는 허가제와 같은 의미를 가진다. 다만 이러한 내용의 신고제는 그 대상 업종의 영세성을 고려한 규제완화의 취지에서, 일종의 완화된 인·허가제로서 활용되고 있는 경우가 적지 않다. 둘째, 신고제는 그 대상인 행위에 대한 지속적 통제수단으로서의 의미를 가진다. 각종의 허가사항에 대한 변경 등에 있어서의 신고의무부과가 그 예이다(화물자동차운수사업법 제3조 제3항).

공장설립신고가 관계 법령 소정의 형식적 요건을 갖추었다면 시장·군수·구청장은 일단 이를 수리하여야 하는 것이고, 만일 신고한 사항이 법령상 규정된 입지기준에 적합하지 아니하다고 판단된다면 법령에서 규정된 바에 따라 공장입지의 변경을 권고하거나 입지기준에 적합하도록 시설의 설치를 권고할 수 있고, 이러한 권고를 받은 자가 권고응낙의 통보를 하면 시장·군수·구청장은 공장설립신고확인서를 교부하고, 이에 응하지 아니한다면 공장입지의 변경 또는 공장설립계획의 조정을 명할 수 있을 뿐이지 공장설립신고서의 수리 자체를 거부할 수는 없다. (1994. 6. 28. 선고 93누15922판결)

신고에 형식적 하자가 없는 경우 실체적 이유를 들어 신고의 수리를 거부할 수는 없다고 한 판례

토지거래신고가 국토이용관리법 소정의 형식적 요건을 모두 갖춘 것이라면 행정청은 일단 이를 수리하여야 하는 것이고, 만일 신고된 토지의 이용목적이 국토이용계획이나 자연환경보전 등의 공익적 기준에 적합하지 아니하다고 판단되거나 신고된 토지가 공익사업용 토지에 해당하여 국가 등이 매수를 원하는 경우이면 국토이용관리법의 규정이 정하는 바에 따라 토지거래계약체결의 중지 등을 권고하거나 선매자를 지정하여 당해 토지를 협의매수 하도록 알선을 할 수 있을 뿐이지, 위와 같이 공익적 기준에 적합하지 않는다는 등의 실체적 사유를 들어 토지거래신고의 수리 자체를 거부할 수 없다. (1997. 8. 29. 선고. 96누6646판결)

등록제·표시제는 일정한 법률사실이나 법률관계의 존부를 공적으로 표시·증명할 필요가 있는 경우 또는 일정한 영업이나 사업에 있어서의 인·허가가 단순히 업무의 개시요건에 불과하거나 인·허가의 여부에 관한 처분요건이 없고 또한 행정관청의 재량의 여지가 없는 경우에 규정한다. 등록은 원래 행정기관의 관련 장부에 일정한 법률관계 또는 법률사실을 기록하여 올려서 그 존부 또는 진위를 공적으로 표시 또는 증명하는 것으로 강학상 공증의 의미로 사용된 것이나, 영업허가와 관련하여서는 영업·사업 및 업무 등에 대한 허가의 의미로 사용되고 있다. 물류법규에서의 등록제를 살펴보면, 등록의 기준, 결격사유, 지위승계, 등록취소(말소) 및 사업정지의 행정처분 등 허가와 유사한 규제내용을 규정하면서 등록신청의 수리·거부와 관련하여 행정기관의 재량여지를 둠으로써 강학상의 허가와 유사하게 운영할 수 있도록 하고 있다.

화물운송사업 시장진입에 있어 과거 면허 또는 허가 대상 사업이었던 것을 등록제로 전환하였다. 현재 화물운송사업 중에서 면허제를 유지하고 있는 것은 철도와 정기항공운송업 뿐이며, 2003년 화물연대파업과 관련하여 화물자동차운수사업법에서 화물자동차운송사업 및 화물자동차운송주선사업의 초과공급으로 인한 불균형을 해소하기 위하여 화물자동차운송사업 및 화물자동차운송주선사업의 등록제를 허가제로 전환하였다. 결과적으로 화물자동차운수사업은 면허제에서 등록제로 그리고 다시 허가제로 바뀌었다. 이는 명령적 행정행위와 형성적 행정행위 또는 면허와 허가의 구별이 상대적이라는 것을 보여주는 예로 이에 대하여는 다음 장에서 설명하기로 한다.

(3) 물류법규의 규제완화

근래에 들어 물류의 중요성이 대두되면서 물류산업을 활성화하기 위한 규제완화의 차원에서, 물류법규상의 각종 인·허가 제도와 같이 일정한 국민생활영역에 대한 경제활동의 진입을 행정청이 일반적으로 금지·제한하는 진입규제를 완화하기 위한 제도적 장치를 마련하기 위해 인·허가제도는 등록 또는 신고제로 전환되었다.

허가보다 완화된 형태의 진입규제절차인 등록절차는 허가처분시에 거치게 되는 심사절차를 요하지 않고, 일정한 요건의 성취를 공적장부에 기재하는 절차만을 밟도록 함으로써 일반적 금지의 해제(허가) 또는 법률효과의 완성(인가) 등의 법적효과를 발생시키는 것이다. 허가·등록절차보다 더 완화된 형태의 진입규제절차로 신고절차가 활용되어 왔다. 신고절차는 일정한 요건의 성취를 행정청에 통지하기만 하면 심사절차와 공적장부에의 등록절차도 거칠 필요 없이 통지행위로써 바로 허가 또는 인가의 법적 효과를 발생시키는 것이다.

그러나 규제완화를 위한 법률의 개정에도 불구하고 실제 하위법령에는 구체적 신고절차에 관하여 신고의 수리를 하도록 규정하거나, 그 운영상 신고를 반려해 결국 허가·인가와 동일하게 유지되는 경우가 있다. 이것은 제도의 명목과 실질이 다르게 운용되는 것으로 행정과정에 대한 국민의 신뢰를 떨어뜨리고 예견가능성을 도모하는 행정절차법의 이념에 반한다.[35] 행정행위의 방식을 명령적 법률행위인 허가에서 준법률행위인 공증(등록) 또는 신고로 바꾸었다고 해서 규제를 완화했다고 보기는 어렵다.

현재 물류사업과 관련하여 등록제로 운영되고 있는 것들은 과거의 허가와 차이가 없이 운영되고 있다. 대부분 법령에서 등록요건을 정하고 있고 등록을 하지 않고 사업을 한 경우에는 행정제재를 규정하고 있다. 강학상 공증은 공적 증거력을 부여하고 개별 법률의 규정에 의해 추가로 권리행사 및 성립의 요건이 되기도 한다. 그러나 허가와 마찬가지로 무등록 행위도 당사자가 권리를 주장하는데 제한이 따를 뿐 사법상 효력에는 영향이 없다고 하겠다. 물류산업의 발전을 위해 규제를 개혁하고자 한다면 등록요건의 완화 내지 철폐와 행정제재 규정의 철폐도 필요하겠다고 하겠다.

35) 최정일, 행정법(상), 박영사(2000), 482쪽.

Ⅲ. 유통·물류법규의 최근동향

1. 서설

정부에서는 물류정책의 통합·조정기능 강화를 위한 제도개편을 추진하고 있는데 이는 물류허브정책이 범정부적으로 추진되고 있음에도 이를 뒷받침하는 제도기반이 취약하여 물류허브 추진의 실천력 강화를 위해 물류관련법령 등 관련제도를 체계적으로 정비·보강 추진할 계획이다. 물류정책의 총괄조정 기능을 강화하기 위해 물류정책위원회의 기능과 물류기본계획의 내용보강 등 현재의 「화물유통촉진법」을 개편하여 물류정책기본법을 제정하는 것을 추진하고 있다. 또한 유사 물류시설·단지간 중복투자 방지를 위해 현「유통단지개발촉진법」을 개정하여 물류시설총괄법으로 개정하는 방안을 모색하고 있다.

2. 2006년 개정 법률

(1) 화물유통촉진법 개정

가. 개정배경

1) 구난형 자동차 처빌과 직재물배상보험 관련 규정 개정(1차)

제256회 국회(정기회) 제7차 건설교통위원회에 선병렬 의원 등이 발의한 4개의 화물자동차운수사업법 일부개정법률안이 상정되었고, 검토보고와 대체토론, 법안심사소위 등을 통해 심의한 결과, 제256회 국회(정기회) 제8차 건설교통위원회 회의에서 이들 4개 법안을 1개의 법안으로 통합하여 위원회 대안으로 제안되었다.

2) 화물연대 파업관련 개정(2차)

화물연대 파업과 관련 후속 대책으로서 개정안이 2005년 10월 25일 조경태의원 등 10인으로부터 발의되어 10월 27일 상임위원회에 회부되었다.

나. 제안이유

1) 1차 개정

밴형 화물자동차로 화물자동차운송사업을 영위하는 자는 화주가 동승하는 경우에는 일정한 화물운송기준을 반드시 준수하도록 하고 이를 위반시 운행정지나 감차조치 등의 제재를 통해 화물운송사업의 체계를 정비하고, 자동차정비업자와 구난형 특수자동차업체간 유착행위로 인한 보험금 편취와 불량 자동차정비 등을 근절하기 위해 구난형 특수자동차업체가 자동차정비업자로부터 부정한 금품수수를 하는 경우에는 형사처벌하도록 하였으며, 마지막으로 '법률의 명확성원칙'에 보다 충실하기 위하여 기존에 대통령령에 규정하고 있었던 적재물배상보험 등의 의무가입대상자를 법률에 직접 규정하였다.

2) 2차 개정

화물자동차운송사업은 운송사업자가 대부분 차량 1대로 운송 사업을 경영하고 있거나, 다른 운송사업자로부터 사업을 위탁(소위 지입)받아 경영하는 영세 사업자로서 최근 국제유가가 인상됨에 따라 운송수입 중 유류비가 차지하는 비중이 50% 이상을 상회함으로써 운송비용의 증가로 실질소득이 줄어들어 생계에 어려움을 겪고 있는 실정이었다. 정부가 2001년 7월부터 유가체계 조정에 따른 유류세액의 인상분의 일정액을 운송사업을 위탁받은 자에게 보조금으로 지급하고 있으나, 이러한 보조금이 압류됨으로써 생계가 더욱 어려워짐에 따라 당해 보조금의 지급 취지를 감안하여 이를 압류할 수 없도록 개정을 하였다.

다. 주요내용

1) 1차 개정

밴형 화물자동차로 화물자동차운송사업을 경영하는 자가 화물운송시 화주가 동승하는 경우에 화물운송기준을 반드시 준수하도록 하였고, 구난형 특수자동차의 운수종사자 등이 자동차정비업자로부터 부정한 금품을 수수하는 행위를 하지 못하도록 하고, 이를 위반한 경우 형사처벌을 하도록 하였다.

그리고 적재물배상보험 등의 가입대상자를 종전에 대통령령에 규정하고 있었으나, 이를 법률에 직접 규정하기 위하여 적재물배상보험 등의 관련 규정을 별도의 장을 마련하여 규율하였다.

2) 2차 개정

정부는 고유가 시대와 지입제 경영 등 화물자동차운수업계의 어려운 경영현실을 감안하여 '01년부터 유가보조금을 지급해오고 있는데, 개정안은 시행규칙에 있던 보조금 지급규정을 직접 법률 차원에서 구체화하고, 최근에 이러한 유가보조금이 국세징수법 등에 의해서 압류된 사례가 있어 유가보조금 지급정책이 당초 의도했던 정책목적을 달성하지 못하고 있는 측면이 있으므로 이러한 압류를 금지하기 위한 것이었다.

현행「화물자동차운수사업법」제29조[36]에서 포괄적으로 재정지원규정만을 마련하고 있고, 유가보조금 지급의 구체적인 규정은 동법 시행규칙 제43조 제2호[37]에 근거하고 있었는데, 개정안 제29조제2항에 의하면 특별시장·광역시장·시장 또는 군수는 운수사업자(동법 제26조제1항에 의하여 화물자동차운수사업의 경영을 위탁받은 자 포함)에게 유가체계조정에 따른 운수사업 부문의 유류세액 인상액의 전부 또는 일부를 보조할 수 있도록 하고, 지급대상이나 지급방법 등 세부적 사항은 건설교통부령으로 규정하도록 하고 있다. 최근 경유가 급등 등 어려운 경영여건에 처해 있는 화물자동차운수사업의 경영합리화를 위해 지급하고 있는 유가보조금의 근거 등을 직접 법률에서 규정한 것은 정부의 확고한 정책

36) 제29조 (재정지원) 국가는 지방자치단체·사업자단체 또는 운수사업자가 다음 각호의 1에 해당하는 사업을 수행하는 경우로서 재정적 지원이 필요하다고 인정되는 때에는 대통령령이 정하는 바에 따라 소요자금의 일부를 보조 또는 융자할 수 있다.

5. 그 밖에 화물자동차운수사업의 경영합리화를 위한 사항으로서 건설교통부령이 정하는 사항

37) 제43조 (재정지원) 법 제29조제5호에서 "건설교통부령이 정하는 사항"이라 함은 다음 각호의 사항을 말한다.

2. 유가체계 조정에 따른 운송사업 및 운송가맹사업 부분의 유류세액 인상액의 보조

의지를 담보하고 유가보조금정책의 예측가능성을 고양할 수 있도록 한 것이다.

현행 '유가보조금지원제도'는 정부가 제1차 에너지 세제개편계획에 따라 경유 등에 부과되는 교통세 등을 '01년부터 '06년까지 단계적으로 인상시키되, 운수업계의 급격한 경영부담의 증가를 완화시키기 위하여 유류세 인상분[38]의 일부를 보조금으로 지원하기로 하였고, 04년 12월에 정부는 경유승용차시판에 대한 보완대책으로 제2차 에너지 세제개편[39]을 추진하면서 추가로 인상된 경유가로 인한 화물업계의 과중한 부담을 덜어주기 위하여 유류세 인상분 전액을 유가보조금으로 '05년 7월부터 '08년 6월까지 지급하기로 결정하였으며, '08년 7월 이후에는 화물자동차 운수사업시장의 수급 불균형 등 경영여건의 개선여부를 감안하여 화물자동차 운수사업자에게 지급하는 유가보조금의 비율 등을 다시 조정할 계획이다.

【표 1-26】 유가보조금 집행실적

(단위 : 억원)

업종 / 연도	계	화 물	버 스	택 시
'01	1,441	342	400	699
'02	2,411	635	584	1,192
'03	5,648	1,896	1,380	2,372
'04	11,180	4,370	2,280	4,530
'05(추정)	14,980	7,300	3,050	4,630

정부의 유가보조금지급정책에 따라 지급되어온 유가보조금은 「국세징수법」상의 압류금지재산(제3장제2절)의 범주에 포함되지 아니하고, 「화물자동차운수사업법」에 유가보조금 압류금지규정이 마련되어 있지 않아 화물자동차운수사

38) 유류세(경유)는 교통세(리터당 정액), 교육세(교통세의 15%), 주행세(교통세의 24%)로 구성되어 있다.

39) 휘발유와 경유, LPG의 상대가격 비율을 100:75:60에서 100:85:60으로 변경한 것을 핵심내용으로 하고 있으며, '05년 7월부터 경유의 경우는 210.04원/1ℓ의 비율로, LPG는 154.46원/1ℓ의 비율로 유가보조금을 지급하고 있다.

업자가 조세를 체납하고 있고 일정한 요건에 해당하는 경우에 「국세징수법」 등에 의하여 동 보조금이 압류됨으로써, 운송비용 증가로 인한 실질소득의 감소를 보전해주려는 당초의 유가보조금 정책이 왜곡되고 있는 측면이 있었다.

이러한 유가보조금은 대부분 차량 1대로 운송사업을 영위하거나, 지입제의 형태로 운송사업을 하는 영세사업자에 대한 생계보조차원의 보조금 성격을 가지고 있고, 「국민기초생활보장법」[40]이나 「모·부자복지법」[41] 등 유사입법례의 경우도 국가가 사회안전망 차원에서 사회적 약자에게 지급하는 국고지원부분에 대해서는 압류를 금지하고 있다.

따라서 이러한 입법례를 참조하여 개정안 제41조에 의하면 정부가 안 제29조제2항에 의하여 화물자동차운수사업자에게 보조하는 보조금에 대하여는 압류할 수 없도록 보조금 압류금지규정을 신설하고 있다.

(2) 유통산업발전법 개정

가. 개정 배경

유통산업은 지역별로 지역내총생산(GRDP)의 4~17% 정도를 점유하고 전국적으로 고루 분포되어 있기 때문에 지역경제 활성화를 위해서는 지방유통산업의 육성이 중요하다고 하겠으나, 지방자치단체의 유통산업에 대한 관심부족, 유통산업정책 전반에 대한 협력시스템 미비, 중소유통기업에 대한 재정적 지원부족 등으로 인하여 지역중소유통업 경쟁력 제고에 한계가 있는 것으로 지적되고 있는 실정이다.

이에 따라, 동 법안은 유통산업의 발전을 위하여 유통산업발전 기본계획 및 시행계획 수립·시행시 중소유통업 지원을 보강하고, 유통산업 정책 전반에 대한 중요시책을 사전 심의하기 위한 유통산업발전심의회를 산업자원부에 설치하며, 중소유통공동도매물류센터에 대한 행정적·재정적인 지원을 실시하는 것 등을 주요 개정내용으로 하고 있다.

---

40) 제35조 (압류금지) 수급자에게 지급된 수급품과 이를 받을 권리는 압류할 수 없다

41) 제27조 (압류금지) 이 법에 의하여 지급된 금품과 이를 받을 권리는 압류하지 못한다.

개정안의 내용을 보다 구체적으로 살펴보면,

첫째, 유통산업발전에 관한 기본계획·시행계획 등 중요시책을 심의하기 위하여 산업자원부에 유통산업발전심의회를 설치하고(제7조의2), 동 시책 등의 효과적인 수립·추진을 위한 유통산업 실태조사 실시근거를 마련하였으며(제7조의4),

둘째, 정부 및 지방자치단체의 장은 중소유통기업의 구조개선 및 경쟁력강화에 필요한 시책을 수립·시행하고 지원할 수 있는 근거를 마련하고(제15조제4항), 다수의 중소유통업자가 중소유통공동도매물류센테를 건립·운영하는 경우 행정적·재정적 지원을 실시할 수 있도록 하며(제17조의2),

셋째, 물류설비의 인증을 위한 성능검사기관과 인증기관의 지정 및 그 취소 등을 위한 법률적 근거를 마련하고, 사후관리결과 인증규격 등에 적합하지 아니한 경우 취소할 수 있도록 하고(제27조제5항 및 제27조의2),

넷째, 대규모점포의 개설과 중소유통공동도매물류센터의 건립을 위하여 국·공유재산을 수의계약으로 매각이 가능하도록 하고, 도로개설에 관한 업무를 국가기관 또는 지방자치단체에 위탁하여 시행할 수 있도록 하고 있다(제43조의2).

나. 주요내용

1) 유통산업발전정책의 추진체계 정비

① 지역별 유통산업발전시행계획 수립

현행법 제7조는 시·도지사가 기본계획 및 시행계획에 따라 지역별 시행계획을 세우도록 규정하고 있으나, 지방자치단체의 유통산업에 대한 관심부족으로 지역별 시행계획이 실효성 있게 수립·시행되지 못하는 문제가 지적되어 왔다.

이에 따라, 제7조는 시·도지사가 지역별 시행계획을 수립하는 경우에는 지역유통산업 발전의 기본방향, 지역유통산업의 여건변화 전망 등 지자체의 지역별 유통산업발전시행계획에 반영할 세부항목을 구체화하고 있는데, 이는 지방자치단체가 지역유통산업발전에 대한 구체적인 시행계획 수립을 통하여 유통산업에 대한 투자를 유도하고자 하는 취지이다.

【그림 1-4】 지역별 유통산업발전시행계획에 반영할 사항(제7조제1항)

1. 지역유통산업 발전의 기본방향
2. 지역유통산업의 여건변화 전망
3. 지역유통산업의 현황 및 평가
4. 지역유통산업의 종류별 발전방안
5. 지역유통기능의 효율화·고도화 방안
6. 유통전문인력·부지 및 시설 등의 수급 방안
7. 지역중소유통기업의 구조개선 및 경쟁력 강화 방안
8. 그 밖에 지역유통산업의 규제완화 및 제도개선 등 지역유통산업의 발전을 촉진하기 위하여 필요한 사항

② 유통산업발전심의회의 설치·운영 근거

유통산업은 생산과 소비의 중간에서 제조업의 경쟁력 제고와 소비자후생 증진에 중요한 역할을 담당하는 등 국민경제적 중요성이 지대함에도 불구하고, 현행 유통산업발전법은 유통산업정책 전반에 대한 사전 조율 및 협력시스템이 미비 된 상태에 있는 실정이다. 따라서 제7조의2는 유통산업발전에 관한 기본계획·시행계획, 유통산업의 발전을 위한 행정적·재정적 지원에 관한 사항 등 중요 사항을 심의하기 위하여 산업자원부에 유통산업발전심의회를 설치하여 운영하도록 규정하고 있는 바, 이는 종합적인 심의·검토체계를 제도화하고 정책수립단계에서부터 유기적인 협력시스템의 정례화를 통해 유통산업정책의 실효성을 제고하기 위한 것이다.

또한, 유통산업발전심의회의 위원은 관계 중앙행정기관의 국장급 공무원 또는 이에 상당하는 공무원이나, 유통산업에 관한 학식과 경험이 풍부한 자 중에서 산업자원부장관이 위촉하는 자로 구성되고, 위원장은 위원 중에서 선출하도록 하고 있다.

【표 1-27】 유통산업발전심의회의 설치·운영 방안(안 제7조의2)

심 의 회 심의사항	1. 기본계획 2. 시행계획 3. 유통산업의 지역별·종류별 균형발전에 관한 사항으로서 중앙행정기관 및 지방자치단체와의 협조 및 의견 조정이 필요한 사항 4. 유통기능의 효율화·고도화를 위하여 필요한 사항 5. 유통산업의 발전을 위한 행정적·재정적 지원에 관한 사항 6. 그 밖에 유통산업발전에 관한 중요사항으로서 산업자원부장관이 부의하는 사항

구　성	위원장 1인을 포함한 30인 이내의 위원으로 구성
위 원 장	위원 중에서 재적위원 과반수의 찬성으로 선출하며, 심의회를 대표하고 그 업무를 총괄
위　원	산업자원부장관이 위촉하며, 임기는 2년으로 하되, 연임가능
	1. 관계 중앙행정기관의 국장급 공무원 또는 이에 상당하는 공무원 2. 유통산업에 관한 학식과 경험이 풍부한 자
실무위원회	유통산업발전심의회의 효율적 운영을 위하여 유통산업발전실무위원회를 둘 수 있음.

2) 유통산업 실태조사 및 중소유통기업의 경쟁력 강화

① 유통산업 실태조사 근거 신설

유통산업의 실태조사와 관련하여 지금까지는 유통산업에 대한 시장환경 분석 및 유통업에 대한 경영실태 파악 등이 미흡하여 유통업에 대한 효율적인 지원시책 추진에 많은 어려움을 겪어 왔다. 이에 따라, 제7조의4는 유통산업발전에 관한 기본계획 및 시행계획 등의 효율적인 수립·추진을 위하여 유통산업에 대한 실태조사를 할 수 있도록 규정하고 있는데, 이는 유통산업에 대한 체계적인 연구 분석과 정책수립에 필요한 기초자료 확보 근거를 마련함으로써, 지역유통산업에 대한 체계적인 실태파악을 통해 실효성 있는 중소유통업 지원시책의 수립이 가능하도록 하려는 것이다.

【그림 1-5】 유통산업 실태조사 근거 및 관계부처 협조

- 유통산업발전 기본계획 및 시행계획 등의 효율적인 수립· 추진을 위하여 유통산업에 대한 실태조사 실시 근거 마련.
- 유통산업의 실태조사를 위하여 필요하다고 인정되는 경우에는 관계 중앙행정기관의 장, 지방자치단체의 장, 공공기관의 장, 유통사업자 및 관련 단체 등에게 필요한 자료를 요청할 수 있고,
  - 관계 중앙행정기관의 장 등은 특별한 사정이 없는 한 이에 협조하도록 함.
- 유통산업의 실태조사의 범위 등 유통산업의 실태조사를　위하여 필요한 사항은 대통령령으로 정함.

② 중소유통기업의 구조개선 및 경쟁력 강화

중소유통기업의 경쟁력 강화와 관련하여서는 시장기능에 따른 구조조정 과정에서 중소유통업의 부도·지방상권 위축 등의 경제·사회적 문제가 대두되

고 있는 실정인 바, 이처럼 급변하는 유통환경에 중소유통업체가 능동적으로 대응해 나갈 수 있도록 여건을 조성할 필요성이 제기되어 왔다. 제15조제4항은 중소유통기업의 구조개선 및 경쟁력강화에 필요한 시책을 수립·시행하고, 이에 대한 행정적·재정적 지원을 할 수 있는 근거를 마련하고 있다. 이는 선진유통기법 도입, 유통·물류구조의 선진화 등을 통하여 중소유통업의 자생적 경쟁력 확보를 도모하고자 하는 조치이다.

【그림 1-6】 중소유통기업의 구조개선 및 경쟁력강화 시책 수립 항목 구체화 (안 제15조제4항)

1. 중소유통기업의 창업을 지원하기 위한 사항
2. 중소유통기업에 대한 자금·정보·기술·인력 등의 지원에 관한 사항
3. 선진유통기법 도입·보급 등을 위한 중소유통기업자의 교육·연수의 지원에 관한 사항
4. 중소유통기업에 대한 경영 및 기술지도의 지원에 관한 사항
5. 중소유통공동도매물류센터 설립·운영 등 협업의 지원에 관한 사항
6. 기타 중소유통기업의 구조개선을 촉진하기 위하여 필요하다고 인정하는 사항

3) 중소유통공동도매물류센터 건립·운영 지원

중소유통공동도매물류센터 건립사업은 2003년도부터 유통산업발전법 제5조의 규정에 의한 유통산업발전 기본계획에 따라 예산이 지원되고 있으나, 동 규정은 유통산업발전에 대한 기본계획에 불과하여 동 건립사업에 대한 구체적인 예산지원의 근거가 되기 어려운 문제가 있어 왔다. 이에 따라, 제17조의2는 중소유통기업자단체가 중소유통공동도매물류센터를 건립·운영하는 경우 산업자원부장관 및 지방자치단체의 장이 행정적·재정적 지원을 할 수 있도록 법적 근거를 명확히 하고, 지방자치단체의 장이 도매물류센터를 건립한 경우에는 민간에 그 운영을 위탁할 수 있는 근거를 마련하였다.

【그림 1-7】 중소유통공동도매물류센터에 대한 지원 신설

구분	내용
설립주체 (제1항)	중소기업기본법 제2조의 규정에 의한 중소기업자 중 소매업자 50인 또는 도매업자 10인 이상의 자(중소유통기업자단체)
공동수행 사업	1. 상품의 보관·배송·포장 등 공동물류 2. 상품의 전시

(제1항각호)	3. 유통·물류정보시스템을 이용한 정보의 수집·가공·제공 4. 중소유통공동도매물류센터 이용자의 서비스능력 향상을 위한 교육 및 연수 5. 그 밖에 중소유통공동도매물류센터 운영의 고도화를 위하여 필요하다고 산업자원부장관이 필요하다고 인정하는 사업
운영위탁 근거(제2항)	지자체의 장이 건립하여 중소유통기업자단체 또는 중소유통공동도매물류센터를 운영하기 위하여 지자체와 중소유통기업자단체가 출자하여 설립한 법인에 운영 위탁 가능
운영위탁 이용료 징수 (제3항)	지방자치단체가 중소유통공동도매물류센터를 건립하여 운영을 위탁하는 경우 운영주체와 협의하여 당해 도매물류센터의 매출액의 1천분의 5이내에서 이용료를 징수하여 유지·관리 등에 소요되는 비용 등에 충당 가능

이와 같은 도매물류센터 건립의 활성화 조치를 통하여, 다수의 중소유통업체가 협업하여 구매력을 갖추고 유통단계 축소를 통한 비용절감 등 경쟁여건을 조성함으로써, 중소유통업의 자생적인 경쟁력 확보 및 지역경제 활성화에 기여할 것으로 전망되고 있다.

【표 1-28】 중소유통 공동도매물류센터 현황(‘05. 8월말 현재)

(단위 : 백만원)

구 분			규모 (㎡)	예 산				비 고
				계	국 비	지방비	민 자	
‘03	부산	동 래	부지 1,400 건축 1,242	5,700	1,650	2,400	1,650	정산중 (△750)
	제주	제 주	부지 7,500 건축 3,841	3,656	742	495	2,419	‘04.3. 개장
	전북	전 주	부지 5,000 건축 2,314	2,410	723	964	723	‘05.10 착공 예정
	소 계			11,766	3,115	3,859	4,792	
‘04	대구		부지 6,000 건축 3,300	4,000	1,200	1,600	1,200	‘05.11 착공 예정(지방산단)
	광주		부지 8,250 건축 4,892	4,892	1,200	1,600	2,072	‘05.4. 개장
	경남	거 제	부지 3,500 건축 2,116	4,000	1,200	600	2,200	‘05.10 착공 예정
	소 계			12,971	3,600	3,800	5,571	
‘05	부산	사하구	부지 2,500 건축 2,311	7,000 (3,000)	2,100	2,800	2,100	‘05.11 착공 예정

		사상구	부지 2,000 건축 1,884	(4,000)				'05.9 착공 예정
	경기	수 원 동두천	부지 5,600 건축 1,153 부지 5,600 건축 1,500	5,000 (3,866) (3,334)	1,500 (500) (1,000)	2,000 (2,366) (1,334)	1,500 (1,000) (1,000)	'05.11 준공예정 '06.3 부지매입 (지방산단)
	전북	군 산	부지 99,000 건축 10,580	15,000	4,200	10,800	-	'05.9 실시설계 발주
	소 계			27,000	7,800	15,600	3,600	
'06	대전		부지 6,000 건축 3,600	3,300	1,000	1,300	1,000	
	경북	영 주 문 경	부지 4,960 건축 1,488 부지 3,300 건축 2,300	4,000 (2,000) (2,000)	1,200 (600) (600)	1,600 (800) (800)	1,200 (600) (600)	
	전남	순 천	부지 6,612 건축 2,975	1,667	500	667	500	
	전북	군 산	부지 99,000 건축 10,580	13,000	4,200	8,800	-	'07.4 준공 예정
	소 계			21,967	6,900	12,367	2,700	

4) 물류표준설비의 인증제도 등에 관한 사항

물류표준설비 인증제도는 국가표준 물류설비규격과 맞는 제품을 생산 또는 사용하는지에 대한 성능검사를 실시하고 이를 인증하는 제도로서, 물류설비에 대한 표준인증제 실시로 물류설비의 표준화를 촉진하고, 일관수송시스템(Unit Load System)[42]의 정착으로 물류비용의 획기적인 절감과 생산성 향상을 도모하고자 하는 제도이다. 그런데, 현행 물류설비 인증사업의 운영현황을 보면, 물류표준화 및 효율화를 촉진하기 위하여 물류설비가 인증규격 및 인증기준에 적합한 것임을 검사 또는 심사하는 기관이 미비한 상태이

42) 화물을 일정한 크기로 단위화하여 포장·운반·하역 및 보관이 기계화되도록 하여 수송을 일관화시키는 시스템으로, 우리나라는 포장, 유니트로드 치수, 파렛트, 물류기기 및 수송기관 상호간에 정합성을 갖도록 일관수송용 파렛트(1,100㎜X1,100㎜)를 기본으로 체계화함

다. 이에 따라 제27조는 산업자원부장관이 물류설비 성능검사기관과 물류설비 인증기관을 지정할 수 있도록 하고, 제48조제2항은 물류설비 인증을 받고자 하는 자 또는 성능검사기관·인증기관으로 지정을 받고자 하는 자에 대하여 수수료를 납부하도록 근거를 마련하는 등 물류설비 인증의 추진체계를 보완함으로써 물류비 절감 및 물류생산성 향상을 도모하고자 하고 있다.

【그림 1-8】 물류표준설비인증 운영체계

구분	인증기구 (Accreditation body)	인증기관 (Certification body)	성능검사기관
담당업무	• 인증관련 법규 제·개정 및 제도 운용 -인증기준 제·개정 -인증기관·시험기관 지정 및 감독 -인증제도 사후관리 및 개선정책 수립	• 인증여부 판정 및 인증 부여 -인증 받은 장비를 제조하거나 활용하는 업체의 생산시설, 활용시스템 등을 실사하여 인증여부 판정	• 시험·검사 장비를 활용하여 해당설비의 외관, 강도, 인장력 등 외형적 물리적 특성을 검사·시험 -검사시험결과를 인증기관에 통보
담당기관	• 산업자원부 기술표준원	• 산자부(기술표준원) 지정 *대한상의, 표준협회 등 상공관련 공공기관	• 산자부(기술표준원) 지정 *공인시험기관(화학시험연구원 등 7개)등

【그림 1-9】 물류설비 인증제도의 심사체계

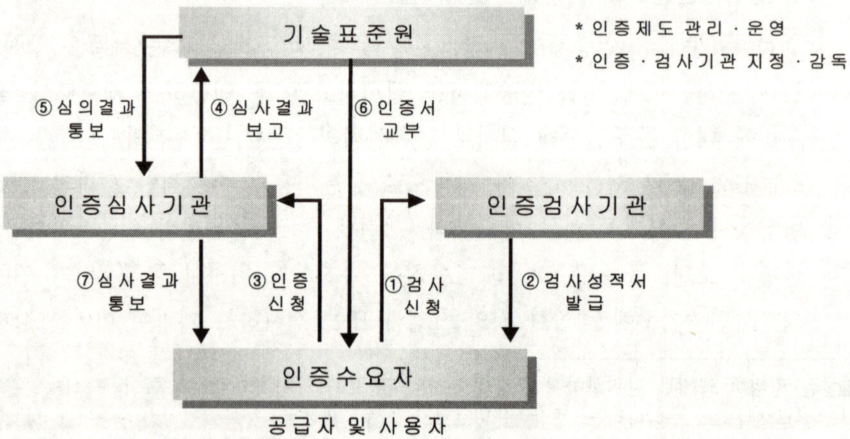

또한, 규격 부적합 등 일정요건 미달시 물류설비의 인증을 취소하거나, 인증기관과 성능검사기관의 지정을 취소할 수 있는 법적근거가 없을 경우 물류설비의 표준화가 저해되게 되므로, 제27조의2는 물류설비의 인증취소 제도와 인증기관 및 성능검사기관의 지정취소 제도를 규정함으로써 물류설비의 표준화를 촉진하고 물류비용을 경감할 수 있도록 하고 있다.

【표 1-29】 물류설비의 인증, 인증취소 및 수수료 납부 등

기관지정 (제27조제5항)	물류설비의 인증규격등과 관련된 성능을 시험·검사하는 물류설비성능검사기관과 성능검사기관이 발행한 시험성적서 등을 기초로 물류설비가 인증규격 등에 적합한 것임을 인증하는 물류설비인증기관을 지정
	물류표준설비인증요령 제15조에 규정된 조항을 상위법으로 이관
지정기준 및 절차 등(제27조제6항)	물류표준설비인증 절차·방법 및 인증물류설비의 사후관리와 성능검사기관·인증기관의 지정기준·지정절차·지정방법 및 사후관리 등에 관하여 필요한 사항은 산업자원부령으로 정함.
물류설비인증취소 (제27조의2제1항)	1. 거짓 그 밖의 부정한 방법으로 인증을 받은 경우(당연취소) 2. 사후관리결과 인증규격 등에 적합하지 아니한 경우(보완기간 내에 인증규격 수준에 도달하지 못한 경우 취소)
	물류표준설비인증요령 제34조 및 별표5에 규정된 조항을 상위법으로 이관
인증기관·성능검사기관 지정취소 (제27조의2제2항)	1. 거짓 그 밖의 부정한 방법으로 지정을 받은 자(당연취소) 2. 정당한 이유 없이 성능검사업무 또는 인증업무를 하지 아니한 경우 (일정기간동안 추진실적 미달시 취소) 3. 사후관리결과 성능검사기관 또는 인증기관의 지정기준에 적합하지 아니한 경우(보완기간 내에 기관지정기준에 적합하지 않을 경우 취소)
	거짓 그 밖의 부정한 방법으로 지정을 받은 자는 취소일로부터 1년간 물류설비의 인증을 신청할 수 없음.
수 수 료 (제48조)	물류표준설비인증을 받고자 하는 자 또는 성능검사기관 또는 인증기관으로 지정을 받고자 하는 자는 산업자원부령이 정하는 범위 안에서 수수료를 납부하도록 함.

5) 대규모점포 개설등록 및 국·공유재산 매각 관련 절차의 개선

① 대규모점포 개설등록시 의제처리 사항 추가

제9조제1항은 대규모점포 등록시 의제처리되는 사항으로 기존 10개 외에 제11호 내지 제17호를 신설하여 외국환업무의 등록 및 주류판매업의 신고 등 7개 사항을

추가하고 있는 바, 이에 따라 대규모점포 개설등록시 소요되는 행정업무의 일괄의제 처리로 민원인의 편익 증진 및 행정서비스의 개선효과가 기대될 것으로 보인다.

【그림 1-10】 대규모점포 개설등록시 추가로 의제되는 조항(안 제9조제1항)

- 「외국환거래법」 제8조의 규정에 의한 외국환업무의 등록
- 「주세법」 제8조의 규정에 의한 주류판매업의 신고
- 「축산물가공처리법」 제24조의 규정에 의한 축산물판매업의 신고
- 「수질환경보전법」 제33조의 규정에 의한 배출시설설치의 허가 또는 신고
- 「폐기물관리법」 제24조의 규정에 의한 사업장폐기물배출자의 신고
- 「약사법」 제16조의 규정에 의한 약국개설의 등록
- 「의료기사 등에 관한 법률」 제12조의 규정에 의한 안경업소개설의 등록

② 국·공유재산 매각 관련 절차의 개선

현재 대규모점포의 개설과 중소유통공동도매물류센터의 건립을 위하여서는 공개입찰 제도를 통하여 국·공유재산을 매각하고 있는 관계로 실수요자가 아닌 제3자가 매입을 하여 지가상승을 유도(일명 알박기)하는 부작용이 발생되는 문제가 있어 왔다. 제43조의2는 대규모점포의 개설과 도매물류센터의 건립을 위하여 폐도 등 국·공유재산을 실수요자에게 수의계약으로 매각할 수 있도록 규정함으로써, 대규모점포 및 도매물류센터의 실수요자가 수의계약에 의해 우선적인 부지확보가 가능하도록 하고 있다.

【그림 1-11】 국공유재산 매각절차 간소화 및 도로개설 업무 위탁

- 대규모점포의 개설과 중소유통공동도매물류센터의 건립을 위하여 국·공유재산을 수의계약으로 매각가능
- 대규모점포를 개설하고자 하는 자 또는 중소유통공동도매물류센터를 건립하고자 하는 자는 도로의 개설에 관한 업무를 국가기관 또는 지방자치단체에 위탁하여 시행 가능
  ⇒ 이 경우 대규모점포를 개설하고자 하는 자 또는 중소유통공동도매물류센터를 건립하고자 하는 자가 국가기관 또는 지방자치단체에 위탁수수료를 지급하도록 함.

6) 대규모점포의 변경등록 미이행자에 대한 과태료 부과

현행법 제49조제2항은 대규모점포 변경등록을 미이행한 경우에도 거짓이

나 부정한 방법 등으로 대규모점포를 개설 등록한 경우와 동일하게 1년 이하의 징역 또는 3천만원 이하의 벌금을 부과토록 함으로써 적정 양형을 초과하고 있는 문제가 있어 제52조는 대규모점포 개설등록사항의 변경등록을 미이행한 경우에는 행정질서벌로서의 과태료를 부과하도록 하고 있는 바, 이는 사안의 경중에 따라 양형의 수준을 구분·부과하여 국민권익의 침해를 최소화하고자 하는 것으로서 타당한 입법조치이다.

【표 1-30】 대규모점포의 변경등록 미이행자에 대한 과태료 부과

<table>
<tr><td>현 행</td><td>등록을 하지 아니하고 대규모점포를 개설하거나 거짓 그 밖의 부정한 방법으로 대규모점포의 개설등록을 한 자 및 변경등록을 하지 아니한 자에 대해 1년 이하의 징역 또는 3천만원 이하의 벌금에 처함.</td></tr>
<tr><td rowspan="2">변 경</td><td>등록을 하지 아니하고 대규모점포를 개설하거나 거짓 그 밖의 부정한 방법으로 대규모점포의 개설등록을 한 자에 대해 1년 이하의 징역 또는 3천만원 이하의 벌금에 처함.</td></tr>
<tr><td>대규모점포개설 변경등록을 하지 아니한 자에 대해 500만원 이하의 과태료 부과</td></tr>
</table>

3. 2007년 개정 예정 법률

(1) 물류정책기본법

가. 제안이유

내외적으로 물류산업의 중요성이 증가하고 있으나, 물류관련 정책기능이 여러 부처에 분산되어 있어 물류정책을 효율적으로 추진하기 어렵다는 문제점이 지속적으로 제기됨에 따라, 물류정책위원회의 기능을 강화하는 등 물류정책의 종합조정기능을 보강하는 한편, 국제적인 물류경쟁이 심화되는 여건 아래 국내 물류기업의 해외진출 촉진 및 국제경쟁력 강화 등 국제물류의 활성화 기반을 구축하기 위하여 필요한 사항을 정하려는 것이다.

나. 주요내용

① 물류의 범위의 확대

종전에는 물류의 범위를 화물의 운송보관하역에 한정하고 있었으나, 그 범위가 좁아서 재화의 조달에서 소비 및 회수·폐기까지의 전 과정이 체계적으로 규율되지 못하는 문제점이 있었다. 종전에는 물류의 정의를 화물의 운송보관하역을 중심으로 하는 물적 유통으로 정하고 있었으나, 앞으로는 재화의 조달에서 생산·공급·소비 및 회수·폐기까지의 전 과정을 포괄하고 이러한 활동에 부가되어 가치를 창출하는 가공·조립·분류 및 포장 등을 포함하는 개념으로 정하였다.

② 물류현황조사

물류체계의 현황, 물류산업 및 국제물류의 현황 등 물류에 관한 기본적인 정책 및 계획을 수립·시행하기 위하여 필요한 조사 자료가 부족하여 실효성 있는 정책 및 계획의 수립에 어려움이 있었다. 건설교통부장관 및 해양수산부장관은 물류에 관한 정책 또는 계획의 수립을 위하여 필요한 때에는 각 소관 분야별로 물동량, 물류시설 현황 및 이용실태, 국제물류 현황 등 물류현황에 대하여 조사하거나 시·도지사 등에게 물류현황을 조사하게 할 수 있도록 하고, 이에 필요한 물류현황 조사지침을 작성·통보할 수 있도록 하였다. 국·내외 물류 전반에 걸친 체계적인 현황 조사를 통하여 보다 실효성 있는 물류정책 및 계획의 수립이 가능해질 것으로 기대된다.

③ 국가물류기본계획의 종합·조정기능 강화

물류관련 정책기능이 여러 부처에 분산되어 있어 물류정책기능의 효율적인 조정을 위하여 전 부처를 통할하는 국가물류정책의 기본방향을 구축할 필요가 있다. 건설교통부장관 및 해양수산부장관은 공동으로 10년 단위의 국가물류기본계획을 국가물류정책위원회의 심의를 거쳐 5년 마다 수립하도록 하고, 동 계획에는 국가물류정책의 목표와 전략, 물류기능별 및 운송수단별 물류정책의 종합·조정, 국제물류의 촉진·지원 등에 관한 사항을 포함하도록 하였다.

④ 지역물류기본계획의 수립

현재 특별시 및 광역시에서만 도시물류기본계획을 수립하도록 하고 있으나, 도 지역의 경우에도 지역의 균형 있는 물류발전을 촉진하기 위하여 물류정책의 기본방향을 정하는 계획을 수립하게 할 필요가 있다. 시·도지사는 지역물류정책위원회의 심의를 거쳐 지역물류정책의 기본방향을 설정하는 10년 단위의 지역물류기본계획을 5년 마다 수립하도록 하였다. 지역물류기본계획을 도에서도 수립할 수 있도록 함으로써 효율적인 지역물류의 기반이 강화될 것으로 기대된다.

⑤ 국가물류정책위원회의 설치·운영

부처별로 분산되어 있는 물류정책기능의 효율적인 조정 및 협조체제를 구축하기 위한 기구가 필요하다. 국무총리 소속하에 국무총리를 위원장으로 하고 관련 중앙행정기관의 장 및 민간위원 등 24인 이내의 위원으로 구성되는 국가물류정책위원회를 설치하고, 동 위원회는 국가물류체계의 효율화를 위한 정책, 물류시설의 종합적인 개발계획의 수립, 물류산업에 대한 육성·지원 및 국제물류의 촉진 및 지원에 관한 중요 정책을 심의·조정하도록 하였다. 조정이 필요한 물류정책의 주요사항에 대하여 심의·조정할 수 있도록 함에 따라 물류시설에 대한 중복투자를 방지하는 등 물류정책을 보다 효율적으로 추진할 수 있을 것으로 기대된다.

⑥ 선진 물류체계의 구축

지식경제사회의 도래 및 인터넷혁명으로 물류환경이 디지털 물류환경으로 변화함에 따라 선진 물류체계 구축을 위하여 첨단지식을 보급하고 지원할 필요성이 커지고 있다. 건설교통부장관 및 해양수산부장관은 물류기업에게 무선주파수인식(Radio Frequency Identification) 및 첨단화물운송체계(Commercial Vehicle Operation) 등 물류관련 신기술을 도입하여 적용할 것을 권장·지원하고, 물류공동화·자동화 및 물류표준화를 촉진하기 위하여 필요한 지원을 할 수 있도록 하였다. 첨단 물류시설·장비의 확충 등을 통하여 물류를 현대화하고, 물류의 공동화·자동화 및 표준화를 통해 신속하고 효율적인 물류활동을 촉진할 것으로 기대된다.

⑦ 국가물류통합데이터베이스의 구축·운영

물류기업 등에게 다양한 정보를 쉽게 제공할 수 있도록 통합적인 물류 관련 정보의 관리가 필요하다. 건설교통부장관은 해양수산부장관 등과 협의하여 물류현황조사 등을 통하여 수집된 정보를 가공·분석하고 물류관련 자료를 총괄 관리하는 국가물류통합데이터베이스를 구축·운영하도록 하였다. 물류정보의 통합 연계 관리를 통해 물류기업 및 물류정보 이용자의 정보접근 및 이용의 편리성을 제고하고, 물류정보의 체계적인 활용을 통해 물류활동의 효율성이 제고될 것으로 기대된다.

⑧ 제3자물류의 촉진 및 지원근거 마련

물류활동을 효율화하기 위해서는 물류전문기업을 통한 물류의 적극적인 활용이 필요하나, 아직까지 그 비중이 선진국에 비해 미흡한 점이 있다. 물류전문기업을 통하여 물류활동을 하는 제3자물류 활성화를 위해 자가물류시설의 매각과 제3자물류 관련 컨설팅을 지원하도록 하고, 제3자물류 활용에 관한 우수사례를 발굴·홍보하도록 하였다. 물류전문기업을 통한 제3자물류를 활성화함으로써 기업물류비를 절감하고, 기업 및 국가의 물류경쟁력을 강화할 수 있을 것으로 기대된다.

⑨ 환경친화적 물류체계의 구축

환경보호에 대한 일반 국민의 관심이 고조됨에 따라 환경 친화적 녹색물류의 중요성이 커지고 있다. 건설교통부장관 및 해양수산부장관은 물류기업 및 화주기업이 부식용 용기와 같은 환경친화적 포장 재료를 사용하거나 환경친화적 물류시설 또는 운송수단으로 변경하는 등 환경친화적 물류활동을 하는 경우에는 이에 필요한 행정적·재정적 지원을 하도록 하였다.

⑩ 국제물류의 촉진 및 지원

기업 활동의 국제화 및 다국적화로 생산·유통·판매가 글로벌화 됨에 따라 세계 물류의 중심역할을 수행할 수 있는 국제물류의 활성화 기반 마련이 필요하다. 건설교통부장관 및 해양수산부장관은 국제물류협력체계의 구축, 해외물류기업의 유치, 국내물류기업의 해외진출 등 국제물류의 촉진을 위한 시책을 마련하고, 물류기업이나 관련 단체가 물류관련 국제기술협력 및 해외 물류시장의 조사 등을 하는 경우에는 필요한 경비를 지원하도록 하였다. 국제물류활동에 대한 지원을 통하여 국내물류기업의 해외진출을 활성화하고, 해외물류기업의 유치를 통하여 물류부문의 부가가치 창출이 증대될 것으로 기대된다.

(2) 물류시설의 개발 및 운영에 관한 법률

가. 제안이유

물류시설의 효율적인 확충 및 합리적인 배치·운영을 위하여 「유통단지개발촉진법」을 「물류시설의 개발 및 운영에 관한 법률」로 변경하고, 현행 「화물유통촉진법」의 화물터미널 및 창고 관련규정을 이 법으로 이관하여 물류시설 관련 법체계를 일원화하며, 물류시설의 중복투자 방지 및 물류시설의 종합적인 조정기능을 강화하기 위하여 각종 물류시설에 대한 5년 단위의 물류시설개발종합계획을 수립하도록 하였다.

나. 주요내용

① 물류시설개발종합계획의 수립

물류시설의 개발·배치에 관한 종합적인 조정기능을 강화하여 물류시설의 중복투자를 방지하고, 효율적인 물류체계를 구축할 필요가 있어, 건설교통부장관은 항만을 제외한 물류시설에 대한 계획적 공급, 지역별·규모별·연도별 배치 및 우선 순위, 물류시설간의 연계를 위한 수송망 구축 등에 관한 사항을 포함하는 5년 단위의 물류시설개발종합계획을 수립하도록 하고, 관계중앙행정기관 및 시·도지사는 직접 물류시설을 지정·개발하거나 물류시설 개발사업을 위한 인·허가를 할 때 물류시설개발종합계획과 상충되지 아니하도록 하였다. 물류시설의 개발·배치 등에 관한 사항이 장기적이고 종합적인 계획에 따라 체계적으로 추진되도록 함으로써 효율적인 물류시설의 개발이 가능하게 될 것으로 보인다.

② 복합물류터미널사업 관련 규정의 정비

물류시설의 개발 및 운영에 관한 규율체계를 일원화하기위하여 현행 「화물유통촉진법」에서 규율하고 있던 화물터미널 관련 규정을 이 법에 통합하여 정할 필요가 있어, 현행 「화물유통촉진법」에서 규율하고 있던 화물터미널 관련 규정을 이 법에서 통합하여 규정하고, 행정청의 재량권행사의 기준을 보다 명확히 하기 위하여 현재 대통령령에서 규율하고 있던 복합물류터미널사업의 등록 기준을 법률에서 직접 규정하며, 복합물류터미널사업의 등록 취소 및 정지 사 유를 보다 구체화하였다.

③ 물류단지개발사업실시계획 승인시 의제되는 인·허가 등의 범위 확대

물류단지 개발시 다른 법령에 따른 인·허가 등을 따로 받는 경우에는 많은 비용과 시간이 소요되므로 물류단지의 원활한 개발을 위하여 인·허가 의제(擬制)의 범위를 확대 할 필요가 있다. 물류단지개발사업실시계획 승인시 의제되는 인·허가 등의 범위에 도시관리계획결정 및 건축허가 등을 추가하고, 의제되는 인·허가 등에 관하여는 관계 법률에 따라 부과되는 수수료 및 사용료를 면제하도록 하였다. 필요한 인·허가 등의 취득을 하나의 절차로 통합하여 처리함으로써 신속하고 일관성 있는 물류단지 개발이 이루어질 수 있을 것으로 기대되고, 수수료 등의 면제로 사업 시행자의 부담을 완화할 수 있을 것으로 기대된다.

④ 물류단지개발특별회계의 설치·운용

물류단지개발에 대한 지원이 국가와 지방자치단체가 일정비율을 분담하는

방식으로 되어 있어 지방자치단체의 적기재원확보의 곤란으로 사업추진에 어려움이 있어, 시·도지사 또는 시장·군수는 물류단지개발사업을 촉진하기 위하여 해당 지방자치단체의 일반회계로부터의 전입금 또는 정부의 보조금 등으로 조성되는 물류단지특별회계를 설치하여, 물류단지개발사업에 대한 보조 또는 융자 등의 용도로 사용할 수 있도록 하였다. 물류단지특별회계의 설치·운용으로 물류단지의 개발사업이 활성화될 것으로 기대된다.

⑤ 유통단지 안의 지원시설 이용자 및 원인자 부담금제도 폐지

유통단지 안에 설치되는 가공·제조 시설 및 정보처리시설 등 지원시설을 이용하는 자 또는 지원시설 건설공사의 원인을 제공한 자에게 지원시설 건설비용의 전부 또는 일부를 부담시킬 수 있도록 하고 있었으나, 1996년 시행 이후 이를 부과한 사례가 없을 뿐만 아니라 공공시설이 아닌 지원시설의 이용자 및 원인자에게 부담금을 부과하는 것이 적절하지 않은 문제점이 있어 유통단지 안의 지원시설에 따라 이용자 또는 지원시설 건설공사의 원인을 제공한 자에게 부과하는 이용자 및 원인자 부담금제도를 폐지하였다.

⑥ 물류단지개발 관련 사업의 지원

물류단지의 인근지역에서 물류단지에 필요한 도로·하수도 및 폐기물처리시설 등 기반시설을 건설하는 경우 관련 인·허가 등을 따로 받아야 됨으로써 물류단지 입주자 및 주민들의 편의를 위한 기반시설이 적기에 마련되지 못하는 문제점이 있어 물류단지개발과 관련되는 사업을 물류단지 인근지역에서 시행하는 경우 해당 사업에 대하여는 물류단지개발사업에 관한 인·허가 등의 의제 및 토지 등의 수용·사용에 관한 규정 등을 준용하도록 하여 물류단지개발사업 및 인근지역의 관련 사업을 효율적이고 원활하게 추진할 수 있을 것으로 기대된다.

(3) 철도사업법

가. 제안이유

철도사업자의 경영 자율성을 높여 책임경영체제를 구축하고, 철도사업의 경쟁력을 확보하기 위하여 현행 철도운임 · 요금상한제(上限制)를 여객운임 외에는 폐지하도록 하였다.

나. 주요내용

① 철도운임·요금 상한제 완화

정부가 상한제를 적용하는 철도운임·요금의 종류가 80여종에 달해 여객운송에 대한 직접적 대가인 여객운임에 대해서만 상한제를 유지하고, 그 밖에 여객에 대한 서비스요금과 화물에 대한 운임·요금은 자율적으로 정할 수 있도록 하였다.

② 철도운임 · 요금의 감면근거 마련

철도사업자가 건설교통부장관에게 신고한 철도운임 · 요금을 일시적인 필요에 따라 신고 없이 감면할 수 있는지에 대한 법적 근거가 없어 논란의 여지가 있어 철도사업자는 재해복구를 위한 긴급지원 그 밖에 철도사업의 경영상 필요한 경우에는 일정한 기간 · 대상을 정하여 운임 · 요금을 감면할 수 있도록 법적 근거를 마련하였다.

③ 운송장 허위기재 등에 대한 부가운임 징수근거 마련

무임승차한 승객에 대한 부가운임의 징수와 같이 화물의 경우에도 부가운임을 징수하도록 하여 송하인(送荷人)의 고의적인 운송장 허위기재 등을 방지할 필요가 있어, 송하인이 화물의 중량 등을 허위로 기재하여 정상운임에 부족한 경우에는 부족운임 외에 부족운임의 5배 이내의 부가운임을 징수할 수 있도록 하였다.

(4) 농수산물유통 및 가격안정에 관한 법률

가. 제안이유

① 김우남의원 대표발의안

농림부장관 또는 해양수산부장관은 농수산물의 현저한 수급불안정을 해소하기 위해 생산조정 또는 출하조절에 대한 유통명령을 발할 수 있도록 하고 있는데 유통명령의 집행업무 일부를 생산자등의 조직이나 생산자 단체가 수행하게 할 수 있도록 규정하고 있으나 이에 필요한 이행경비에 대한 지원은 임의조항으로 규정하고 있어 업무집행에 따라 당연하게 이루어져야 할 비용지원이 실제 이루어지지 않는 불합리한 결과가 발생하고 있어 이를 시정하고, 유통명령을 위반한 자에 대한 과태료 부과기준을 상향 조정하여 과태료 부과의 실효성을 확보하는 한편, 군수도 과태료를 부과 할 수 있도록 하여 이에 따른 의견진술 등 원활한 업무처리를 할 수 있도록 하여 유통명령제의 불합리성을 개선하고 실효성을 높여, 이후 확대가 예상되는 유통명령제의 효과적이고 합리적인 운영을 위한 제도적 기반을 마련하고자 하는 것이다.

② 한광원의원 대표발의안

경매사는 도매시장법인에 소속되어 상장된 농수산물의 가격평가 및 경락사의 결정 등의 업무를 수행하고 있는데, 경매비리가 발생한 경우에는 「형법」을 준용하여 처벌하도록 하고 금고이상의 실형선고 등 임명에 대한 결격사유만을 규정하고 있어 이들의 관리상 문제점이 나타나고 있다. 따라서 다른 자격증의 적용기준과 형평성에 맞춰 자격취득에 관한 제반 사항을 규정함으로써 경매사 관리에 내실을 기하고 전문직업인으로서 긍지를 제고시키고자 하는 것이다.

③ 김선미의원 대표발의안

현행법은 농림부장관 또는 농수산물의 수급조절을 위하여 생산 및 출하를 촉진 또는 조절할 필요가 있다고 인정하는 때에는 주요 농수산물의 생산지역이나 생산수면을 지정하고 그 생산지역이나 생산수면에서 주요 농수산물을 생산하는 자에 대하여 생산자금의 융자, 기술지도 등 필요한 지원을 할 수 있도록 하고 있는데 생산지역이나 생산수면의 지정 및 해제에 관한 요건을 포괄적으로 위임하고 있는 것은 포괄위임금지의 원칙에 어긋나 주산지의 지정요건, 지정변경 및 해제를 법률에 규정하려는 것이다.

④ 정부제출안

농수산물 산지의 생산자들이 조직화되고 대형유통업체가 등장하는 등 유통환경이 급변함에 따라 도매시장법인의 환경대응능력을 강화하기 위하여 도매시장 법인간 또는 시장도매인간 인수합병의 근거를 마련하고, 농수산물을 출하하려는 생산자 및 생산자단체 등의 도매시장 개설자에 대한 농수산물 출하자 신고를 의무화하며, 도매시장법인·시장도매인의 수탁거부 금지의 요건을 완화하기 위함이다.

⑤ 강기갑의원 대표발의안

급변하는 농수산물유통환경 변화에 대응하기 위해 국가 및 지방자치단체로 하여금 농수산물 수급계획을 수립하게 하고 농수산물 생산집하 시 수급조정을 시행하게 하여 생산자 소득안정 및 소비자 수급안정을 꾀하도록 하기 위이다. 정상적인 기능과 역할을 수행하지 못하는 공영농수산물도매시장의 거래방법에 대한 규제를 완화하여 도매시장을 정상화 시키고, 도매시장이 농수산물유통의 중심기지가 되도록 하기 위하여 도매시장의 도매사업자등으로 하여금 정산창구를 통해 출하자에게 대금결제를 하도록 하고, 도매시장에서 농수산물을 구매하는 도·소매 구매사업자에게 농수산물전용구매카드를 사용하도록 하여 공정하고 투명한 거래질서가 정착되도록 하기 위함이다.

생산자단체등이 도매시장에 도·소매직판장을 개설·운영하는데 따른 지원근거를 마련하고, 산지생산자단체등이 집하장, 공판장, 산지유통센터 등을 설치·운영할 때에는 농림부장관, 해양수산부장관 또는 시·도지사가 이를 적극

지원·육성하도록 함으로써 생산자단체를 육성하고 산지유통의 활성화를 도모하도록 하기 위함이다.

나. 주요내용

① 김우남의원 대표발의안

유통명령의 집행업무를 생산자등의 조직이나 생산자단체에게 수행하도록 할 경우에는 이에 따르는 이행경비를 의무적으로 지원하도록 하고, 유통명령위반에 대한 과태료부과기준을 현행 500만원 이하에서 1천만원 이하로 상향 조정하였다. 유통명령제 위반에 대한 과태료 부과권자에 군수를 추가하였다.

② 한광원의원 대표발의안

경매사 용어의 정의를 규정하고, 경매사자격시험에 관한 내용을 구체화하였다. 경매사의 자격 정지 및 취소 사유를 규정하였다.

③ 김선미의원 대표발의안

주요 농수산물은 국내 농수산물의 생산에서 차지하는 비중이 크고 생산출하의 조질이 필요한 것으로서 농림부장관 또는 해양수산부장관이 지정하는 품목으로 하고 주요 농수산물의 생산지역이나 생산수면은 농림부장관 또는 해양수산부장관이 고시하도록 하였다. 시·도지사는 주산지의 구역의 변경과 해제의 필요가 있는 때에는 농림부장관 또는 해양수산부장관에게 지정의 변경, 해제를 요청하도록 하였다.

④ 정부제출안

a. 도매시장법인간 또는 시장도매인간 인수·합병의 근거를 마련

유통환경의 변화로 도매시장법인의 대형화가 필요하여 도매시장법인간 또는 시장도매인간 인수·합병의 근거를 마련하였다. 도매시장 개설자의 승인을 얻으면 도매시장법인간의 인수·합병이 가능하도록 하고, 이를 시장도매인간의 인수·합병에 대하여도 적용하도록 하였다.

b. 출하자 신고의 의무화

농수산물의 출하에 대한 관리 등의 부실로 가차명의 출하, 비규격 출하 및 잔류농약기준 위반 등 부적격 출하가 증가하여 이에 대한 규제가 필요하여 도매시장에 농수산물을 출하하고자 하는 생산자 및 생산자단체 등은 당해 도매시장의 개설자에게 신고하도록 하되, 준비기간을 고려하여 2009년도부터 시행하도록 하였다.

c. 수탁거부 금지 요건 완화

도매시장법인 또는 시장도매인의 수탁거부 금지 규정으로 인하여 도매시장에 미등록 출하자의 출하품 및 유해농산물 등이 유입됨으로써 경락가격 하락 및 쓰레기 과다발생 등이 초래되어 유통조절명령 위반 출하품, 미등록 출하자의 출하품, 안전성 검사결과 기준 미달 출하품 및 최소출하량 기준 미달 출하품 등에 대하여는 도매시장법인 또는 시장도매인이 수탁을 거부할 수 있도록 규정하였다.

d. 도매시장거래분쟁조정위원회 설치근거 마련

도매시장 내 농수산물 거래과정에서 유통주체간 또는 거래당사자간 분쟁이 자주 발생하여 이의 해결을 위한 제도적 장치가 필요하여 도매시장 내 농수산물의 출하자간·유통인간 또는 출하자와 유통인간의 분쟁에 관한 사항을 조정하기 위하여 도매시장의 개설자는 도매시장거래분쟁조정위원회를 두도록 하고, 이의 구성·운영에 관하여 필요한 사항은 대통령령으로 정하도록 하였다.

⑤ 강기갑의원 대표발의안

a. 정의 정리

도매시장의 거래에 대한 혼선을 방지하기 위해 농산물과 수산물의 정의, 중앙도매시장·지방도매시장·민영도매시장·농수산물공판장 등 개념을 명확히 하고 도매시장법인·시장도매인·중도매인·산지유통인 등 도매시장상인 등의 정의도 변화된 유통환경에 부합되도록 새롭게 하고 도매시장의 매매방법 등에 대한 정의를 추가 하였다.

b. 수급계획 수립

농림부장관, 해양수산부장관 및 시·도지사는 국민의 안정적 식량수급을 위해 농수산물수급계획을 매년 수립하고 농업관측 및 수산업관측을 매월 실시하여 공표하고 이를 위해 농림부장관은 농산물수급조정위원회를 설치하여 생산 및 출하조정 등 업무를 수행한다.

c. 하한 가격 예시

농림부산부장관 및 시·도지사는 주요 농산물의 생산자 및 생산자단체의 요청 및 수급조절과 가격안정을 위해 당해 파종기 이전에 하한가격을 농산물수급조정위원회 등과 협의를 거쳐 예시하고 생산 및 출하조절을 위한 수매·비축·수출·대북지원·사회복지단체 기증 등 필요한 시책을 추진하거나 유통협약에 따른 유통명령 등을 통해 생산자등의 손실이 있을 경우에는 농산물가격안정기금 및 수산업발전기금으로 지원하여야 한다.

d. 농안기금 납입 등

농림부장관은 수입추천자 및 수입품목, 수입수량 등 사항이 정해진 경우에는 이를 즉시 공개하고 수입업자의 수입이익금을 부과징수하여 농산물가격안정기금에 납입하도록 하고 있다.

(5) 화물자동차운수사입법

가. 제안이유

알기 쉬운 법령을 만들기 위해 화물자동차운수사업법을 포함한 62개 법률을 개정하려는 것이다.

나. 주요내용

① 법률의 한글화

법 문장 중 한자를 한글로 바꾸되, 한글만으로 이해가 어렵거나 혼동의 우려가 있는 경우에는 괄호 안에 한자를 병기(倂記)하였다.

② 어려운 법령 용어의 순화(醇化)

법률의 내용을 바꾸지 않는 범위에서, "운송가맹업자외의자에 대하여"를 "운송가맹사업자가 아닌 자에게"로, "감차"를 "감차(減車)"로 하는 등 법 문장에 쓰는 어려운 한자어와 용어, 일본식 표기 등을 알기 쉬운 우리말로 고쳤다.

③ 한글 맞춤법 등 어문 규범의 준수

법 문장에 나오는 법령 제명(이름)과 명사구 등의 띄어쓰기를 할 때와 가운뎃점(·), 반점(,) 등의 문장부호와 기호 등을 사용할 때에 한글맞춤법 등 어문 규범에 맞도록 하였다.

④ 정확하고 자연스러운 법 문장의 구성

a. 주어와 서술어, 부사어와 서술어, 목적어와 서술어 등의 문장 성분끼리 호응(呼應)이 잘 되도록 법 문장을 구성하였다.

b. 어순(語順)이 제대로 되어 있지 않아 이해가 어렵고 표현이 번잡한 문장은 어순을 올바르고 자연스럽게 배치하였다.

c. 자연스럽지 않거나 일상생활에서 자주 쓰지 않는 표현은 문맥에 따라 알맞고 쉬운 표현으로 바꾸었다.

⑤ 체계 정비를 통한 간결화·명확화

여러 가지 내용이 한 문장 속에 뒤섞여 내용 파악이 어렵거나 너무 길고 복잡한 문장 등은 표현을 간소화하거나 문장을 나누는 등 체계를 정비하여 명확하게 하였다.

2章 유통산업발전법

Ⅰ. 연혁 및 총칙

제1절 연혁

1. 시장법

(1) 제정

유통산업발전법의 기원은 1961년 제정된 시장법에서 찾을 수 있다.[43] 시장법은 시장을 적절히 운영하게 힘으로써 상업의 정상적인 발달을 도모하여 국민경제의 건전한 발전에 기여하게 하기 위해 제정되었다. 시장을 개설하고자 하는 자는 서울특별시장 또는 도지사의 허가를 받도록 하되, 지방자치단체와 공익법인이 개설할 수 있도록 하였고, 경비가 소요되지 않는 농어촌의 정기시장은 지방자치단체만이 개설할 수 있도록 하였다.

(2) 1차 개정

시장법은 1981년 전문개정[44] 되었는데 1961연도에 제정된 이래 개정된 적이 없

43) 법률 제704호 1961.8.31 제정

어 현실의 경제여건과 괴리되어 있어 1980년대의 대량유통기능을 뒷받침하기에는 미흡하였고, 낙후된 시장의 근대화와 소매점의 연쇄화촉진을 통한 중소상인의 지위향상을 기하고 시장개설요건의 강화등으로 시장의 공익성을 제고하기 위해서다.

주요 내용은 장소위주의 노점시장개념으로 되어 있던 시장의 개념을 현실에 맞게 조정하여 건물위주의 상설시장과 장소위주의 정기시장으로 구분하였고 상설시장의 개설은 업태별로 도지사의 허가를 받도록 하여 그 허가요건과 시장개설자의 책무를 정하였다. 정기시장은 시장·군수 또는 구청장이 개설하도록 하고, 계절시장의 경우에는 시장·군수 또는 구청장이 지정하는 자도 개설할 수 있도록 하며, 시장개설자의 책무는 상설시장개설자의 경우와 같도록 하였다.

(3) 폐지

시장법은 1986년 도·소매업진흥법에 제정됨에 따라 폐지되었다. 도·소매어업진흥업에서는 시장법에 의하여 허가를 받은 상설시장은 그 허가를 받은 업태에 따라 시장·대규모소매점 또는 도매센타로 허가된 것으로 보았다.

2. 도·소매업진흥법

(1) 제정

중·소매업진흥법은 도·소매업을 효율적으로 진흥하고 건전한 상거래질서를 확립함으로써 소비자를 보호하고 국민경제의 균형있는 발전에 이바지하기 위해 1986년 12월 31일 법률 제3896호로 제정되었다. 이 법의 제정과 함께 시장법은 폐지되었다.

주요 내용으로는 일정한 규모이상의 시장이나 백화점·쇼핑센터 등 대규모소매점이나 도매센터를 개설하고자 하는 자는 일정한 요건을 갖추어 시·도지사의 허가를 받도록 하였다. 할부판매, 채무보증할부판매, 방문판매 및 통신판매에 대하여 새로이 규정하였다.

---

44) 법률 제3537호 1981.12.31 전문개정

(2) 제1차 개정

도·소매업진흥법은 도·소매업자간의 공정한 경쟁기반을 조성하고 방문판매등 판매형태가 다양화됨에 따라 소비자의 보호를 강화하며 집배송단지를 건립·지원하여 유통경비를 절감함으로써 도·소매업의 경쟁력 강화를 목적으로 1991년 개정되었다.[45] 수퍼마켓·전문점 등 대한 시설기준 및 매장면적기준 등을 백화점과 분리하여 별도의 기준에 의하여 관리하도록 하였다. 그리고 방문판매의 경우에는 구매자가 상품을 구매한 날부터 7일 이내에 구매계약을 철회할 수 있도록 하고 할부판매의 경우에는 상공부장관이 할부수수료의 실제연간요율의 한도를 정할 수 있도록 하였다. 공공법인등이 판매사업장의 설치나 판매사업을 함에 있어서 당해 법인의 설립목적과 판매사업의 취지를 벗어나 도·소매업자의 이익을 현저히 해하거나 해할 우려가 있는 경우에는 규제할 수 있도록 하였다.

(3) 제2차 개정

도·소매업법진흥법은 1995년 유통시장개방에 대비하고, 유통산업의 경쟁력 강화를 위하여 도·소매업에 대한 규제를 완화하고, 판매업자 또는 제조업자가 직접 행하는 물류활동을 원활히 하여 물류비절감을 통한 경쟁력 강화 및 물가안정을 기할 수 있도록 하기 위해 개정이 되었다.[46] 주요내용은 시장·대형점·대규모소매점·도매센터 등 영업장별 개설 허가규정을 한개의 조문으로 통합하고 사업의 양도·양수에 관한 사전 승인제를 사후 신고제로 완화하였다. 유통정보화촉진을 위하여 제조업자 또는 판매업자에게 정보화의 전제조건인 공통상품코드·판매시점정보관리시스템도입을 권고 또는 명령할 수 있도록 하였다. 그리고 물류표준화와 물류자동화·공동화사업을 위한 상공자원부장관의 권고 및 지원근거를 마련하였다.

(4) 폐지

유통산업발전법의 제정으로 도·소매업진흥법이 폐지되었다.[47]

---

45) 법률 제4380호, 1991.5.31 일부개정

46) 법률 제4889호, 1995.1.5 전문개정

3. 유통산업근대화촉진법

유통산업근대화촉진법은 1980년에 신규 제정되었다.[48] 이 법은 산자부가 아닌 경제기획원에서 제정하였다. 유통에 관련되는 법은 10여개가 있으나 조성기능이 미약하고 상호종합 및 조정할 수 있는 제도가 마련되어 있지 않으므로 유통부문에 대한 투자확대 및 지원강화와 종합적이고 체계적인 사업추진을 통하여 유통구조의 개선과 유통산업의 근대화를 촉진시키기 위하여 제정되었다.

주요 내용은 유통산업의 근대화를 촉진하기 위하여 농수산물 및 공산품의 도매·소매·수송·보관·포장등과 관련되는 사업을 지원·육성하도록 하였고, 경제기획원장관은 유통구조의 개선을 효율적으로 추진하기 위하여 유통산업근대화기본계획을 수립하도록 하고, 이에 따라 관계부처의 장은 연차별로 유통산업근대화시행계획을 수립·시행하도록 하였다. 시장·군수는 유통산업근대화기본계획 및 그 시행계획에 따라 유통단지의 지정에 관한 도시계획을 입안하여 건설부장관에게 결정신청을 하고, 건설부장관은 도시계획법에 따라 이를 결정하도록 하며, 이에 따라 국가·지방자치단체 기타 사업시행자가 유통단지를 조성하도록 하였다. 그리고 국가·지방자치단체는 유통사업자 및 유통단지조성사업시행자등에게 유통산업근대화에 필요한 자금을 보조하거나 융자할 수 있도록 하였다.

유통산업근대화촉진법은 1997년 유통산업발전법이 제정된과 동시에 폐지되었다. 법의 내용 중에 유통단지 조성에 관한 부분은 유통단지 개발 촉진법에 포함되었다.

4. 유통산업발전법

유통산업발전법은 1997년 제정된 이래 타법 개정을 제외하고 3차례의 개정이 있었다. 이 가운데 전문개정이 한 번 있었으며 나머지 2회는 일부개정이었다. 대규

47) 법률 제5327호, 1997.4.10 폐지
48) 법률 제3244호

모점포 등 유통산업에 대한 규제완화와 무점포판매업 등 새로운 유통산업이 등장함에 따라 이를 법에 규정하기 위한 개정도 있었다.

(1) 제정

유통산업발전법은 1997년 4월 10일 법률 제5327호로 제정되었다. 제정목적은 유통산업에 대한 지원을 확대하여 경영여건을 개선하고, 유통산업에 대한 규제를 완화하여 경쟁력을 강화하며, 유통산업의 대다수를 차지하는 중소유통기업의 자생적인 경쟁력 강화 노력을 지원함으로써 급속한 유통환경변화에 대처하고 지속적으로 발전하는 기반을 구축하려는 것이었다.

주요내용은 먼전 유통산업을 육성하기 위하여 산자부장관(당시 통상산업부장관)은 5년마다 관계중앙행정기관의 소관업무와 관련된 유통산업의 발전계획을 종합하여 유통산업발전기본계획을 수립하고, 매년 동 기본계획을 추진하기 위한 시행계획을 수립·시행하도록 하였다.

그리고 시장·대형점·대규모소매점·도매센터 등의 대규모점포를 개설하고자 하는 경우에 허가를 받도록 하던 것을 등록만 하면 되도록 하고, 대규모점포 개설등록을 한 때에는 담배소매인의 지정등을 받은 것으로 의제함으로써 대규모점포 개설에 관련된 각종 규제를 완화하였다. 유통교육의 확대등을 위하여 유통사업자등이 유통전문대학원을 설립하는 경우에 필요한 지원를 할 수 있도록 하고, 판매사의 명칭을 판매관리사로 변경하였다.

(2) 1차 개정

유통산업발전법은 1999년 2월 8일 법률 제5833호로 일부개정되었는데 유통산업분야에서의 시장경쟁을 확산시키고 외국인투자의 유치를 촉진하기 위하여 유통업자에게 과도한 부담을 주는 각종 규제를 완화하는 한편, 백화점등 대규모점포개설자의 편의를 도모하고 유통기반시설의 구축이 가속화될 수 있도록 대규모점포의 개설등록 및 공동집배송단지의 지정시에 일괄처리할 수 있는 영업관련 인·허가의 범위를 확대하고 집배송센터에 판매시설의 설치가 가능하도록 하려는 것이었다.

주요내용은 백화점등 대규모점포경영자에게 과도한 부담이 되고 있는 직영비율·분양제한·시설설치의무를 폐지하여 민간의 자율성과 창의성을 제고하고 탈법의 소지를 없애도록 하였고, 대규모점포가 물품판매외에 음식점, 오락시설, 문화·체육시설등 관련시설에서 영업을 하고자 하는 경우 개설등록시에 일괄 처리할 수 있는 영업관련 인·허가등을 3개에서 16개로 확대하였다. 그리고 대규모점포개설자의 업무범위를 축소하여 점포운영상의 부담을 완화하고 점포의 소유권과 관련된 사항은 업무범위에서 제외하여 점포소유주와의 분쟁을 방지하도록 하였다. 실효성이 크지 아니한 유통사업자 및 제조업자에 대한 유통표준코드·판매시점정보관리시스템등 유통정보화설비 설치의 권고제도를 폐지하였고, 물류시설의 건립이 촉진될 수 있도록 하기 위하여 공동집배송단지의 지정시에 토지형질변경등의 허가를 일괄처리하도록 하고, 공동집배송단지의 신탁개발승인제도를 폐지하였다.

(3) 2차 개정

유통산업발전법은 2003년 7월 30일에 법률 6959호로 전문개정되었는데, 유통업태 및 유통방법이 다양화되는 등 유통환경이 급격히 변화됨에 따라 새로운 유통업태에 대한 지원시책을 마련하여 유통산업의 경쟁력을 강화하도록 하는 한편, 물류설비의 인증제도 및 공동집배송센터개발촉진지구지정제도를 도입하여 물류효율화를 촉진하도록 함으로써 유통구조의 선진화를 위한 제도적 기반을 마련하려는 것이었다. 주요내용은 급성장하고 있는 무점포판매업에 대하여 업태정의를 신설하고, 그 경쟁력 강화를 위한 발전시책을 수립·시행할 수 있도록 하였다.

그리고 여러 유통사업자 또는 제조업자가 공동으로 사용하는 집배송시설의 집단적 설치와 효율적 배치를 위하여 시·도지사의 추천 및 관계 중앙행정기관의 장과의 협의절차를 거쳐 공동집배송센터개발촉진지구를 지정하도록 하고, 당해 지구에 설치하거나 이전하는 집배송시설에 대하여 자금 등의 지원을 할 수 있도록 하였다. 대규모점포와 인근지역의 도·소매업자 또는 주민 사이의 분쟁을 조정하기 위하여 시·도 및 시·군·구에 각각 유통분쟁조정위원회를 설치하도록 하고, 유통분쟁조정위원회는 분쟁당사자의 조정신청에 의하여 조정안을 작성하여 이를 각 당사자에게 제시하도록 하며, 당사자가 조정안을 수락한 때에는 당사자간에 조정서와 동일한 내용의 합의가 성립된 것으로 보도록 하였다.

(4) 3차 개정

유통산업발전법은 전면개정된지 1년이 지난 2005년 12월 23일 법률 7756호로 다시 일부 개정되었다. 개정이유는 유통산업환경의 변화에 따라 산업자원부장관 및 지방자치단체의 장은 중소유통기업자단체가 공동으로 건립 또는 운영하는 중소유통공동도매물류센터를 행정적·재정적으로 지원하도록 하는 등 중소유통기업의 구조개선 및 경쟁력 강화를 위한 방안을 마련하는 한편, 유통산업의 발전을 위하여 유통산업발전기본계획 및 연도별 시행계획 등을 심의하기 위한 유통산업발전심의회를 산업자원부에 설치하고, 물류설비의 표준화를 위하여 물류설비의 인증규격 등과 관련된 성능을 시험·검사하는 물류설비성능검사기관 및 물류설비가 인증규격 등에 적합한 것임을 인증하는 물류설비인증기관을 산업자원부장관이 지정할 수 있도록 하는 등 현행 제도의 운영상 나타난 일부 미비점을 개선·보완하려는 것이었다.

제2절 총칙

1. 유통산업발전법의 체계

유통산업발전법은 법률과 시행령, 시행규칙으로 이루어져 있다. 그리고 이를 보완하기 위해 산업자원부 고시가 3개 있는데 유통산업발전법 시행세칙, 유통업상생발전협의회 구성 및 운영요령, 물류표준설비인증요령 등이다. 이러한 고시는 유통환경 변화에 신속하게 대처할 수 있다는 장점이 있으나, 행정법에서 논의되고 있는 행정규칙의 법규성과 관련된 문제의 소지가 있다. 그리고 투명성이 부족하고 일반국민이 쉽게 접근할 수 없다는 문제점도 있으며 법규가 아닌 행정 내부 규칙으로 국민의 권리의무를 침해할 수 있는 문제점도 있다. 따라서 이러한 고시에 포함되어 있는 사항들을 시행령과 시행규칙에 포함되도록 하는 노력이 있어야 할 것이다.

【그림 2-1】 유통산업발전법의 체계

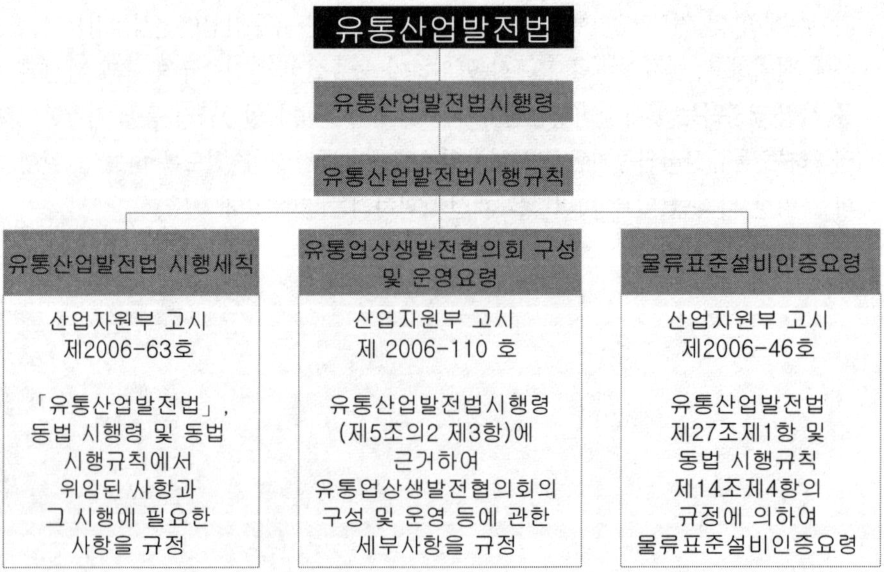

2. 법의 목적과 시책

(1) 목적

유통산업발전법은 유통산업의 효율적인 진흥과 균형있는 발전을 꾀하고, 건전한 상거래질서를 세움으로써 소비자를 보호하고 국민경제의 발전에 이바지함을 목적으로 한다(법 제1조).

(2) 시책수립

정부는 유통산업발전법의 목적을 달성하기 위하여 다음 시책을 마련하여야 한다.

- 유통구조의 선진화 및 유통기능의 효율화 촉진
- 유통산업에 있어서 소비자 편익의 증진
- 유통산업의 지역별 균형발전의 도모
- 유통산업의 종류별 균형발전의 도모
- 중소유통기업의 구조개선 및 경쟁력의 강화
- 유통산업의 국제경쟁력 제고
- 유통산업에 있어서 건전한 상거래질서의 확립 및 공정한 경쟁여건의 조성
- 그 밖에 유통산업의 발전을 촉진하기 위하여 필요한 사항

(3) 대형 및 중소유통기업의 상생발전

가. 시책수립

산업자원부장관은 대형유통기업(대형마트·전문점 및 백화점)과 중소유통기업(유통산업을 영위하는 자로서 「중소기업기본법」 제2조의 규정에 의한 중소기업자에 해당하는 자) 또는 납품업자간의 상호발전에 관한 유통산업시책을 마련하여야 한다.

나. 협의회 구성

지방자치단체의 장은 대형유통기업과 중소유통기업간의 상호발전을 촉진하기 위하여 시·군·구 단위로 유통업상생발전협의회를 구성할 수 있으며, 그 운영에 소요되

는 비용의 일부를 지원할 수 있다. 산자부에서는 유통업상생발전협의회의 구성 및 운영에 관한 세부사항을 정하기 위해 2006년 11월「유통업상생발전협의회 구성 및 운영요령(산업자원부 고시 제 2006-110 호)」을 제정했다. 이 고시에 따르면 "상생협력"이라 함은 대형유통기업과 중소유통기업간에 인력·자금·구매·판로·홍보 등의 부문에서 상호이익을 증진하기 위하여 행해지는 공동의 사업이나 활동을 말한다.

다. 협의회의 구성 및 운영

협의회는 시·군·구의 지역 단위로 설치하되, 당해 권역의 상생협력 촉진 및 지역별 상생협의회 활성화를 지원하기 위하여 필요한 경우 특별시·광역시·도의 광역 단위로 설치할 수 있다. 협의회는 회장 1인을 포함한 10인 이내의 위원으로 구성한다. 협의회의 회장은 부시장(부구청장 또는 부군수)이 되고, 위원은 ① 당해 지역 내 개설 또는 개설하고자 하는 대형유통기업 점포의 대표, ② 당해 지역 내의 재래시장, 수퍼마켓, 상가 등 중소유통기업 대표, ③ 당해 지역 내의 소비자단체의 대표, ④ 당해 지역 내의 상공회의소 관계자, ⑤ 당해 지역 내의 소상공인지원센터 관계자, ⑥ 당해 지역 내의 유통산업분야에 관한 학식과 경험이 풍부한 자, ⑦ 기타 당해 지역 내에 거주하는 자로서 시장·군수·구청장이 필요하다고 인정하는 자 중 시장·군수·구청장이 위촉하는 자와 시·군·구 공무원 중 유통업무를 관장하는 4급 공무원은 위원이 된다.

협의회의 운영을 위하여 간사 1인을 둘 수 있으며 간사는 유통업무를 관장하는 5급 공무원으로 한다. 협의회는 년 2회 이상 개최하되, 시장·군수·구청장은 협의회의 개최주기를 조정할 수 있으며 협의회의 소집 등 협의회운영을 위한 세부사항을 정할 수 있다.

라. 협의회의 기능

협의회는 대형유통기업과 중소유통기업간의 상생협력을 촉진하기 위하여 다음의 기능 및 사업을 수행하거나 중재할 수 있다. 이는 ① 대형유통기업과 중소유통기업간의 상생협력촉진을 위한 지역별 시책의 수립에 관한 사항, ② 대형유통기업과 중소유통기업간의 상생협력선언의 채택 및 상호 우호증진을 위한 행사 등의 개최에 관한 사항, ③ 대형유통기업의 중소유통기업에 대한 상품진열, 위생관리, 마케팅, 물류효율화 및 정보화 등 정보제공, 교육 및 컨설팅지원에 관한 사항, ④ 지역내 중소기업이 생산하는 상품의 구매 및 판로개척을 위한 협력에 관한 사항, ⑤ 대·중소유통업 균형발전을 위한 공동 조사연구 사업의 실시에 관한 사항, ⑥ 상생협력 유공자에 대한 포상 또는 포상추천, 대정부 건의 등 상생협력을 위하여 필요하다고 협의회가 인정하는 사항, ⑦ 기타 대·중소유통업간 상생협력촉진 및 지역유통산업 발전을 위한 협력 및 지원에 관한 사항 등이다.

3. 유통산업의 정의

유통산업발전법에서 "유통산업"이라 함은 농산물·임산물·축산물·수산물(가공 및 조리물 포함) 및 공산품의 도매·소매 및 이를 영위하기 위한 보관·배송·포장과 이와 관련된 정보·용역의 제공 등을 목적으로 하는 산업을 말한다(법제2조제1호). 유통산업발전법의 유통대상은 '농산물·임산물·축산물·수산물(가공 및 조리물 포함) 및 공산품'이지만 농수축산물이 거래되는 특정 시장·사업장과 매장에 대하여 법이 적용되지 않는다. 즉「농수산물유통 및 가격안정에 관한 법률」에서 규정하고 있는 '농수산물도매시장·농수산물공판장·민영농수산물도매시장 및 농수산물종합유통센터'와「축산법」에서 규정하고 있는 '가축시장'은 유통산업발전법이 적용되지 않는다(법 4조).

유통에 대하여 다른 정의를 하고 있기도 하는데, '유통'을「생산과 소비를 매개로 하여 어떤 상품이나 서비스를 생산자로부터 소비자에게 이전하는 경제 활동」이라고 하고 있다.[49] 이에 따르면 유통산업은 생산자, 소비자, 그리고 유통채널 사이에서 발생하는 여러 가지 흐름으로 이루어지며 상품, 소유권, 돈, 시장정보가 유통산업에 있어서 경쟁력을 좌우하는 가장 중요한 요인으로 분석한다.

49) 2005 한·중·일 유통물류보고서, 21면

4. 유통산업 실태조사

(1) 사실행위

가. 서설

최근 행정에서 행정지도나 행정조사 등의 비권력적 행정작용이 보편화되면서 더욱 주목을 받고 있는 것이 사실행위에 해당하는 법률사실이다. 사실행위는 「정신작용의 유무 또는 그 내용과 관계없이 단지 객관적으로 행위가 행하여진 사실 또는 그 결과에 대하여 법률효과가 부여된 행위」이며 효과의사 기타의 정신작용을 요소로 하여 그 내용에 따른 또는 법률의 규정에 따른 법률효과를 발생하는 법률적 행위와 구별되는 것이다. 사실행위는 그 행위에 의하여 표시되는 의식내용이 무엇이냐에 관계없이 다만, 행위가 그 어디를 향하여 있다는 것 또는 그 행위에 의하여 생긴 결과만이 법률에 의하여 법률상 의미가 있는 것으로 인정되는 행위이다.

나. 행정지도

행정지도란 행정주체가 그 의도하는 바를 달성하기 위하여 상대방의 임의적 협력을 기대하여 조언·권고·요망 등의 형식으로 행하는 비권력적 행정작용을 말한다. 행정지도는 그에 대한 법적 근거가 있는 경우도 있으나, 그것이 비권력적 작용이라는 점에서 법적 근거가 없는 경우에도 허용된다고 보는 것이 통설적 견해이다. 이러한 행정지도는 물류행정에 있어서는 경제정책·계획목표의 달성을 위한 수단으로, 인·허가의 보조수단으로, 경제 감독의 예비적 수단으로, 기업 사이의 이해관계를 조정하기 위한 수단으로, 그리고 산업구조개편이나 기업합리화촉진 등 기업의 보호·조장 등을 위한 적절한 수단으로서 실제 널리 활용되고 있다.

그러나 행정지도라는 명목 하에서 법이 무시되거나 법령의 규정을 위반하는 행정지도가 자행되는 경우도 적지 않은 것으로 보인다. 예컨대 허가신청에 대하여 행정지도라는 형식에 의하여 그 허가를 유보 내지는 사실상 거부하는 것이나, 등록제가 행정지도에 의하여 사실상 허가제처럼 운영되는 등의 사례가 그것이다. 행정지도가 수행하고 있는 기능이나 역할의 중요성에 비추어, 행정지도에 대하여도 절차적 측면에서의 법적 규율이나, 그에 대한 쟁송법상의 구제수단의 강구 등 일정한 법적 규제가 필요하다고 본다. 행정절차에 관한 일반법인 행정절차법은 제6장에서 행정지도에 대하여 그 원칙, 방식 등에 관한 기본원칙을 규정하고 있다.

다. 행정조사

행정조사는 행정기관이 필요한 정보나 자료를 수집하는 일체의 행정 활동을 말한다. 이는 법적 행위를 하기 위한 준비적, 보조적 활동으로 많이 활용된다.

물류관계법령의 행정조사에 대한 규정은 화물유통촉진법에서는 건설교통부장관이 물류현황의 파악 및 물류정책의 수행을 위한 자료를 수집하기 위하여 대통령령이 정하는 바에 따라 물동량의 발생과 이동경로·물류시설의 이용실태 등을 조사 할 수 있다고 규정하고 있다. 또한 농안법 제76조는 농림부장관 또는 해양수산부장관은 도매시장의 효율적인 운영·관리를 위하여 필요하다고 인정하는 때에는 농림부령 또는 해양수산부령이 정하는 법인 등으로 하여금 도매시장에 대한 실태조사를 하게 하거나 운영·관리의 지도를 하게 할 수 있다고 규정하여 행정조사 및 행정지도를 함께 규정하고 있다.

(2) 유통산업발전법상의 사실행위

가. 자료요청

산업자원부장관은 기본계획 및 시행계획 등의 효율적인 수립·추진을 위하여 유통산업에 대한 실태조사를 할 수 있다. 유통산업의 실태조사를 위하여 필요하다고 인정되는 경우에는 관계 중앙행정기관의 장, 지방자치단체의 장, 공공기관의 장, 유통사업자 및 관련 단체 등에게 필요한 자료를 요청할 수 있다. 자료를 요청받은 관계 중앙행정기관의 장 등은 특별한 사정이 없는 한 이에 응하여야 한다.

나. 범위

유통산업 실태조사(실태조사)의 범위는 다음과 같다.

- 대규모점포, 무점포판매 및 도·소매점포의 현황, 영업환경, 물품구매, 영업실태 및 사업체 특성 등에 관한 사항
- 지역별·업태별 유통기능효율화를 위한 물류표준화·정보화 및 물류공동화에 관한 사항
- 그 밖에 산업자원부장관이 유통산업발전 정책수립을 위하여 실태조사가 필요하다고 인정하는 사항

다. 구분

실태조사는 정기조사와 수시조사로 구분하여 실시한다.

【그림 2-2】 유통산업 실태조사(실태조사)

구분	내용
정기조사	유통산업에 관한 계획 및 정책수립과 집행에 활용하기 위하여 3년마다 실시하는 조사
수시조사	산업자원부장관이 유통산업발전기본계획 및 유통산업발전시행계획 등의 효율적인 수립을 위하여 필요하다고 인정하는 경우 특정 업태 및 부문 등을 대상으로 실시하는 조사

라. 조사제도 개선방안

현행 조사제도는 법 7조의4에서 규정하고 있다. 실태조사의 목적은 기본계획 및 시행계획 등의 효율적인 수립·추진이다(법 7조의4 1항). 그런데 시행령 제6조의4 제2항에서 정기조사는 유통산업에 관한 계획 및 정책수립과 집행에 활용하기 위해 실시하고 수시조사는 기본계획 및 시행계획의 수립·추진을 위해 실시한다고 규정하고 있다. 따라서 시행령에서 규정하고 있는 조사 목적은 법에서 규정하고 있는 것보다 더 넓게 규정되어 있다. 유통산업 실태조사를 좀 더 체계적으로 규정하기 위해서는 총칙부분의 3조의2로 옮기고 유통산업 실태조사 목적도 정책수립과 계획수립으로 바꾸는 것이 필요하다고 본다.

Ⅱ. 유통산업발전계획

1. 행정계획

(1) 의의

행정계획은 행정권이 장래 달성하고자 하는 일정한 행정목표를 미리 설정하고 그 목표를 달성하기 위한 수단들을 조정·종합함으로써 나타나는 구체적인 활동기준이다. 오늘날 행정이 바람직한 사회질서의 형성을 위해 적극적으로 개입하면서 행정의 임무를 효과적으로 달성하기 위하여 행정계획이라는 수단이 필요하게 되었다. 또한 행정활동과 관련해 대립되는 이익을 조절하고 흩어져 있는 행정수단을 종합하기 위해서 행정계획이 필요하다.

(2) 행정계획의 다양한 형식

현대에 와서 행정계획은 행정행위나 공법상계약 기타 행위 형식들과 더불어 중요한 행정작용의 한 형식이 되었다. 내용과 형식도 너무 다양하여 통일적인 정의를 내리는 것도 불가능하고 또 행정입법이나 행정행위 등과 병렬적으로 구분되는 독자적인 행위형식이라고 할 수 있는지도 문제가 되고 있다. 입법형식의 행정계획도 있고, 처분형식의 행정계획도 있으며, 대국민적 구속력을 갖지 않는 비구속적 행정계획의 경우 단순히 사실행위로 보아야 할 경우도 있다. 형식이야 어떻든 행정계획은 현대 행정에서 중요한 행정법관계의 변동 원인 중의 하나이다.

(3) 행정계획의 유형

행정계획은 그야말로 다양하게 구분할 수 있는데, 행정계획의 법적 효력 문제와 관련하여 중요한 분류는 법률형식에 의한 계획, 예산형식에 의한 계획, 명령 또는 조례 형식에 의한 계획, 행정행위에 의한 계획 등으로 나눌 수도 있고, 구속력 여부에 따라 대내적·대외적 구속력을 갖는 명령적 계획(구속적 계획)과 유도적 계획, 정보제공·지침적 계획 등으로 나누기도 한다. 이 중에서 가장 중요한 것은 국민에 대하여 작위, 부작위, 급부, 수인의 의무를 과하는 명령적·구속적 행정계획(가장 전형적인 경우가 도시계획)이다. 재정계획을 의미하는 예산은 행정조직 내부에서만 구속력을 갖는 행정계획이다. 유도적 계획이나, 정보제공·지침적 행정계획은 엄격한 의미에서 법률적 효과를 발생시키지 아니하므로 사실행위인 경우가 많을 것이다.

(4) 유통·물류법규와 행정계획

물류법규상의 행정계획은 화물유통촉진법의 국가물류기본계획(제3조), 시행계획(제4조), 도시물류기본계획 및 시행계획(제4조의4 및 제4조의5)과 유통단지개발촉진법의 유통단지개발종합계획(제4조) 그리고 유통산업발전법의 유통산업발전기본계획 등이 있다. 이러한 계획가운데는 계획의 목적을 명확하게 밝히지 않은 계획들이 있고 작성절차도 일정하지 않다.

【표 2-1】 물류법규상의 행정계획

계획의 명칭	주기	심의	목적	근거법률
국가물류기본계획	20년	물류정책위원회	효과적인 물류체계 구축	화물유통촉진법
도시물류계획	10년	지방물류정책위원회	물류체계 개선	화물유통촉진법
유통단지종합개발계획	5년	물류정책위원회	유통단지개발	유통단지개발촉진법
항만기본계획	10년	항만정책심의회	항만 개발촉진 및 운영의 효율성 증진	항만법
유통산업발전기본계획	5년	–	유통산업발전	유통산업발전법
공항개발중장기종합계획	5년	–	–	항공법
항공안전기술개발계획	–	–	항공안전기술 발전	항공법

이 중에서 행정계획의 특성을 가장 잘 반영하고 있는 것은 국가물류기본계획이다. 행정계획의 절차를 국가물류기본계획의 책정절차를 중심으로 살펴보겠다.

가. 위원회의 조사·심의

위원회제도는 행정계획의 전문성·신중성을 담보하기 위한 것으로 국가물류기본계획은 물류정책위원회(제3조제4항 및 제4조의6제1호)의 심의를 거친다. 그러나 유통산업발전기본계획이나 공항개발중장기종합계획 등은 위원회의 심의 절차가 없다. 항만기본계획은 항만정책심의회의 기능에는 항만기본계획의 심의가 위원회의 업무로 되어 있으나 기본계획의 작성절차에는 위원회의 심의를 거치도록 하는 명확한 규정을 두고 있지 않다.

나. 관계행정기관간의 조정

관계행정기관간의 조정은 행정계획의 전체적 통일성을 담보하기 위한 것으로 화물유통촉진법에서는 관계중앙행정기관의 장과 협의하도록 규정하고 있다(3조 4항).

다. 이해관계인 및 지방자치단체의 참여

이해관계인에게 의견진술이나 권리주장을 위한 기회를 부여하고, 계획과 밀접하게 연관되어 있는 지자체와의 협의 또는 의견을 청취하는 절차이다. 국가물류기본계획은 이러한 절차를 규정하지 않고 도시물류기본계획(제4조의4)을 수립시행하도록 하고 있다. 다른 물류법규에서도 이해관계인의 의견을 듣거나 참여하는 절차를 규정하고 있지 않다. 다만 유통단지개발촉진법에서는 유통단지를 지정할 때 주민의 의견청취를 규정하고 있다.

라. 공고

공고는 불특정다수인에게 영향을 미치는 행정계획을 국민들에게 주지시켜 예측가능성을 보장하는 것에 그 목적이 있는데, 국가물류기본계획이 결정되면 이를 공고(법제4조제4항)하도록 규정하고 있다. 국가물류기본계획은 공고가 있어야 효력이 발생한다.

2. 유통산업발전기본계획

(1) 기본계획의 수립·시행

산업자원부장관은 유통산업의 발전을 위하여 5년마다 유통산업발전기본계획(기본계획)을 관계중앙행정기관의 장과의 협의를 거쳐 세우고 이를 시행하여야 한다. 산업자원부장관은 기본계획을 세우기 위하여 필요하다고 인정되는 경우에는 관계 중앙행정기관의 장에게 필요한 자료를 요청할 수 있다. 자료는 해당 기본계획 개시연도의 전년도 10월 말일까지 제출하여 줄 것을 요청할 수 있다(시행령 6조 1항). 이 경우 자료를 요청받은 관계 중앙행정기관의 장은 특별한 사정이 없는 한 이에 응하여야 한다. 산업자원부장관은 기본계획을 특별시장·광역시장 또는 도지사(시·도지사)에게 알려야 한다.

현재의 유통산업발전기본계획은 2004년 6월 25일 수립된 것으로「유통산업 경쟁력강화방안」이란 부제가 붙어있다. 총 5개의 장으로 구성되어 있으며 각각 유통산업의 중요성, 우리나라 유통산업의 현황 및 문제점, 유통산업의 비전과 전략, 중점추진과제, 과제별 추진 일정이다. 중점추진과제는 ① 유통산업의 경쟁력 강화기반 구축, ② 중소유통업의 구조개선 지원, ③ 유통산업의 해외진출 및 국제협력 촉진, ④ 유통산업의 지원기반 강화 등이다. 그러나 기본계획 수립 이후에 유통산업발전법이 개정되어 계획에 포함되어야 하는 내용이 추가되었고 월마트와 까르프 철수 등 많은 상황변화가 있어서 새로운 계획을 수립하여야 할 것으로 보인다.

(2) 기본계획의 내용

기본계획에는 다음의 사항이 포함되어야 한다.

- 유통산업 발전의 기본방향
- 유통산업의 국내외 여건변화 전망
- 유통산업의 현황 및 평가
- 유통산업의 지역별·종류별 발전방안

- 산업별·지역별 유통기능의 효율화·고도화 방안
- 유통전문인력·부지 및 시설 등의 수급변화에 대한 전망
- 중소유통기업의 구조개선 및 경쟁력 강화 방안
- 대규모점포와 중소유통기업 및 중소제조업체 사이의 건전한 상거래질서의 유지 방안
- 그 밖에 유통산업의 규제완화 및 제도개선 등 유통산업의 발전을 촉진하기 위하여 필요한 사항

3. 유통산업발전 시행계획

(1) 시행계획의 수립·시행

산업자원부장관은 기본계획에 따라 매년 유통산업발전시행계획(시행계획)을 관계중앙행정기관의 장과의 협의를 거쳐 세워야 한다. 산업자원부장관 및 관계중앙행정기관의 장은 시행계획중 소관사항을 시행하고 이에 필요한 재원을 확보하는데 노력하여야 한다. 산업자원부장관은 시행계획을 시·도지사에게 알려야 한다.

(2) 자료의 제출요청

산업자원부장관은 시행계획을 세우기 위하여 필요하다고 인정되는 경우에는 관계중앙행정기관의 장에게 ① 유통산업발전시책의 기본방향, ② 사업주체 및 내용, ③ 소요자금과 그 조달방안, ④ 사업의 시행방법, ⑤ 그 밖에 시행계획의 수립에 필요한 사항이 포함된 자료를 매년 3월 말일까지 제출하여 줄 것을 요청할 수 있다. 자료를 요청받은 관계 중앙행정기관의 장은 특별한 사정이 없는 한 이에 응하여야 한다.

관계중앙행정기관의 장은 시행계획의 집행실적을 다음 연도 2월 말일까지 산업자원부장관에게 제출하여야 한다.

4. 지역별 시행계획

시·도지사는 기본계획 및 시행계획에 따라 시장·군수·구청장(자치구의 구청장)의

의견을 들어 다음의 사항을 포함하는 지역별 시행계획을 세우고 이를 시행하여야 한다.

- 지역유통산업 발전의 기본방향
- 지역유통산업의 여건변화 전망
- 지역유통산업의 현황 및 평가
- 지역유통산업의 종류별 발전방안
- 지역유통기능의 효율화·고도화 방안
- 유통전문인력·부지 및 시설 등의 수급 방안
- 지역중소유통기업의 구조개선 및 경쟁력 강화 방안
- 그 밖에 지역유통산업의 규제완화 및 제도개선 등 지역유통산업의 발전을 촉진하기 위하여 필요한 사항

관계중앙행정기관의 장은 유통산업의 발전을 위하여 필요하다고 인정하는 경우에는 시·도지사 또는 시장·군수·구청장에게 시행계획의 시행에 필요한 조치를 취할 것을 요청할 수 있다.

5. 유통산업발전심의회

(1) 설치 및 심의사항

유통산업의 발전에 관한 다음의 사항을 심의하기 위하여 산업자원부에 유통산업발전심의회(심의회)를 둔다.

- 기본계획
- 시행계획
- 유통산업의 지역별·종류별 균형발전에 관한 사항으로서 중앙행정기관의 장 또는 지방자치단체의 장과의 협조 및 의견 조정이 필요한 사항
- 유통기능의 효율화·고도화를 위하여 필요한 사항
- 유통산업의 구조개선 및 경쟁력 강화와 유통산업발전의 기반 조성을 위하여 필요한 사항
- 유통산업의 발전을 위한 행정적·재정적 지원에 관한 사항

- 그 밖에 유통산업발전에 관한 중요사항으로서 산업자원부장관이 부의하는 사항

산업자원부장관은 심의회의 심의를 거친 사항에 대하여 관계 중앙행정기관의 장 및 지방자치단체의 장에게 협조를 요청할 수 있다(법 7조의3).

(2) 구성

심의회는 위원장 1인을 포함한 30인 이내의 위원으로 구성한다. 위원은 관계 중앙행정기관의 국장급 공무원 또는 이에 상당하는 공무원이나 유통산업에 관한 학식과 경험이 풍부한 자 중에서 산업자원부장관이 임명 또는 위촉한다. 위촉된 위원의 임기는 2년으로 하되, 연임할 수 있다. 위원장은 위원 중에서 재적위원 과반수의 찬성으로 선출한다. 위원장은 심의회를 대표하고 그 업무를 총괄한다. 위원장이 부득이한 사유로 직무를 수행할 수 없는 경우에는 위원장이 미리 지명하는 위원이 그 직무를 대행한다(시행령 6조의2 4항).

(3) 운영

심의회는 위원장이 필요하다고 인정하거나 산업자원부장관의 요구가 있는 경우에 위원장이 이를 소집한다. 위원장이 심의회를 소집하려는 경우에는 회의개최일 5일 전까지 회의의 일시·장소 및 심의안건을 각 위원에게 통지하여야 한다. 다만, 긴급을 요하거나 부득이한 사유가 있을 경우에는 그러하지 아니하다. 회의는 재적위원 과반수의 출석으로 개의하고, 출석위원 과반수의 찬성으로 의결한다. 위원장은 심의회 운영에 관하여 필요한 사항을 심의회의 의결을 거쳐 정한다. 심의회는 의안을 심의함에 있어서 필요하다고 인정하는 때에는 공청회를 개최하여 이해관계인(단체 포함)의 의견을 듣거나 관계전문가에게 의견 또는 자료의 제출을 요청할 수 있다.

(4) 수당지급

심의회의 위원 중에서 회의에 출석한 공무원을 제외한 위원과 의견을 진술하거나 자료를 제출한 자에 대하여 예산의 범위 안에서 수당 또는 비용을 지급할 수 있다.

6. 분야별 발전시책

(1) 분야별 발전시책 수립

산업자원부장관은 유통산업의 경쟁력을 강화하기 위하여 체인사업의 발전시책, 무점포판매업의 발전시책, 그 밖에 유통산업의 분야별 경쟁력 강화를 위하여 필요한 시책을 수립·시행할 수 있다(법 15조). 시책에는 다음의 사항이 포함되어야 한다.

- 국내외 사업현황
- 산업별·유형별 발전전략에 관한 사항
- 유통산업에 대한 인식의 제고에 관한 사항
- 전문인력의 양성에 관한 사항
- 관련정보의 원활한 유통에 관한 사항
- 그 밖에 유통산업의 분야별 발전 또는 경쟁력 강화를 위하여 필요한 사항

(2) 재래시장 발전시책

정부는 재래시장의 활성화에 필요한 시책을 수립·시행하여야 하고, 정부 또는 지방자치단체의 장은 이에 필요한 행정적·재정적 지원을 할 수 있다.

(3) 중소유통기업 구조개선

정부 또는 지방자치단체는 다음의 사항이 포함된 중소유통기업의 구조개선 및 경쟁력 강화에 필요한 시책을 수립·시행할 수 있고, 이에 필요한 행정적·재정적 지원을 할 수 있다.

- 중소유통기업의 창업을 지원하기 위한 사항
- 중소유통기업에 대한 자금·경영·정보·기술·인력의 지원에 관한 사항
- 선진유통기법의 도입·보급 등을 위한 중소유통기업자의 교육·연수의 지원에 관한 사항
- 중소유통공동도매물류센터의 설립·운영 등 중소유통기업의 공동협력사업 지원에 관한 사항
- 그 밖에 중소유통기업의 구조개선을 촉진하기 위하여 필요하다고 인정되는 사항으로서 대통령령으로 정하는 사항[50)]

7. 중소유통공동도매물류센터에 대한 지원

산업자원부장관 및 지방자치단체의 장은「중소기업기본법」제2조의 규정에 의한 중소기업자 중「중소기업기본법 시행령」별표 1 제5호에 따른 도매 및 상품중개업을 하는 소매업자 50인 또는 도매업자 10인 이상의 자와「중소기업기본법 시행령」별표 1 제6호에 따른 그 밖의 모든 업종 중「통계법」제17조제1항에 따라 통계청장이 고시하는 한국표준산업분류 521(종합소매업)에 해당하는 업을 하는 소매업자 50인 또는 도매업자 10인 이상의 자(중소유통기업자단체)가 공동으로 중소유통기업의 경쟁력 향상을 위하여 다음의 사업을 수행하는 물류센터(중소유통공동도매물류센터)를 건립하거나 운영하는 경우에는 필요한 행정적·재정적 지원을 할 수 있다.

- 상품의 보관·배송·포장 등 공동물류사업
- 상품의 전시
- 유통·물류정보시스템을 이용한 정보의 수집·가공·제공
- 중소유통공동도매물류센터를 이용하는 중소유통기업의 서비스능력 향상을 위한 교육 및 연수
- 그 밖에 중소유통공동도매물류센터 운영의 고도화를 위하여 산업자원부장관이 필요하다고 인정하여 공정거래위원회와 협의를 거친 사업

지방자치단체의 장은 중소유통공동도매물류센터를 건립하여 중소유통기업자단체나 중소유통공동도매물류센터를 운영하기 위하여 지방자치단체와 중소유통기업자단체가 출자하여 설립한 법인에 그 운영을 위탁할 수 있다. 지방자치단체가 중소유통공동도매물류센터를 건립하여 운영을 위탁하는 경우에는 운영주체와 협의하여 당해 중소유통공동도매물류센터의 매출액의 1천분의 5 이내에서 시설 및 장비의 이용료를 징수하여 시설물 및 장비의 유지·관리 등에 소요되는 비용에 충당할 수 있다.

그리고 중소유통공동도매물류센터에 대하여는 국유재산을 매각하거나 도로개설을 국가나 지방자치단체의 장에게 위탁할 수 있다(법 35조의2).

---

50) 이러한 사항에 대통령령으로 정하고 있지 않다.

Ⅲ. 분야별 유통산업

1. 서설

유통산업에 대한 정의를 구체적으로 살펴보면 유통산업은 도매업, 소매업, 보관업, 배송업, 포장업, 정보 및 용역제공업을 포함하다. 그러나 이들 업종 중에서 도매업과 소매업이 중요하며 기타 업종은 도매업과 소매업을 잘 영위하도록 보조하는 역할을 한다.

유통산업발전법을 포함한 현재 시행되고 있는 법령에서는 도매업과 소매업에 대한 명확한 정의를 하고 있는 법률은 없다. 도매업과 소매업에 대한 정의는 1982년 개정된 시장법 시행령 별표[51]의 상설시장의 종류와 내용에 의하여 유추하여 볼 수 있다. 이에 의하면「도매시장」은 '최종소비자 외의 자에게 공산품 위주로 매매·교환 기타 용역을 제공하는 시장'이다. 따라서「도매업」은 '최종소비자 외의 자에게 상품의 매매·교환 기타 용역을 제공하는 업종'이라고 할 수 있다. 시장법에서는 거래 대상을 공산품으로 한정하고 있으나 일반적인 도매업의 정의에서는 공산품으로 한정할 필요가 없을 것이다. 여기서 상품은 공산품과 농수축산물 등 모든 거래의 대상이 포함된다고 할 수 있다.

1982년 시장법 시행령에서는 소매시장을 일반소매시장, 백화점, 쇼핑센터, 대형점으로 구분하고 있다. 이러한 분류는 도·소매업 진흥법에서 대형소매점의 개념을 도입하면서부터 법에서 사라졌다. 동법에서 대형소매점은 일반소매시장을 제외한 백화점, 쇼핑센터, 대형점이다. 대형소매점은 다음 개정정에서 대형점을 제외하였다. 도매업을 정의했던 것과 같은 방식으로 「소매업」에 대한 정의를 유추하여 보면 '명칭에 관계없이 최종소비자에게 상품의 매매·교환 기타 용역을 제공하는 업종'이라고 하면 될 것이다.

---

51) 대통령령 10887호, 1982.8.9 전문개정

【표 2-2】 상설시장의 종류와 내용(1982 시장법)

기능별	업태별 종류	내용	영업자수
도매	도매시장	주로 최종소비자 외의 자에게 공산품 위주로 매매·교환 기타 용역을 제공하는 시장	10인 이상
소매	일반소매시장	주택가시장·상가 기타 명칭여하에 불구하고 주로 최종소비자에게 물품의 매매·교환 기타 용역을 제공하는 시장	10인 이상
	백화점	각종 상품을 부문별로 구성하여 최종소비자로 하여금 일괄구매할 수 있도록 직영 위주(직영매장비율이 50%이상이어야 한다)로 운영하는 대규모 점포	1인 이상
	쇼핑센터	백화점·수퍼마켓 등 핵점포가 있고 각종 전문점을 비롯하여 레저시설·공공시설 등 편익시설과 주차장을 완비하고 직영 또는 임대로 운영되는 소매업의 집단	1인 이상
	대형점	대중종합점(G.M.S)·염매점(D.S.)·수퍼마켓·전문점 등 명칭여하에 불구하고 하나의 점포가 일정 건물면적 이상인 대형 소매점	1인 이상

(1) 도매업

「도매업」은 '최종소비자 외의 자에게 상품의 매매·교환 기타 용역을 제공하는 업종'이라고 할 수 있다. 즉 주요 고객은 최종 소비자가 아닌 자이며 도매는 소매자가 아닌 다른 업자에게 대량의 상품을 소매보다 싼 값에 판매하는 행위이다. 생산자와 소매상 사이에서 상품유통의 중간적 기능을 하는 상업경영으로 도매업의 취급상품은 생산재와 소비재의 양쪽 모두이며, 유통단계 중에서 소매업을 제외한 모든 과정은 도매업의 분야이다.52) 광의의 도매업에는 중개업, 종합상사, 생산자의 판매회사, 협동조합 등도 포함된다. 도매업은 ① 상품화 계획 및 생산자 지도기능, ② 상품의 집하(集荷) 및 분하(分荷)기능, ③ 보관·수송·포장 등의 물적(物的) 유통기능, ④ 판매동향·상품정보 등의 정보전달기능, ⑤ 매입선과 판매선 쌍방에 대한 금융기능, ⑥ 판매선의 지도 등과 같은 소매상 관리기능 등의 갖가지 기능을 가진다.

취급 상품별·기능별 등으로 다음과 같이 분류된다. ① 상품별 분류로는 ㉠ 생산

52) 네이버 백과사전 도매업 <http://100.naver.com/100.nhn?docid=47841> 참조.

재도매업·소비재도매업, ㉡ 종합도매업·업종도매업(業種都賣業)·단품도매업(單品都賣業) 등이 있고, ② 지역별 분류로는 ㉠ 중앙도매업·지방도매업·산지도매업, ㉡ 판매대리도매업·집산지도매업 등이 있으며, ③ 기능별 분류로는 ㉠ 전(全)기능 도매업·한정기능 도매업, ㉡ 1차도매업·2차도매업·3차도매업, ㉢ 제품도매업·제조도매업 등이 있고, ④ 특수 분류로는 ㉠ 생산자의 판매회사, ㉡ 소매기업의 매입회사 등이 있다. 도매업의 역사는 세계사적으로 볼 때 이집트·바빌로니아시대까지 거슬러 올라간다. 근대적 도매업은 자본주의가 발전한 19세기의 서양 각국에서 발생하였으며, 산업혁명 이후의 여러 산업의 발달, 수송수단의 혁신, 통신의 개선, 은행 등 신용기관의 발전 등에 따라 성장하였다. 최근에는 생산자의 마케팅 활동의 강화와 대형 소매업의 출현 등으로 전문적 도매업을 배제하는 방향으로 나아가고 있다.

한국 도매업의 매출액 규모는 2003년 기준 250조 6,430억 원이며 이는 도소매업 전체 매출액의 58.0%를 차지하는 수치이다. 도매업을 영위하는 사업체수는 20만 5천개이고 도매업 종사자수는 83만 2천명이다. 이러한 수치는 2002년 대비하여 다소 증가하는 추세를 보이고 있다. 다만 도매업이 전체 도소매업에서 차지하는 비중이 매출액 기준에서 2003년 현재 58.0%인데 비해, 업체 수 기준으로 22.9%, 종사자수 기준은 32.8%의 비중을 차지하고 있다. 이는 도매업이 소매업에 비해 업체별 규모가 크기 때문인 것으로 해석된다.

도매업 매출액 가운데 가장 높은 비중을 차지하는 업종은 2003년 기준 음식료품 및 담배인 것으로 나타났다. 그 다음으로는 가정용품, 기계장비 및 관련용품, 기타 도매업종, 가타 산업용 중간재 및 재생재료 등의 순으로 매출 비중이 높게 나타났다.

(2) 소매업

최종 소비자에게 직접 상품이나 서비스를 제공하는 활동을 하는 유통업이다. 과거 소매활동은 점포(상점)를 중심으로 소규모 상품을 취급했으나, 오늘날은 우편·전화·인터넷 또는 자동판매기와 같이 무점포 판매방법에 따라 수행되기도 하며 규모도 커지고 있다. 오늘날 소매업은 상품 판매량의 다소에는 관련이 없고 점포나 상점의 존재를 반드시 그 전제로 하지 않는다.

한국 소매업의 매출액 규모는 2003년 현재 127조 8,670억원이며 이는 자동차를 포함한 도소매업 전체 매출액의 29.6%를 차지하는 수치이다. 한편 소매업을 영위하는 사업체수는 66만 9천개이고 소매업 종사자수는 191만 9천명이며, 2002년에 비하여 다소 감소하는 추세를 보이고 있다. 다만 소매업이 전체 도소매업에서 차지하는 비중이 매출액 기준은 2003년 현재 29.6%인데 비해, 업체 수 기준 73.2%, 종사자수 기준으로는 60.5%로 나타나 소매업이 도매업에 비해 상대적으로 영세하다는 것을 알 수 있다.

소매업태가 취급하는 소비재는 내구재, 준내구재, 비내구재로 분류할 수 있다. 여기서 내구재란 1년 이상 장기적으로 사용 가능하고 비교적 고가의 제품으로서 예를 들면, 승용차, 가전제품, 가구 등이 여기에 해당된다. 준내구재란 1년 이상 3년 미만 사용이 가능하며 비교적 저가인 제품으로 예를 들면, 의복, 신발, 가방, 주방용품 등이 해당된다. 비내구재란 1년 미만 사용하는 저가 제품으로서 음식료품 및 담배, 의약품, 의료용품 및 화장품 등을 예로 들 수 있다.

소매업 업태는 유통산업발전법에서 구체적으로 분류하고 있지는 않지만 크게 점포 소매업과 무점포 소매업으로 구분된다. 유통산업발전법에서는 점포를 매장이란 용어로 표현하는데 매장은 상품의 판매와 이를 지원하는 용역의 제공에 직접 사용되는 장소를 말한다(법 2조 2호). 이때 장소는 근린생활시설에 해당하는 용도의 시설이 설치되는 장소를 말한다(시행령 2조). 점포 소매업 즉 매장을 가진 소매업은 다시 대규모점포와 편의점, 슈퍼마켓, 기타 소매점으로 나눌 수 있다. 대규모점포는 대형마트, 전문점, 백화점, 쇼핑센터와 기타 대규모점포로 나눌 수 있다. 대규모점포에 대하여는 다음에서 자세히 살펴본다. 대규모점포 중에서 대형마트는 할인점, 하이퍼마켓, 슈퍼센터, 회원제 창고형 매장 등을 말한다(시행세칙 3조). 기타 소매점은 재래시장과 중소소매업을 포함한다.

유통산업발전법에서는 대규모점포와 기타 소매점에 해당하는 임시시장, 상점가와 무점포판매업에 대하여 규정하고 있다.

【표 2-3】 소매업의 분류

분류			주요특징
점포소매업	대규모점포	대형마트	근린생활시설이 설치되는 장소를 제외한 매장면적의 합계가 3,000m² 이상인 점포의 집단으로서 식품·가전 및 생활용품을 중심으로 점원의 도움 없이 소비자에게 소매하는 점포의 집단
		전문점	근린생활시설이 설치되는 장소를 제외한 매장면적의 합계가 3,000m² 이상인 점포의 집단으로서 의류가전 또는 가정용품 등 특정 품목에 특화한 점포의 집단
		백화점	근린생활시설이 설치되는 장소를 제외한 매장면적의 합계가 3,000m² 이상인 점포의 집단으로서 다양한 상품을 구매할 수 있도록 현대적 판매시설과 소비자 편익시설이 설치된 점포로서 직영의 비율이 30퍼센트 이상인 점포 집단
		쇼핑센터	근린생활시설이 설치되는 장소를 제외한 매장면적의 합계가 3,000m² 이상인 점포의 집단으로서 다수의 대규모점포 또는 소매점포와 각종 편의시설이 일체적으로 설치된 점포로서 직영 또는 임대의 형태로 운영되는 점포의 집단
		기타 대규모점포	위에 해당하지 아니하는 점포의 집단
	편의점		24시간 영업, 연중무휴로 식료품 위중의 대면판매방식으로 운영하는 소규모 점포
	슈퍼마켓		매장면적이 165~3,000m²이며, 단일경영체제하에서 식료품을 위주로 한 각종상품을 종합적으로 소매하는 매장
	기타 소매점		점포소매점 중 대규모점포와 편의점을 제외한 재래시장, 상점가, 임시시장 등
무점포소매업			상시운영되는 매장을 가진 점포를 두지 아니하고 상품을 판매하는 것을 말한다.

한국에서 유통시장이 개방된 1996년 이후 10년 동안 할인점, 편의점, 무점포 판매업의 수는 급속히 늘어난 반면, 백화점과 영세 소매업체 점포수는 감소한 것으로 나타나고 있다.

2. 시장과 임시시장

(1) 시장

시장은 1961년에 제정된 시장법에서 처음으로 규정하였다. 시장법에서는 “시장”을 ① 일정한 시설을 구비하고 구획된 지역에서 매일 다수의 수요자와 공급자가 물품의 매매교환을 행하는 장소, ② 시설을 구비하지 아니하였더라도 구획된 지역에서 정기 또는 계절적으로 다수의 수요자와 공급자가 물품의 매매·교환을 행하는 장소, ③ 20인 이상의 영업자가 시설을 구비한 동일 건물 내에서 물품의 매매·교환을 행하는 장소로 정의하고 있다.

1981년 개정된 시장법에서는 “시장”을 상설시장과 정기시장으로 구분하였다. “상설시장”은 ‘시장개설요건을 갖추고 일정구역안의 하나의 건물(지하도에 부설된 시설을 포함) 안에서 영업자가 상시 물품의 매매·교환이나 기타 이를 지원하는 용역의 제공을 하는 영업장’을 말하며, “정기시장”은 일정 구역안에서 시설기준 등을 갖추고, 정기 또는 계절적으로 다수의 수요자와 공급자가 모여 물품의 매매·교환이나 기타 이를 지원하는 용역의 제공을 하는 장소를 말한다. 1961년 시장법의 ①이 상설시장으로 ②가 정기시장으로 정리되었음을 알 수 있다. 1981년 시장법에 의한 상설시장은 기능별로 도매시장과 소매시장으로 나누고 있으며 소매시장은 다시 일반소매시장, 백화점, 쇼핑센터, 대형점등으로 나누고 있다.

1986년 제정된 도·소매업진흥법에서 “시장”은 ‘일정구역안의 건물 또는 지하도에 설치된 점포시설에서 도·소매업자 및 이를 지원하는 용역업자가 계속적으로 상품을 매매하거나 용역을 제공하는 영업장으로서 소규모점포가 다수를 차지하는 영업장’으로 변경하였다. 이는 기존의 시장이 도매시장과 소매시장으로 구분되었던 것이 도·소매업을 함께 영위하는 개념으로 변경되었다. 동법에서 “정기시장”은 ‘일정구역 안에서 다수의 수요자와 공급자가 정기적 또는 계절적으로 모여 상품을 매매하거나 용역을 제공하는 장소’라고 정의하고 있다. 시장법에서 시장은 상설시장과 정기시장으로 구분하고 있었는데 도·소매업진흥법에서는 시장과 정기시장으로 구분하였다. 즉 상설시장을 시장으로 변경하였다.

1997년 제정된 유통산업발전법에서는 법에서 시장의 정의가 없어졌고 시장은 대규모점포에 포함시켰다. 그리고 정기시장의 정의는 법에서 계속 사용하고 있다. 시장은 시행령 별표의 대규모점포에 포함되어 있는데 '동일한 건물 또는 지하도에 설치된 다수의 점포시설에서 도·소매업 및 용역업이 혼재되어 있는 매장으로서 매장의 분양이 가능한 것'이라고 정의하고 있다.

이러한 체제는 1999년 개정에서도 유지되었는데 시장의 개념을 '다수의 점포에 도·소매업 및 용역업이 혼재되어 있는 매장'으로 변경하였다. 즉 동일한 건물 또는 지하도로 제한하였던 시장의 범위와 매장으로서 분양 가능한 것이라는 정의를 변경하였다. 1999년 개정된 유통산업발전법에서는 정기시장 외에 임시시장의 개념을 도입하였다. "정기시장"은 '일정구역 안에서 다수의 수요자와 공급자가 정기적 또는 계절적으로 모여 상품을 매매하거나 용역을 제공하는 장소'를 말하고, "임시시장"이라 함은 '일정구역 안에서 다수의 수요자와 공급자가 당해 시장의 개설자가 지정한 기관에 일시적으로 모여 상품을 매매하거나 용역을 제공하는 장소'를 말한다.

2003년 7월 개정된 유통산업발전법에서는 시장은 시행령 별표에 규정되어 있으며 1999년의 정의와 같다. 그리고 2003년 유통산업발전법에는 정기시장에 대한 정의를 삭제하고 임시시장만 규정하고 있다. 이에 의하면 "임시시장"이라 함은 '다수의 수요자와 공급자가 일정한 기간 동안 상품을 매매하거나 용역을 제공하는 일정한 장소'를 말한다. 기존의 정의에서는 '일시적'으로 모여 상품을 판매하는 장소였는데, 새로운 정의에서는 '일정한 기간' 상품을 매매하는 장소로 변경되었다.

2004년 개정된 유통산업발전법 시행령에서는 시장을 '다수의 점포에 도매업·소매업 및 용역업이 혼재한 형태로 운영되는 점포의 집단'으로 규정하고 있다. 1999년의 개념과 비교할 때 시장이 장소적인 개념의 '매장'에서 '점포의 집단'이라는 운영 또는 존재 형태에 주안점을 두었다는 점이 다르다.

그러나 2006년 개정된 유통산업발전법 시행령에서는 1961년부터 계속 유지되었던 시장에 대한 규정이 삭제되었다.

(2) 임시시장

현행 유통산업발전법에서는 "임시시장"이라 함은 다수의 수요자와 공급자가 일정한 기간 동안 상품을 매매하거나 용역을 제공하는 일정한 장소를 말한다. 과거 상설시장과 정기시장을 포함한 시장, 그리고 정시시장과 임시시장에 대하여 규정하던 것이 현재에는 임시시장에 대하여만 규정하고 있다. 그리고 임시시장의 개설방법·시설기준 그 밖에 임시시장의 운영·관리에 관한 사항은 시·군·구(자치구)의 조례로 정하도록 하고 있다. 현재의 유통산업발전법에서는 지방자치단체의 장이 임시시장의 활성화를 위하여 이를 체계적으로 육성·지원하도록 규정하고 있다.

(3) 재래시장

시장에 대한 규정이 유통산업발전법에서 삭제되었으나 2004년에 제정된「재래시장 및 상점가 육성을 위한 특별법」[53]에서 재래시장에 대하여 규정하고 있다. 이 법에 의하면 "재래시장"이라 함은「유통산업발전법」에 의하여 대규모점포로 등록된 시장(등록시장)[54]과 등록시장과 같은 기능을 행하고 있으나「유통산업발전법」대규모점포의 요건을 갖추지 못한 곳으로서 대통령령이 정하는 기준에 적합하다고 시장·군수·구청장(자치구의 구청장)이 인정한 곳(인정시장)으로 상업기반시설이 노후화되어 개·보수 또는 정비가 필요하거나 유통기능이 취약하여 경영개선 및 상거래의 현대화촉진이 필요한 장소를 말한다.

---

53) 법률 7235호, 제정 2004.10.22, 제정당시에는 2014.12.31의 한시법이었으나, 2006년에 개정되어 2016년까지 연장되었다.

54) 법에 문제점이 있는 것으로 보인다. 현행 유통산업발전법 시행령에서 시장을 대규모점포의 종류에서 삭제하여 시장을 대규점포로 등록 할 수 없다. 따라서 과거에 등록된 시장을 제외하고 앞으로는 인정시장만이 재래시장이 될 수 있다.

3. 대규모점포

(1) 유래

가. 대규모소매점

「대규모소매점」의 개념은 1986년 중·소매업진흥법이 제정될 당시에 도입된 개념으로 '일정구역안의 건물에서 소매업자가 근대적인 시설과 운영체제를 갖추고 직영 또는 임대의 형태로 상품을 소매하거나 용역을 제공하는 영업장'을 말한다. 1995년 개정된 중·소도매진흥법에서는 「대규모소매점」을 '일정구역안의 건물에서 소매업자 및 용역업자가 상품을 소매하거나 용역을 제공하는 영업장중 직영 또는 임대의 형태로 운영되며 매장의 분양이 허용되지 아니하는 것'으로 정의하였다.

나. 대규모소매점의 종류 및 내용

1986년 중·소매업진흥법 제정법에서는 대규모소매점에는 다음과 같이 백화점, 쇼핑센터, 대형점 등을 포함하고 있었다.

【그림 2-3】 중·소매업진흥법 제정당시의 대규모소매점의 종류와 내용

종류	내용
백화점	각종 상품을 부문별로 구성하여 최종소비자로 하여금 일괄 구매할 수 있도록 직영위주의 형태로 운영하는 대규모점포
쇼핑센터	백화점·수퍼마켓등 핵점포가 있고 각종 전문점과 레저시설·공공시설등 편익시설을 갖추고 통일적으로 관리·운영되는 직영 또는 임대형태의 소매업집단
대형점	대중종합점·염매점·수퍼마켓·전문점등 명칭여하에 불구하고 하나의 점포의 규모가 일정면적 이상인 대형소매점

그러나 1991년 중·소도매업진흥법을 개정하면서 대형점을 대규모소매점의 범위에서 제외하였다. 동법에서 「대형점」은 '도·소매업이 이루어지는 하나의 점포'로서 매장면적은 1000㎡이며, 운영기준은 매장면적중 상품의 판매에 직접 제공되는 영업장의 면적의 100%가 직영으로 운영되어야 하며 시설기준은 대형소매점과 같지만 문화행사시설은 제외하고 있다. 그 종류와 내용은 다음과 같다.

【그림 2-4】 개정 중·소매업진흥법상(1991)의 대규모소매점의 종류 및 내용

종류	내용
백화점	다양한 상품을 구매할 수 있도록 매장을 구성하고 운영기준에 적합하도록 개설자 직영위주의 형태로 운영하는 대규모점포
쇼핑센터	백화점·대형점등 영업장을 중심으로 각종 전문점을 배치하여 운영기준에 적합하도록 개설자 직영 또는 임대의 형태로 운영하는 대규모점포의 집단

(2) 대규모점포

1996년 제정된 유통산업발전법에서는 대규모소매점이라는 정의 대신에 대규모점포라는 개념을 도입하였다. 대규모점포에는 기존의 대규모소매점에다 시장과 도매센터가 포함되었으며 중·소매업진흥법에서 제외시켰던 대형점을 다시 포함시켰다.

【표 2-4】 대규모점포의 업태

업태	정의	매장면적
시장	동일한 건물 또는 지하도에 설치된 다수 의 점포시설에서 도·소매업 및 용역업이 혼재되어 있는 매장으로서 매장의 분양이 가능한 것을 말한다.	3,000m^2
대형점	양판점·할인점·전문점 및 편의점 등 그 명칭여하를 불문하고 취급상품을 통상의 소매가격보다 저렴한 가격으로 계속하여 소매하는 매장을 말한다.	3,000m^2
백화점	다양한 상품을 구매할 수 있도록 현대적 판매시설과 소비자편익시설이 설치된 직영위주의 형태로 운영되는 매장을 말한다	3,000m^2
쇼핑센터	다수의 대규모점포 또는 소매점포와 각종 편의시설이 일체적으로 설치된 매장으로서 직영 또는 임대의 형태로 운영되는 매장을 말한다.	6,000m^2
도매센터	동일 또는 유사한 상품을 도매위주로 판매하는 매장을 말한다.	3,000m^2

현행 유통산업발전법에서 "대규모점포"라 함은 다음의 요건을 모두 갖춘 매장을 보유한 점포의 집단으로서 대형마트, 전문점, 백화점, 쇼핑센터와 기타 대규모점포를 말한다.

- 하나 또는 건물간의 가장 가까운 거리가 50m 이내이고 소비자가 통행할 수 있는 지하도 또는 지상통로가 설치되어 있어 하나의 대규모점포로 기능할 수 있는 2 이상의 연접되어 있는 건물 안에 하나 또는 여러 개로 나누어 설치되는 매장일 것
- 상시 운영되는 매장일 것
- 매장면적의 합계가 3,000m^2 이상일 것

현재의 대규모점포는 과거 중·소매업진흥법의 대규모소매점 즉 백화점, 쇼핑센터에다 대형마트, 전문점, 기타 대규모점포가 추가되었다.

(3) 대규모점포의 개설을 위한 등록

대규모점포를 개설하고자 하는 자는 영업을 개시하기 전에 시장·군수·구청장에게 등록하여야 한다(법 8조). 대규모점포의 개설등록을 하려는 자는 대규모점포개설등록신청서에 다음의 서류를 첨부하여 시장·군수 또는 구청장(자치구의 구청장)에게 제출하여야 한다.

- 다음의 사항이 포함된 사업계획서
  - 사업의 개요(개설자·사업추진일정 및 영업개시예정일 등에 관한 사항 포함)
  - 건축물의 위치도 및 구조
  - 사업의 규모(대지면적·건축물면적·매장면적·점포수·종사자수 등에 관한 사항 포함)
  - 시설의 명세 및 점포의 배치도(분양·직영 및 임대계획에 관한 사항 포함)
  - 업종의 구성
  - 운영·관리계획(기구 및 인력에 관한 사항 포함)
  - 재무구조
- 대지 또는 건축물의 소유권 또는 그 사용에 관한 권리를 증명하는 서류(토지등기부 등본 및 건물등기부 등본 외의 서류)
- 건축물의 건축 또는 용도변경 등에 관한 허가서 또는 신고필증 사본

설립허가신청서를 제출받은 담당공무원은 「전자정부구현을 위한 행정업무 등의 전자화촉진에 관한 법률」 제21조제1항에 따른 행정정보의 공동이용을 통하여 법인등기부 등본(신청인이 법인인 경우), 주민등록표 초본(신청인이 개인인 경우에 한하며, 신청인의 신분을 확인할 수 있는 신분증명서의 확인으로 이에 갈음할 수 있다), 토지등기부 등본, 건물등기부 등본 등의 서류를 확인하여야 한다. 다만, 신청인이 확인에 동의하지 아니하는 경우에는 이를 첨부하도록 하여야 한다.

(4) 등록의 결격사유

다음에 해당하는 자는 대규모점포의 등록을 할 수 없다.

- 금치산자·한정치산자 또는 미성년자
- 파산선고를 받은 자로서 복권되지 아니한 자
- 유통산업발전법을 위반하여 징역의 실형을 선고받고 그 집행이 종료(집행이 종료된 것으로 보는 경우를 포함)되거나 집행이 면제된 날부터 1년이 경과되지 아니한 자
- 유통산업발전법을 위반하여 징역형의 집행유예선고를 받고 그 유예기간중에 있는 자
- 등록이 취소된 후 1년이 경과되지 아니한 자
- 대표자가 위의 결격사유에 해당하는 법인

(5) 변경등록

법인의 명칭·대표자의 성명·소재지(개인의 경우에는 주소지) 및 상호와 매장면적의 10분의 1 이상의 변경 또는 업태를 변경하고자 하는 경우에도 시장·군수·구청장에게 변경등록을 하여야 한다. 변경등록을 하려는 자는 대규모점포개설 변경등록 신청서에 변경내용을 증명하는 서류 및 대규모점포개설등록증을 첨부하여 시장·군수 또는 구청장에게 제출하여야 한다.

(6) 관리

시장·군수 또는 구청장은 대규모점포의 개설등록 또는 개설변경등록을 한 때에는 그 신청인에게 대규모점포개설등록증(대규모점포의 개설변경등록을 한 때에는 뒤쪽에 그 사실을 기재한 대규모점포개설등록증)을 교부하여야 하며, 대규모점포개설(변경)등록관리대장을 비치하고 개설(변경)등록에 관한 사항을 기록·관리하여야 한다.

(7) 허가등의 의제

가. 인·허가 의제제도[55]의 개념

인·허가 의제제도(擬制制度)는 하나의 사업을 수행하기 위하여 여러 법률에 규정

55) 인·허가 의제제도에 관하여 구체적인 내용은, 정태용,「인·허가 의제제도에 관한 고찰」, 월간 법제(2002. 2.) 및 입법모델 Ⅱ(법제처, 2002. 12) 및 한상우,「認·許可 法制實務」, 법제처 홈페이지(www.moleg.go.kr) 자료 참조.

된 인·허가를 여러 행정청에서 받아야 하는 경우 이를 그 하나의 사업의 측면에서 종합적으로 검토하여 인·허가가 이루어지게 하되, 주된 인·허가를 받으면 다른 법률에 의한 관련 인·허가를 함께 받은 것으로 간주함으로써 그 사업을 위한 행정절차를 효율화하는 제도라고 할 수 있다. 화물유통촉진법 제37조에서는 화물터미널사업자가 화물터미널 공사시행의 인가를 받은 때에는 국토의 계획 및 이용에 관한 법률에 의한 토지형질변경의 허가 등 15개 법률의 허가·지정·인가·승인·면허 또는 해제가 있는 것으로 본다고 규정하고 있다. 유통단지개발촉진법 제13조에서는 유통단지개발사업 시행자가 유통단지개발실시계획의 승인을 얻은 경우에는 도시계획법 제4조의 규정에 의한 토지형질변경등의 허가 등 17개 법률의 허가·결정·인가·면허·동의·승인·해제 또는 처분 등을 얻은 것으로 보며, 실시계획의 승인이 고시된 때에는 관계 법률에 의한 인·허가 등의 고시 또는 공고가 있는 것으로 본다고 규정하고 있다. 유통산업발전법 제30조에서도 공동집배송센터를 지정함에 있어서 농지법에 의한 농지의 전용허가 등 16개 법률의 허가·신고·승인·동의·인가·협의·결정·해제·지정 및 심사에 관하여 산업자원부장관이 다른 행정기관의 장과 협의한 결과 동의를 얻은 사항에 대하여는 해당 인·허가 등을 받은 것으로 본다고 규정하고 있다.

인·허가에 대한 의제를 하지 않고 사업에 필요한 개별 법률상의 인·허가를 일일이 별도로 받도록 하는 경우에는 다음과 같은 문제가 발생하게 된다.

첫째, 개별 법률의 인·허가요건에 적합한지의 여부에 치중함으로써 전체로서의 물류사업에 대한 공익성에 대한 판단은 소홀하게 될 우려가 있다는 것이다. 예컨대, 산림법령에 의하면 산림훼손허가의 요건에 적합하다고 하더라도 산림보전의 필요가 있다고 인정되는 경우에는 산림훼손허가를 거부할 수 있도록 하고 있는데, 그 지역의 물류시설 등의 형편으로 보아 물류시설 설치 사업이 반드시 행하여져야 하는 경우에도 산림법령 관련 부서에서는 물류에 대한 전체의 목적을 종합적으로 검토하지 아니하고 산림법령에 의한 요건에 의하여 산림훼손허가를 거부하는 경우가 있을 수 있다는 것이다. 이 경우 물류시설의 설치 또는 개발 그 자체가 불가능하게 되는데 이러한 문제는 재량의 정도가 큰 인·허가의 경우에 더욱 커질 수 있다.

둘째, 개별 법률에 의한 인·허가요건이 서로 중복되는 경우 동일한 요건을 여러 행정청에서 심사하게 됨으로써 불필요한 행정낭비가 있게 되며, 경우에 따라서는 재량의 정도가 큰 인·허가의 경우에는 인·허가의 결과가 다르게 나타남으로써 혼란이 생길 우려도 있다.

셋째, 물류사업을 하고자 하는 사업주체는 여러 행정청에 인·허가를 신청하여 일일이 심사를 받아야 하므로 많은 시간과 경비가 소요되는 불편을 겪어야 한다. 그리고 심사과정에서 어느 하나의 인·허가의 내용이 최초의 계획과 달라지는 경우 전체 사업계획에서 관련된 부분을 조정하여 다른 인·허가의 내용도 변경하여야 하는 일이 생기게 된다. 그 후에 다른 인·허가에 대하여도 변경이 생긴다면 결국 사업계획의 시행이 늦어지게 될 뿐만 아니라 경우에 따라서는 일부의 인·허가를 받지 못하게 됨에 따라 사업의 시행 그 자체가 불가능하게 되어 사업계획의 승인을 전제로 투입한 노력·경비 등을 무위로 만들게 되는 경우도 생길 수 있게 된다.

나. 주된 인·허가시 관계기관과의 협의

주된 인·허가를 하는 때에는 의제대상 인·허가의 실체적 요건이 적용되므로 의제대상 인·허가의 실체적 요건을 갖추었는지 여부를 검토하기 위한 제도적 장치가 필요한데, 그 절차가 관계 행정기관의 장과의 협의이다. 주된 인·허가가 있으면 관련 인·허가가 있는 것으로 간주되므로 그 범위 안에서 관련 인·허가를 관장하는 행정청은 그 권한을 잃게 되고 주된 인·허가를 관장하는 행정청은 의제대상 인·허가를 관장하는 행정청의 지위에서 결정을 하게 된다.

결국 주된 인·허가가 있고 다른 인·허가가 의제되면, 그에 따라 관계인과 의제대상 인·허가를 관장하는 행정청도 이에 구속되므로, 주된 인·허가를 관장하는 행정청은 주된 인·허가를 하기 전에 반드시 의제대상 인·허가를 관장하는 행정청의 의견을 들어야 하는 것이다. 이 협의절차는 의제대상 인·허가관청의 권한에 속하는 요건심사에 대체되는 절차인데, 공익과 관련된 판단이 요구되는 경우에는 특히 그 의의가 있다고 할 수 있다. 주된 인·허가관청으로 하여금 주된 인·허가를 하기 전에 의제대상 인·허가관청과 미리 협의하도록 하는 규정을 두는 것이 일반적이다.

화물유통촉진법 제37조에서는 협의에 관한 규정이 없으며 유통단지개발촉진법 제13조 제2항 및 유통산업발전법 제30조 제2항에서는 협의를 하도록 규정하고 있다. 의제대상 인·허가관청과의 협의가 지연되어 주된 인·허가를 제때에 하지 못하는 사례가 있을 수 있는 바, 이를 막기 위하여 현행 법률에서는 15일·30일·60일 이내나 대통령령이 정하는 기간 내로 정하여 일정기간 내에 협의에 응하도록 규정함으로써 가급적 협의가 지연되는 것을 방지하도록 하고 있는 경우가 많다.

그런데 이와 같이 법령에 협의기간을 명시하는 경우에도 이는 훈시규정에 불과하여 협의기간이 도과한 후에 한 협의도 일반적으로 유효한 것으로 보고 있으므로, 협의기간에 관한 규정을 두는 것만으로는 협의의 지연이 방지되는 것은 아니라는데 문제가 있다. 따라서 협의기간을 지키지 아니하는 사례를 막기 위하여 아예 협의기간이 경과되면 이견이 없는 것으로 보는 규정을 두어 협의성립을 강제하기도 한다. 그러나 협의성립을 강제하는 경우 의제대상 인·허가의 실체적 요건에 대한 심사를 하지 못하게 되는 결과가 되므로 주된 인·허가를 단기간에 확정하여야 할 필요가 있는 극히 예외적인 경우를 제외하고는 일반적으로 이러한 규정을 두지 아니한다.

유통산업발전법 제30조제2항에서는 관계행정기관의 장은 산업자원부장관의 협의요청을 받은 날부터 대통령령이 정하는 기간 이내에 의견을 제출하여야 한다고 규정하고 있다.[56)]

---

56) 2003년 12월 31일 현재 대통령령이 개정되지 않고 있으나 종전의 협의 규정에서는 30일을 규정하고 있다.

다. 의제대상 인·허가에 관한 서류의 제출

주된 인·허가를 하는 때에는 의제대상 인·허가의 실체적 요건을 검토하여야 하므로 주된 인·허가를 신청하는 때에는 주된 인·허가에 관한 구비서류 외에 의제대상 인·허가의 실체적 요건을 갖추었는지 여부를 검토하는 데에 필요한 서류를 함께 제출하도록 할 필요가 있다.

그러나 인·허가 의제제도를 두고 있는 대부분 법령의 경우에는 이러한 규정을 두고 있지 아니한데, 이러한 경우 실제로 의제대상 인·허가에 필요한 서류를 제출하지 아니하여도 되는지의 여부에 관하여 논란이 있을 수 있다. 만일 의제대상 인·허가에 필요한 서류를 제출하지 아니하여도 된다면 신청인으로서는 많은 시간과 비용을 절약 할 수 있을 것이다.

그러나 의제대상 인·허가관청으로서는 그 실체적 요건을 검토하기 위하여 각 개별 법령에 규정된 구비서류를 필요로 하게 되는 바, 실제로는 의제대상 인·허가관청이 개별적으로 직접 신청인에게 구비서류를 요구하고 있는 것이 일반적이다. 이 경우 신청인으로서는 구비서류는 줄어들지 아니한 채, 각 행정기관으로부터 수시로 자료를 요구받게 되어 당초부터 구비서류를 준비하는 것보다 더 불편하게 되고, 의제대상 인·허가관청으로서도 법령에 규정되어 있지 아니한 서류를 요구하게 됨에 따라 업무의 과정에서 어려움을 겪게 될 수가 있다. 따라서 입법론적으로는 건축법 시행규칙의 경우와 같이, 의제대상 인·허가관청과의 협의에 필요한 서류를 함께 제출하도록 하는 규정을 두어 논란의 소지를 없애는 것이 바람직하다고 할 것이다.

유통산업발전법 제9조제2항에서는 대규모점포의 개설등록신청시에 허가 등에 필요한 서류를 제출하도록 규정하고 있으나 화물유통촉진법과 유통단지개발촉진법에서는 그러한 규정이 없다

라. 대규모점포 등록 관련 인허가 의제

대규모점포를 등록함에 있어서 다음의 신고·지정·등록 또는 허가(허가등)에 관하여 시

장·군수·구청장이 다른 행정기관의 장과 협의를 한 사항에 대하여는 당해 허가등을 받은 것으로 본다. 허가등의 의제를 받고자 하는 자는 대규모점포의 개설등록신청시에 허가등에 필요한 서류를 시장·군수·구청장에게 함께 제출하여야 한다. 시장·군수·구청장은 대규모점포의 등록신청서류와 허가등을 위한 서류를 제출받은 경우 해당하는 사항이 다른 행정기관의 권한에 속하는 경우에는 미리 그 다른 행정기관의 장과 협의하여야 한다.

- 음반비디오물 및 게임물에 관한 법률에 의한 음반등 제작업 또는 음반등 배급업의 신고
- 담배사업법에 의한 소매인의 지정
- 식품위생법에 의한 식품의 제조업가공업판매업 또는 식품접객업의 허가 또는 신고로서 「식품위생법 시행령」 제9조의 규정에 의한 식품첨가물제조업, 단란주점영업·유흥주점영업의 허가와 「식품위생법 시행령」 제13조의 규정에 의한 식품제조·가공업, 즉석판매제조·가공업, 식품소분·판매업, 휴게음식점영업, 일반음식점영업, 제과점영업의 신고
- 식품위생법에 의한 집단급식소 설치운영의 신고
- 관광진흥법에 의한 유원시설업의 신고
- 평생교육법에 의한 평생교육시설 설치의 신고
- 체육시설의 설치이용에 관한 법률에 의한 체육시설업의 신고
- 전자상거래등에서의소비자보호에관한법률에 의한 통신판매업자의 신고
- 공연법에 의한 공연장의 등록
- 옥외광고물등관리법에 의한 광고물 또는 게시시설의 허가 또는 신고
- 외국환거래법 에 의한 외국환업무의 등록
- 주세법에 의한 주류판매업의 신고
- 축산물가공처리법에 의한 축산물판매업의 신고
- 수질환경보전법에 의한 배출시설 설치의 허가 또는 신고
- 폐기물관리법에 의한 사업장폐기물배출자의 신고
- 약사법에 의한 약국개설의 등록
- 의료기사 등에 관한 법률에 의한 안경업소개설의 등록

(8) 등록의 취소

시장·군수·구청장은 대규모점포의 개설등록을 한 자(대규모점포개설자)가 다음에 해당하는 경우에는 그 등록을 취소하여야 한다. 이 경우 시장·군수·구청장은 허가등이 의제처리되는 행정기관의 장에게 등록의 취소에 관한 사항을 지체없이 알려야 한다.

- 대규모점포개설자가 정당한 사유없이 1년 이내에 영업을 개시하지 아니한 경우(대규모점포의 건축에 정상적으로 소요되는 기간은 산입하지 아니한다)
- 대규모점포의 영업을 정당한 사유없이 1년 이상 계속하여 휴업한 경우
- 결격사유에 해당하게 된 경우

법인의 대표자가 결격사유에 해당하게 된 경우에는 해당하게 된 날 그리고 대규모점포개설자의 지위를 승계한 상속인이 결격사유에 해당하는 경우에는 상속을 개시한 날부터 6월이 경과한 날까지는 등록의 취소에 관한 규정을 적용하지 아니한다.

(9) 대규모점포개설자의 지위승계

대규모점포개설자가 사망하거나 대규모점포를 양도한 때 또는 대규모점포개설자인 법인의 합병이 있는 때에는 상속인·양수인 또는 합병 후 존속하는 법인이나 합병에 의하여 설립되는 법인이 그 대규모점포개설자의 지위를 승계한다. 결격사유에 관한 규정은 지위를 승계한 자에 관하여 이를 준용한다.

(10) 대규모점포 휴·폐업의 신고

대규모점포개설자(대규모점포관리자)가 대규모점포를 휴업 또는 폐업하고자 하는 경우에는 시장·군수·구청장에게 신고를 하여야 한다. 대규모점포의 개설등록을 한 자 또는 대규모점포관리자가 대규모점포의 영업을 휴업하거나 폐업하려는 때에는 대규모점포휴업·폐업신고서를 시장·군수 또는 구청장에게 제출하여야 한다. 시장·군수 또는 구청장은 신고사항을 대규모점포등록 관리대장에 기록·관리하여야 한다.

(11) 대규모점포개설자의 업무

대규모점포개설자는 상거래질서의 확립, 소비자의 안전유지와 소비자 및 인근지

역주민의 피해·불만의 신속한 처리, 그 밖에 대규모점포의 유지·관리를 위하여 필요한 업무를 수행한다.

매장이 분양된 대규모점포에 있어서는 매장면적의 2분의 1 이상을 직영하는 자가 있는 경우에는 그 직영하는 자가 개설자의 업무를 수행하고 매장면적의 2분의 1 이상을 직영하는 자가 없는 경우에는 ① 입점상인 3분의 2 이상이 동의하여 설립한「민법」또는「상법」에 의한 법인, ② 입점상인 3분의 2 이상이 동의하여 설립한「중소기업협동조합법」제3조제1호의 규정에 의한 협동조합(협동조합) 또는 동조제2호의 규정에 의한 사업협동조합(사업조합), ③ 입점상인 3분의 2 이상이 동의하여 조직한 자치관리단체(6월 이내에 법인·협동조합 또는 사업조합의 자격을 갖추어야 한다), ④ 입점상인 2분의 1 이상이 동의하여 지정하는 자(6월 이내에 법인·협동조합 또는 사업조합을 설립하여야 한다)가 대규모점포개설자의 업무를 수행한다.

대규모점포개설자의 업무를 수행하는 자는 업무를 수행하게 된 날부터 20일 이내에 대규모점포관리자신고서에 관리자에 해당함을 증명하는 서류, 입점상인의 현황, 정관 또는 자치규약을 첨부하여 시장·군수 또는 구청장에게 제출하여 신고를 하여야 한다. 대규모점포개설자의 업무를 수행하는 자로서 신고를 한 자(대규모점포관리자)는 법인, 조합, 자치관리단체 또는 입점상인 2분의 1 이상이 동의하여 지정한 자의 명칭, 대표자의 성명(법인·조합 또는 자치관리단체인 경우에 한한다), 소재지(개인의 경우에는 주소지) 및 상호, 매장면적의 10분의 1 이상의 증감, 업태가 변경된 경우에는 변경신고를 하여야 한다. 변경신고를 하려는 자는 대규모점포관리자변경신고서에 변경내용을 증명하는 서류를 첨부하여 시장·군수 또는 구청장에게 제출하여야 한다. 시장·군수 또는 구청장은 대규모점포관리자의 신고 또는 변경신고를 받은 때에는 대규모점포관리자확인서를 신고인에게 교부하여야 한다.

매장이 분양된 대규모점포에 있어서 대규모점포개설자의 업무중 구분소유와 관련된 사항에 대하여는「집합건물의 소유 및 관리에 관한 법률」에 따른다.

(12) 대규모점포개설자등의 업무수행기준

대규모점포개설자 및 대규모점포관리자는 그 업무수행에 관하여 다음의 기준에 적합하도록 필요한 대책을 강구하여야 한다(시행세칙 5조).

- 경쟁을 부당하게 제한하거나 공정한 거래를 저해하지 아니하도록 할 것
- 무자료거래 등 건전한 상거래질서를 저해하는 행위를 하지 아니하도록 할 것
- 소비자의 피해·불만의 신속한 처리, 소비자의 안전유지 및 소비자 개인정보의 부당한 사용·유출방지 등 소비자의 보호와 편익증진을 적극적으로 수행할 것
- 대규모점포로서 공동사업을 수행하는 경우에는 그에 소요되는 비용의 조성·부담 및 정산을 공정하게 할 것

(13) 국·공유재산의 매각

국가 또는 지방자치단체는 대규모점포의 개설과 중소유통공동도매물류센터의 건립을 위하여 필요한 경우로서 대규모점포를 개설하거나 중소유통공동도매물류센터를 건립하려는 예정부지에 있는 「국유재산법」 또는 「공유재산 및 물품관리법」에 따른 잡종재산을 매각하려는 경우에는 「국유재산법」 또는 「공유재산 및 물품관리법」의 규정에 불구하고 국·공유재산을 수의계약으로 매각할 수 있다. 이 경우 국·공유재산의 매각의 내용 및 조건에 관하여는 「국유재산법」 또는 「공유재산 및 물품관리법」이 정하는 바에 따른다.

(14) 도로개설의 위탁

대규모점포를 개설하고자 하는 자 또는 중소유통공동도매물류센터를 건립하고자 하는 자는 도로의 개설에 관한 업무를 국가기관 또는 지방자치단체에 위탁하여 시행할 수 있다. 대규모점포를 개설하려는 자 또는 중소유통공동도매물류센터를 건립하려는 자가 도로의 개설을 위탁하여 시행하려는 경우에는 국가 또는 지방자치단체와 다음의 사항에 관한 위탁계약을 체결하여야 한다.

- 위탁사업의 사업지
- 위탁사업의 규모·금액 그 밖에 공사설계의 기준이 되는 사항

- 위탁사업의 시행기간(착공 및 준공예정일과 공정계획을 포함한다)
- 위탁사업에 필요한 비용의 지급방법과 그 자금의 관리에 관한 사항
- 위탁자가 부동산·기자재 또는 노무자를 제공하는 경우에는 그 관리에 관한 사항
- 위험부담에 관한 사항
- 그 밖에 위탁사업의 내용을 명백히 하는 데 필요한 사항

대규모점포를 개설하고자 하는 자 또는 중소유통공동도매물류센터를 건립하고자 하는 자가 도로의 개설에 관한 업무를 국가기관 또는 지방자치단체에 위탁하여 시행하는 경우에는 다음과 같은 요율의 위탁수수료를 지급하여야 한다.

【표 2-5】 토지매수 및 보상업무

위탁금액	요율(위탁금액에 대한 수수료의 비율)	비 고
10억원 이하	20/1,000 이내	1. "위탁금액"이라 함은 토지매입비, 시설의 매수 및 이전비, 권리 또는 지장물의 보상비와 이주대책사업비(이주대책사업을 하는 경우에 한한다) 등의 합계액을 말한다. 2. 감정수수료 및 등기수수료 등의 법정수수료는 위탁수수료의 요율을 정함에 있어 이를 가산한다. 3. 기초조사, 매수 및 보상업무의 완료 후 준공 및 관리처분을 위한 측량지목변경 및 관리이전을 위한 소유권의 변경에 소요되는 비용은 위탁수수료의 요율 기준의 100분의 30의 범위 안에서 이를 가산할 수 있다. 4. 지역적인 특수한 사정이 있는 경우에는 위탁자와 수탁자가 협의하여 이 위탁수수료의 요율을 조정할 수 있다.
10억원 초과 30억원 이하	17/1,000 이내	
30억원 초과 50억원 이하	13/1,000 이내	
50억원 초과	10/1,000 이내	

【표 2-6】 도로공사업무

도로 공사비	요율(공사비에 대한 수수료의 비율)	비 고
100억원 이하	90/1,000 이내	1. "도로공사비"라 함은 재료비·노무비· 일반관리비·이윤 및 부가가치세액의 합계액을 말한다. 2. 도로공사비는 발주설계서 또는 직영설계서상의 금액을 기준으로 하되, 설계·시공일괄입찰의 경우에는 계약금액을 기준으로 한다. 3. 설계변경으로 도로공사비가 변경되는 경우에는 그에 따라 수수료를 가감할 수 있다.
100억원 초과 300억원 이하	80/1,000 이내	
300억원 초과 500억원 이하	75/1,000 이내	

500억원 초과	70/1,000 이내	4. 2년 이상의 장기사업인 경우에는 총 도로공사비에 대한 수수료를 산정하여 위탁자와 수탁자의 협의에 따라 연차별로 수수료를 배분하여 정할 수 있다. 5. 위탁사업의 범위에 용지매수 및 손실보상업무와 이주대책사업이 포함되는 경우에는 그에 따른 위탁수수료를 가산한다. 6. 조사·설계 등 부대사업을 포함하여 위탁하는 경우에는 부대사업에 소요되는 비용을 도로공사비에 합산하여 요율을 적용한다.

4. 무점포판매업

2003년 개정된 유통산업발전법에서는 최근 급성장하고 있는 무점포판매업에 대하여 업태정의를 신설하고, 그 경쟁력 강화를 위한 발전시책을 수립·시행할 수 있도록 하였다.[57) 「무점포판매」라 함은 상시운영되는 매장을 가진 점포를 두지 아니하고 상품을 판매하는 것을 말한다(법 2조 8호).

무점포판매업의 유형은 다음과 같다.

- 방문판매 및 가정내 진열판매
- 다단계판매
- 전화권유판매
- 카탈로그판매
- 텔레비전홈쇼핑
- 인터넷쇼핑몰
- 이동통신기기를 이용한 판매
- 자동판매기를 통한 판매

57) 법15조 제1항 참조

5. 상점가

(1) 정의

"상점가"라 함은 2천 제곱미터 이내의 가로 또는 지하도에 50 이상의 도매점포·소매점포 또는 용역점포가 밀집하여 있는 지구를 말한다. 상점가의 개념은 1986년 제정된 도·소매업진흥법에서 처음으로 도입되었다. 도입될 당시에는 지하도에 있는 상점가는 포함되어 있지 않았으며 서울의 경우 100, 지방의 경우 50이상의 상점이 있는 곳을 상점가라고 하였다.

(2) 상점가진흥조합

상점가에서 도매업·소매업·용역업 그 밖의 영업을 영위하는 자는 당해 상점가의 진흥을 위하여 상점가진흥조합을 결성할 수 있다. 상점가진흥조합의 조합원이 될 수 있는 자는 상점가에서 도매업·소매업·용역업 그 밖의 영업을 영위하는 자로서 「중소기업기본법」 제2조의 규정에 의한 중소기업자에 해당하는 자로 한다. 상점가진흥조합은 조합원의 자격이 있는 자의 3분의 2 이상의 동의를 얻어 결성한다. 다만, 조합원의 자격이 있는 자중 같은 업종을 영위하는 자가 2분의 1 이상인 경우에는 그 같은 업종을 영위하는 자의 5분의 3 이상의 동의를 얻어 결성할 수 있다. 상점가진흥조합은 협동조합 또는 사업조합으로 설립한다. 상점가진흥조합의 구역은 다른 상점가진흥조합의 구역과 중복되어서는 아니 된다.

(3) 상점가진흥조합에 대한 지원

지방자치단체의 장은 상점가진흥조합이 다음의 사업을 수행하는 경우에는 예산의 범위 안에서 필요한 자금을 지원할 수 있다.

- 점포시설의 표준화 및 현대화
- 상품의 매매·보관·수송·검사 등을 위한 공동시설의 설치
- 주차장·휴게소 등 공공시설의 설치

- 조합원의 판매촉진을 위한 공동사업
- 가격표시 등 상거래질서의 확립
- 조합원과 그 종사자의 자질향상을 위한 연수사업 및 정보제공
- 그 밖에 지방자치단체의 장이 상점가 진흥을 위하여 필요하다고 인정하는 사업

6. 전문상가단지

(1) 정의

"전문상가단지"라 함은 같은 업종을 영위하는 여러 도매업자 또는 소매업자가 일정 지역에 점포 및 부대시설 등을 집단으로 설치하여 만든 상가단지를 말한다.

(2) 전문상가단지 건립의 지원 등

산업자원부장관, 관계중앙행정기관의 장 또는 지방자치단체의 장은 도매업자 또는 소매업자로 구성되는 「중소기업협동조합법」 제3조제1호 내지 제4호의 규정에 의한 협동조합·사업조합·협동조합연합회 또는 협동조합중앙회로서 5천제곱미터 이상의 부지를 확보하고 단지내에 입주하는 조합원이 50인 이상인 자 또는 이에 해당하는 자와 신탁계약을 체결한 「신탁업법」 에 의한 신탁회사로서 자본금 또는 연간매출액이 100억 이상인 자가 전문상가단지를 세우고자 하는 경우에는 필요한 행정적·재정적 지원을 할 수 있다.

전문상가단지건립에 소요되는 자금의 지원을 받고자 하는 자는 전문상가단지조성사업계획을 작성하여 신청서에 다음의 서류를 첨부하여 산업자원부장관·관계중앙행정기관의 장 또는 지방자치단체의 장에게 제출하여야 한다.

- 협동조합·사업조합·협동조합연합회 또는 협동조합중앙회에 해당함을 증명하는 설립인가증 사본
- 부지확보를 증명하는 서류
- 자금조달계획서
- 상가단지건립 조감도

- 당해 부지에 유통상업시설의 건축이 가능함을 증명하는 서류
- 상가단지건립계획을 승인한 협동조합·사업조합·협동조합연합회 또는 협동조합중앙회의 총회 또는 이사회 의사록 사본
- 신탁회사의 경우 신탁계약서 사본

7. 체인사업

(1) 연혁

"연쇄화사업"이라 함은 직영점포의 개설 또는 다수의 소매상과의 계약에 의하여 계속적으로 물품을 공급하며 경영을 지도하는 사업을 말한다. 연쇄화사업은 1981년 시장법을 개정할 때 도입된 것으로 연쇄화사업자중 일정한 요건을 갖춘 자를 지정하여 우선적으로 지원·육성할 수 있도록 하였다. 이러한 연쇄화사업에 대한 규정은 도·소매업진흥법에서도 계속 유지되었으며 1997년 유통산업발전법이 제정되면서 체인사업으로 명칭이 변경되었다.

(2) 정의

"체인사업"이라 함은 같은 업종의 여러 소매점포를 직영(자기가 소유하거나 임차한 매장에서 자기의 책임과 계산아래 직접 매장을 운영하는 것을 말한다)하거나 같은 업종의 여러 소매점포에 대하여 계속적으로 경영을 지도하고 상품·원재료 또는 용역을 공급하는 사업을 말한다.

(3) 유형 및 구분

체인사업의 유형 및 구분은 다음과 같다.

【그림 2-5】 체인사업의 유형 및 구분

유형	구분
직영점형 체인사업	체인본부가 주로 소매점포를 직영하되, 가맹계약을 체결한 일부 소매점포(가맹점)에 대하여 상품의 공급 및 경영지도를 계속하는 형태의 체인사업

프랜차이즈형 체인사업	독자적인 상품 또는 판매경영기법을 개발한 체인본부가 상호판매방법 매장운영 및 광고방법 등을 결정하고 가맹점으로 하여금 그 결정과 지도에 따라 운영하도록 하는 형태의 체인사업
임의가맹점형 체인사업	체인본부의 계속적인 경영지도 및 체인본부와 가맹점간 협업에 의하여 가맹점의 취급품목영업방식 등의 표준화사업과 공동구매공동판매공동시설활용 등 공동사업을 수행하는 형태의 체인사업
조합형 체인사업	동일업종의 소매점들이 중소기업협동조합법 제3조의 규정에 의한 중소기업협동조합을 설립하여 공동구매 공동판매 공동시설활용 등 사업을 수행하는 형태의 체인사업

(4) 체인사업자의 경영개선사항

체인사업자는 직영하거나 체인에 가입되어 있는 점포(체인점포)의 경영을 개선하기 위하여 다음의 사항을 추진하여야 하며, 산업자원부장관·중소기업청장 또는 지방자치단체의 장은 체인사업자 또는 체인사업자단체가 사업을 추진하는 경우에는 예산의 범위 안에서 필요한 자금 등을 지원할 수 있다.

- 체인점포의 시설현대화
- 체인점포에 대한 원재료상품 또는 용역 등의 원활한 공급
- 체인점포에 대한 점포관리품질관리판매촉진 등 경영활동 및 영업활동에 관한 지도
- 체인점포 종사자에 대한 유통교육훈련의 실시
- 체인사업자와 체인점포간의 유통정보시스템의 구축
- 집배송시설의 설치 및 공동물류사업의 추진
- 공동브랜드 또는 자기부착상표의 개발보급
- 유통관리사의 고용 촉진
- 그 밖에 중소기업청장이 체인사업의 경영개선을 위하여 필요하다고 인정하는 사항

(5) 우수체인사업자의 지정

중소기업청장은 중소유통기업에 해당하는 체인사업자로서 다음의 요건을 갖춘 자를 우수체인사업자로 지정할 수 있다. 이 경우 중소기업청장은 산업자원부장관 및 지방자치단체의 장에게 지체없이 이를 알려야 한다.

- 자본금 또는 출자금, 점포수, 매장면적 등이 다음의 기준에 해당될 것

【그림 2-6】 체인사업 종류별 우수체인사업자 지정기준

체인사업의 종류	지정기준	
	자본금 또는 출자금	체인점포
직영점형	납입자본금 5억원 이상	- 점포면적 300평방미터 이상인 직영점포 5개 이상 보유
프랜차이즈형	납입자본금 5억원 이상	- 점포면적 50평방미터 이상인 가맹점 14개 이상 보유 - 점포면적 50평방미터 이상인 시범소매점포 1개 이상 보유
임의가맹점	납입자본금 5억원 이상	- 점포면적 50평방미터 이상인 가맹점포 20개 이상 보유
조합형	출자금 1억원 이상	- 가맹점포의 매장면적 합계가 1천방미터 이상

- 체인사업자의 지정신청일 이전 최근 6월간의 경영개선실적에 대하여 별표 2의 체인사업경영개선실적 평가항목 및 평가기준에 따라 체인사업종류별 평가기관이 실시한 평가결과가 60점 이상일 것
- 결격사유에 해당하지 아니할 것

우수체인사업자의 지정절차·지정방법 그 밖에 지정에 관하여 필요한 사항은 중소기업청장이 이를 정하여 고시한다. 산업자원부장관·중소기업청장 또는 지방자치단체의 장은 체인사업자에 대한 자금 등을 지원함에 있어서 우수체인사업자로 지정된 자에게 우선하여 지원할 수 있다. 중소기업청장은 우수체인사업자가 지정요건에 미달하는 경우에는 그 지정을 취소하고, 산업자원부장관 및 지방자치단체의 장에게 지체없이 이를 알려야 한다. 우수체인사업자의 지위 승계는 대규모점포의 지위 승계에 관한 규정을 준용한다.

Ⅳ. 유통산업발전기반의 조성

1. 유통정보화시책

산업자원부장관은 유통정보화의 촉진 및 유통부문의 전자거래기반을 넓히기 위하여 다음의 사항이 포함된 유통정보화시책을 세우고 이를 시행하여야 한다.

- 유통표준코드(상품·상품포장·포장용기 또는 운반용기의 표면에 표준화된 체계에 따라 표기된 숫자와 바코드 등으로서 「산업표준화법」 제4조에 따라 산업자원부장관이 산업표준심의회의 심의를 거쳐 제정한 유통표준코드 공통상품코드용 바코드심벌(KS X 6703), 유통상품코드용 바코드심벌(KS X 6704), 물류정보시스템용 응용식별자와 UCC/EAN-128바코드심벌(KS X 6705))의 보급
- 유통표준전자문서의 보급
- 판매시점정보관리시스템(상품을 판매할 때 활용하는 시스템으로서 광학적 자동판독방식에 의하여 상품의 판매·매입 또는 배송 등에 관한 정보가 수록된 것)의 보급
- 점포관리의 효율화를 위한 재고관리시스템·매장관리시스템 등의 보급
- 상품의 전자적 거래를 위한 전자장터 등의 시스템의 구축 및 보급
- 다수의 유통·물류기업간 기업정보시스템의 연동을 위한 시스템의 구축 및 보급
- 유통·물류의 효율적 관리를 위한 무선주파수인식시스템의 적용 및 실용화 촉진
- 유통정보 또는 유통정보시스템의 표준화 촉진
- 상품의 전자적 거래를 위한 전자장터 등의 시스템의 구축과 다수의 유통물류기업간 기업정보시스템의 연동을 위한 시스템의 구축

산업자원부장관은 유통정보화에 관한 시책을 세우기 위하여 필요하다고 인정되는 경우에는 정보통신부장관에게 유통정보화역무를 제공하는 전기통신사업자에 관한 자료를 요청할 수 있다. 산업자원부장관은 유통사업자·제조업자 또는 유통관련단체가 사업을 추진하는 경우에는 예산의 범위 안에서 필요한 자금을 지원할 수 있다.

2. 유통표준전자문서 및 유통정보의 보안

누구든지 유통표준전자문서(「전자거래기본법」 제2조제1호의 규정에 의한 전자문서중 유통부문에 관하여 표준화되어 있는 것으로서 산업자원부장관이 「전자거래기본법 시행령」 제9조제1항의 규정에 의한 한국전자문서표준위원회의 의결을 거쳐 유통표준문서로 고시한 전자문서)를 위작 또는 변작하거나 위작 또는 변작된 전자문서를 사용하거나 유통시켜서는 아니된다. 유통정보화역무를 제공하는 자는 유통표준전자문서 또는 컴퓨터 등 정보처리조직의 파일에 기록된 유통정보를 공개하여서는 아니된다. 다만, 국가의 안전보장에 위해가 없고 타인의 비밀을 침해할 우려가 없는 정보로서 다음의 것은 그러하지 아니하며, 유통정보화역무를 제공하는 자는 유통표준전자문서를 3년 동안 보관하여야 한다.

- 관계행정기관의 장, 특별시장·광역시장 또는 도지사가 행정목적상 필요에 의하여 신청하는 정보
- 수사기관이 수사목적상 필요에 의하여 신청하는 정보
- 법원이 제출을 명하는 정보

3. 유통전문인력의 양성

(1) 사업의 실시

산업자원부장관 또는 중소기업청장은 유통전문인력을 양성하기 위하여 ① 유통산업에 종사하는 자의 자질향상을 위한 교육·연수, ② 유통산업에 종사하고자 하는 자의 취업·재취업 또는 창업의 촉진을 위한 교육·연수, ③ 선진유통기법의 개발·보급, ④ 그 밖에 유통전문인력 양성을 위하여 필요하다고 인정하는 사업을 수행할 수 있다.

(2) 지원

산업자원부장관 또는 중소기업청장은 「정부출연연구기관 등의 설립·운영 및 육성에 관한 법률」 또는 「과학기술분야 정부출연연구기관 등의 설립·운영 및 육성에

관한 법률」에 의한 정부출연연구기관, 「고등교육법」에 의한 대학 또는 대학원, 유통연수기관이 위의 사업을 하는 경우에는 예산의 범위 안에서 사업수행에 필요한 경비의 전부 또는 일부를 지원할 수 있다.

(3) 유통연수기관

유통연수기관이라 함은 다음의 어느 하나에 해당하는 기관을 말한다.

- 「상공회의소법」 제34조의 규정에 의한 대한상공회의소
- 「산업발전법」 제27조의 규정에 의한 한국생산성본부
- 지정유통연수기관 : 유통인력 양성을 위한 다음의 시설·인력 및 연수실적의 기준에 적합한 법인으로서 산업자원부장관이 지정하는 기관

【표 2-7】 유통연수기관의 지정기준

구분	구 비 요 건
시설 기준	1. 강의실 면적 : 100㎡ 이상 2. 사무실 면적 : 16㎡ 이상 3. 휴게실 면적 : 10㎡ 이상
강사 기준	1. 전임강사(1인 이상) 가. 석사 학위 이상의 학력 소지자로서 전문대학, 대학 또는 대학원에서 유통관련 과목을 2년 이상 강의한 경력이 있는 자 나. 학사 학위 이상의 학력 소지자로서 유통관리사 1급 또는 2급자격을 획득하고 유통관련 법인에서 7년 이상 근무한 자 다. 5급 이상의 공무원으로서 유통관련부서에서 3년 이상 근무한 자 2. 시간강사(3인 이상) 가. 석사 학위 이상의 학력 소지자로서 고등학교·전문대학·대학 또는 대학원에서 유통관련과목을 6월 이상 강의한 경력이 있는 자 나. 유통관련 법인 또는 단체에서 부장 이상으로 근무한 경력이 있는 자 다. 학사 학위 이상의 학력 소지자로서 유통관련 법인 또는 단체에서 5년 이상 근무한 자 라. 5급 이상의 공무원으로 유통관련 부서에서 근무한 경력이 있는 자 마. 1급 또는 2급 유통관리사, 물류관리사 또는 경영지도사(유통분야에 한한다)의 자격증 소지자
연수 실적	지정신청일 기준 1년 이내에 2회(1회당 20시간 이상) 이상의 유통연수강좌를 실시한 실적이 있을 것

(4) 지정유통연수기관

유통연수기관으로 지정을 받으려는 자는 유통연수기관지정신청서에 연수기관 운영계획서, 연수기관을 개설하려는 대지 또는 건축물이 연수기관을 개설하려는 자의 소유가 아닌 경우에는 대지 또는 건축물의 사용권한(지정신청일을 기준으로 2년 이상을 사용할 수 있어야 한다)을 증명하는 서류 및 소유자의 인감증명서, 유통연수기관의 지정기준 중 시설기준을 갖추었음을 증명하는 서류, 강사의 명단 및 자격을 증명하는 서류, 유통업무의 연수실적, 정관 또는 연수기관의 내규 등의 서류를 갖추어 산업자원부장관에게 제출하여야 한다. 이 경우 산업자원부장관은 「전자정부구현을 위한 행정업무 등의 전자화 촉진에 관한 법률」 제21조제1항에 따른 행정정보의 공동이용을 통하여 연수기관을 개설하려는 대지 또는 건축물의 등기부 등본을 확인하여야 하며, 신청인이 확인에 동의하지 아니하는 경우에는 이를 제출하도록 하여야 한다. 산업자원부장관은 유통연수기관으로 지정을 신청한 자가지정기준에 적합하다고 인정되는 경우에는 유통연수기관으로 지정하고, 유통연수기관지정서를 신청자에게 교부하여야 한다.

지정연수기관은 매년 100시간 이상의 연수교육을 실시하여야 하며, 30시간 이상의 유통연수과정을 매년 2회 이상 개설하여야 한다(시행세칙 7조).

(5) 지정연수기관의 사업내용

지정연수기관은 다음의 사업을 수행한다.

- 유통전문요원의 연수
- 판매요원의 양성
- 유통종사자의 해외연수
- 유통업무연수를 위한 교재의 개발
- 국내외 유통관계 정보 및 자료의 수집
- 유통관계 정기간행물의 간행
- 정부기관 및 유통관련단체가 의뢰하는 실태조사 실시

(6) 유통연수기관의 해산 또는 폐지신고

산업자원부장관은 지정유통연수기관이 거짓 그 밖의 부정한 방법으로 지정받은 경우에는 그 지정을 취소하여야 하고, 지정기준에 적합하지 아니한 경우에는 그 지정을 취소하거나 3월 이내의 기간을 정하여 지정의 효력을 정지할 수 있다. 지정유통연수기관이 해산되거나 유통연수업무를 폐지한 때에는 그 기관의 장은 해산 또는 폐지된 날부터 1월 이내에 그 사실을 산업자원부장관에게 통보하여야 하며, 유통연수기관지정서를 반납하여야 한다.

4. 유통관리사

(1) 유통관리사의 직무

유통관리사는 다음의 직무를 수행한다.

- 유통경영·관리 기법의 향상
- 유통경영·관리와 관련한 계획·조사·연구
- 유통경영·관리와 관련한 진단·평가
- 유통경영·관리와 관련한 상담·자문
- 그 밖에 유통경영·관리에 필요한 사항

(2) 유통관리사자격시험

유통관리사가 되고자 하는 자는 산업자원부장관이 실시하는 유통관리사 자격시험에 합격하여야 한다. 산업자원부장관은 시험을 실시하고자 할 때에는 시험일 60일전까지 시험일시·시험과목·시험장소·응시자격·합격기준 그 밖에 시험의 실시를 위하여 필요한 사항을 일간신문 등에 공고하여야 한다. 시험은 필기시험 및 면접시험의 방법에 의하여 실시한다.

유통관리사의 등급별 구분기준 및 시험과목은 다음과 같다.

	1급	2급	3급
등급 구분	유통업 경영에 관한 전문적인 지식을 터득 하고 경영계획의 입안	유통에 관한 전문적인 지식을 터득하고 관리	유통실무에 관한 기본 적인 지식과 기술

	과 종합적인 관리업무 를 수행할 수 있는 자 및 중소유통업의 경영 지도능력을 갖춘 자	업무 및 중소유통업 경영지도의 보조 업무 능력을 갖춘 자	을 터득하고 판매업무를 직접 수행할 수 있는 능력을 갖춘 자
시험과목	-유통경영 -물류경영 -상권분석 -유통 마케팅 -유통정보	-유통물류일반관리 -상권분석 -유통 마케팅 -유통정보	-유통상식 -판매 및 고객관리

유통관리사는 1급·2급 및 3급으로 구분한다. 1급 시험의 응시자격이 있는 자는 다음에 해당하는 자이어야 한다.

- 유통분야에서 7년 이상의 실무경력이 있는 자
- 유통관리사 2급 자격을 취득한 후 5년 이상의 실무경력이 있는 자
- 중소기업진흥 및 제품구매촉진에 관한 법률 제31조제1항의 규정에 의한 경영지도사 자격을 취득한 자로서 실무경력이 3년 이상인 자

산업자원부장관은 거짓 그 밖의 부정한 방법으로 유통관리사의 자격을 취득한 자에 대하여는 그 자격을 취소하여야 한다. 유통관리사의 자격이 취소된 자는 취소일부터 3년간 유통관리사 자격시험에 응시할 수 없다.58)

(3) 유통관리사자격시험의 합격기준

필기시험의 합격기준은 1과목당 100점을 만점으로 하여 각 과목별성적이 40점 이상, 전과목 평균성적이 60점 이상으로 하며, 면접시험의 합격기준은 100점을 만점으로 하여 60점 이상으로 한다. 산업자원부장관은 유통연수기관이 실시하는 연수과정을 수료하거나 소정의 실무경력을 가진 자가 응시하는 경우에는 10점 이내의 범위 안에서 평균성적에 가산한다.

- 유통산업분야에서 2년 이상 근무한 자로서 제10조의 규정에 의한 유통연수기관(유통연수기관)이 실시하는 유통연수과정을 30시간 이상 수료한 후 2년 이내에 3급시

58) 시행령과 중복

험에 응시하는 경우에는 10점 가산

- 유통산업분야에서 3년 이상 근무한 자로서 유통연수기관이 실시하는 유통연수과정을 40시간 이상 수료한 후 2년 이내에 2급시험에 응시하는 경우에는 10점 가산
- 유통산업분야에서 10년 이상 근무하거나 유통관리사 2급자격을 취득하고 유통산업분야에서 5년 이상 근무한 자가 1급시험에 응시하는 경우에는 5점 가산

산업자원부장관은 시험실시후 40일 이내에 합격자의 명단을 정보통신망에 공고하여야 한다. 대한상공회의소 회장은 합격자에 대하여 따라 유통관리사의 자격증을 교부하여야 한다. 대한상공회의소 회장은 유통관리사자격시험의 합격자 명단 및 유통관리사자격증의 교부에 관한 사항을 유통관리사관리대장에 기록·관리하여야 한다. 교부받은 판매관리사자격증을 잃어버렸거나 헐어서 못쓰게 되어 판매관리사자격증을 다시 교부받고자 하는 자는 사유서, 판매관리사자격증(헐어서 못쓰게 된 경우에 한한다) 및 사진 1매를 첨부하여 대한상공회의소 회장에게 제출하여야 한다.

(4) 지원

산업자원부장관 또는 지방자치단체의 장은 유통관리사를 고용한 유통사업자 및 유통사업자단체에 대하여 다른 유통사업자 및 사업자단체에 우선하여 자금 등을 지원할 수 있다.

5. 유통산업의 국제화 촉진

산업자원부장관은 유통사업자 또는 유통사업자단체가 다음의 사업을 추진하는 경우에는 예산의 범위 안에서 필요한 경비의 전부 또는 일부를 지원할 수 있다.

- 유통관련 정보·기술·인력의 국제교류
- 유통관련 국제 표준화·공동조사·연구·기술 협력
- 유통관련 국제학술대회·국제박람회 등의 개최
- 해외유통시장의 조사·분석 및 수집정보의 체계적인 유통
- 해외유통시장에 공동으로 진출하기 위한 공동구매·공동판매망의 구축 등 공동협력사업
- 그 밖에 유통산업의 국제화를 위하여 필요하다고 인정하는 사업

V. 유통기능의 효율화

1. 유통기능효율화 시책

(1) 시책

산업자원부장관은 유통기능을 효율화하기 위하여 다음의 사항에 관한 시책을 강구하여야 한다.

- 물류표준화의 촉진
- 물류정보화기반의 확충
- 물류공동화의 촉진
- 물류기능의 외부위탁 촉진
- 물류기술·기법의 고도화 및 선진화
- 집배송시설 및 공동집배송센터의 확충 및 효율적 배치
- 그 밖에 유통기능의 효율화를 촉진하기 위하여 필요하다고 인정하는 사항

(2) 물류기술·기법의 고도화 및 선진화를 위한 시책

산업자원부장관은 물류기술·기법의 고도화 및 선진화를 위하여 다음의 사업을 수행할 수 있다.

- 국내외 물류기술수준의 조사
- 물류기술·기법의 연구개발 및 개발된 물류기술·기법의 활용
- 물류에 관한 기술협력·기술지도 및 기술이전
- 그 밖에 물류기술·기법의 개발 및 그 수준의 향상을 위하여 필요하다고 인정하는 사업

(3) 지원

산업자원부장관은 유통사업자·제조업자·물류사업자 또는 관련단체가 사업을 하는 경우에는 산업자원부령이 정하는 바에 따라 예산의 범위 안에서 필요한 자금을 지원할 수 있다.[59)]

2. 공동집배송센터

(1) 정의

"공동집배송센터"라 함은 여러 유통사업자 또는 제조업자가 공동으로 사용할 수 있도록 집배송시설(상품의 주문처리·재고관리·수송·보관·하역·포장·가공 등 집하 및 배송에 관한 활동과 이를 유기적으로 조정 또는 지원하는 정보처리활동에 사용되는 기계·장치 등의 일련의 시설) 및 부대업무시설이 설치되어 있는 지역 및 시설물을 말한다.[60)]

(2) 지정

가. 지정요건

산업자원부장관은 물류공동화를 촉진하기 위하여 필요한 경우에는 시·도지사의 추천을 받아 부지면적이 3만m^2 이상이고 시설면적이 1만m^2 이상인 집배송시설이나 도시내 유통시설로의 접근성이 우수하여 집배송기능이 효율적으로 이루어질 수 있는 지역 및 시설물을 공동집배송센터로 지정할 수 있다.

나. 지정절차

공동집배송센터의 지정을 받고자 하는 자는 공동집배송센터의 조성·운영에 관한 사업계획을 첨부하여 시·도지사에게 공동집배송센터 지정추천을 신청하여야 한다. 공동집배송센터의 지정을 추천받고자 하는 자는 공동집배송센터지정신청서에 다음의 서류를 첨부하여 특별시장·광역시장 또는 도지사(시·도지사)에게 제출하여야 한다.

---

59) 산자부령에서 정하고 있지 않다.

60) 센터는 공간적인 의미이므로 시설물은 제외하거나 건물 또는 장소로 고치거나 지역만을 포함하는 것이 적당할 것이다.

- 다음의 사항이 포함된 사업계획서
  - 사업의 목적
  - 공동집배송센터의 규모 및 배치계획
  - 공동집배송센터의 건설에 필요한 소요자금 및 조달계획
  - 공동집배송센터의 운영계획
  - 공동집배송센터 조성공사의 착공일 및 준공예정일
- 부지 및 시설배치를 표시한 축척 2만5천분의 1 이상의 평면도
- 부지매입관련 서류
- 조합 설립 인가증 사본(조합인 경우)

신청을 받은 담당 공무원은「전자정부구현을 위한 행정업무 등의 전자화촉진에 관한 법률」제21조제1항에 따른 행정정보의 공동이용을 통하여 법인등기부등본(법인인 경우)을 확인하여야 한다. 다만, 신청인이 확인에 동의하지 아니하는 경우에는 그 서류를 첨부하도록 하여야 한다. 공동집배송센터 지정추천의 신청을 받은 시·도지사는 그 사업의 타당성을 검토하여 당해 지역의 집배송체계의 효율화를 위하여 필요하다고 인정하는 경우에는 추천사유와 서류를 첨부하여 산업자원부장관에게 지정을 추천하여야 한다. 산업자원부장관은 공동집배송센터를 지정한 때에는 공동집배송센터지정서를 시·도지사를 거쳐 그 신청인에게 교부하여야 한다.

다. 변경지정절차

지정받은 공동집배송센터를 조성·운영하고자 하는 자(공동집배송센터사업자)는 지정받은 사항중 공동집배송센터의 배치계획 및 주요시설, 공동집배송센터사업자 등 중요사항을 변경하고자 하는 때에는 산업자원부장관의 변경지정을 받아야 한다. 변경지정을 받고자 하는 자는 공동집배송센터변경지정신청서에 변경사실을 증명하는 서류 및 공동집배송센터지정서를 첨부하여 산업자원부장관에게 제출하여야 한다. 산업자원부장관은 공동집배송센터를 변경지정한 때에는 공동

집배송센터지정서 뒤쪽에 변경사실을 기재하여 그 신청인에게 교부하여야 한다.

라. 협의

산업자원부장관은 공동집배송센터를 지정하거나 변경지정하고자 하는 때에는 미리 관계중앙행정기관의 장과 협의하여야 한다.

마. 협의

산업자원부장관은 공동집배송센터를 지정한 때에는 ① 공동집배송센터의 명칭·위치 및 면적, ② 공동집배송센터사업자(법인 또는 조합에 한한다)의 명칭 및 대표자의 성명, ③ 사업시행기간(착공 및 준공예정일을 포함한다), ④ 센터의 배치계획 및 주요시설의 설치계획을 고시하여야 한다.

(3) 시설기준 및 운영기준

공동집배송센터의 시설 및 운영기준은 다음과 같다.

【표 2-8】 공동집배송센터 시설기준

- 주요시설 :	다음에 해당하는 집배송시설을 갖추어야 하며, 그 연면적이 공동집배송센터 전체 연면적의 100분의 50 이상이 되도록 하여야 한다.
	가. 보관·하역시설 (1) 「건축법 시행령」 별표 1 제18호가목 및 나목에 따른 창고·하역장 또는 이와 유사한 것 (2) 화물적치용 건조물 또는 이와 유사한 것 (3) 보관·하역 관련 물류자동화설비 나. 분류·포장 및 가공시설 (1) 「건축법 시행령」 별표 1 제17호에 따른 공장(제조에 사용되는 시설을 제외한다) 또는 이와 유사한 것 (2) 분류·포장 관련 물류자동화설비 다. 수송·배송시설 (1) 상품의 입하·출하시설 또는 이와 유사한 시설 (2) 수송·배송 관련 물류자동화설비

라. 정보 및 주문처리시설 : 전자주문시스템(EOS), 전자문서교환(EDI), 판매시점관리시스템(POS) 등 집배송시설 이용 상품의 흐름 및 거래업체간 상품의 주문, 수주·발주 활동을 자동적으로 파악·처리할 수 있는 정보화 시설

- 부대시설 : 집배송시설의 기능을 원활히 하기 위한 다음에 해당하는 시설이 우선적으로 설치·운영되도록 노력하여야 한다.

가. 「건축법 시행령」 별표 1 제3호가목 및 나목에 따른 소매점 및 휴게음식점

나. 「건축법 시행령」 별표 1 제4호가목·나목·바목 및 사목에 따른 일반음식점, 휴게음식점, 금융업소, 사무소, 부동산중개업소, 결혼상담소 등 소개업소, 출판사, 제조업소, 수리점, 세탁소 또는 이와 유사한 것

다. 「건축법 시행령」 별표 1 제5호라목에 따른 전시장

라. 「건축법 시행령」 별표 1 제7호가목·나목 및 다목(1)에 따른 도매시장, 소매시장, 상점

마. 「건축법 시행령」 별표 1 제14호나목에 따른 일반업무시설

바. 그 밖의 후생복리시설

【표 2-9】 공동집배송센터 운영기준

1. 공동집배송센터사업자는 다음의 업무를 수행한다.

가. 공동집배송센터 내 공공시설·지원시설 및 공동시설의 설치·운영

나. 공동집배송센터 내 잔여 용지의 개발

다. 용지의 매각·분양·임대 및 관리

라. 입주업체 및 지원업체를 위한 시설물의 설치와 매각·임대

마. 공동집배송센터 내 용지 및 시설의 설치·이용·유지·보수 또는 개량 등에 따른 입주업체 및 지원업체로부터의 비용 징수

바. 입주업체 및 지원업체를 위한 용수·전기·가스 및 유류의 공급

사. 공동집배송센터 내 시설의 경비 및 오염 방지

아. 그 밖에 입주 및 지원업체간 협력 등 공동집배송센터의 효율적 관리를 위하여 필요한 사항

2. 공동집배송센터 관리 기본계획의 수립 및 변경 : 공동집배송센터사업자는 다음의 사항을 포함하는 공동집배송센터 관리 기본계획을 수립하여 시행하여야 한다.

가. 공동집배송센터 관리·운영의 기본 방향
나. 입주업체 및 지원업체의 자격과 입주 우선순위
다. 용지 및 시설의 매각·분양 또는 임대계획
라. 시설배치 및 이용계획
마. 관리비의 징수에 관한 기준

3. 공동집배송센터 관리 시행계획 수립 및 변경 : 공동집배송센터사업자는 다음의 사항을 포함하는 공동집배송센터 관리 시행계획을 수립하여 시행하여야 한다.

가. 용지 및 시설의 매각·분양 또는 임대
나. 시설의 설치 및 배치
다. 지원사업의 시행
라. 관리비의 징수 및 사용
마. 그 밖에 공동집배송센터사업자가 제1호 및 가목의 시행을 위하여 필요한 사항

4. 분양 또는 임대에 관한 사업계획서 수립 및 변경 : 공동집배송센터사업자는 다음의 사항을 포함하는 분양 또는 임대에 관한 사업계획서를 수립하여 시행하여야 한다.

가. 분양 또는 임대하려는 용지 또는 시설 등의 명세
나. 분양 또는 임대 대상자의 자격요건
다. 분양 또는 임대의 시기·방법 및 조건
라. 분양가격 또는 임대료의 결정 방법 및 그 금액

(4) 인·허가 등의 의제

공동집배송센터를 지정함에 있어서 다음의 허가·신고·승인·동의·인가·협의·결정·해제·지정 및 심사(인·허가등)에 관하여 산업자원부장관이 다른 행정기관의 장과 협의한 결과 동의를 얻은 사항에 대하여는 당해 인·허가등을 받은 것으로 본다.

- **농지법** : 농지의 전용허가
- **산지관리법** : 산지전용허가 및 산지전용신고
- **산림법** : 입목죽의 벌채, 임산물의 굴취채취, 가축의 방목, 기타 토지의 형질을 변경하는 행위의 허가, 입목죽 벌채의 승인 또는 입목의 벌채 또는 임산물의 굴취채취의 허가

- 초지법 : 초지의 전용 허가 또는 신고
- 공유수면관리법 : 공유수면 점용 또는 사용의 허가
- 공유수면매립법 : 실시계획의 인가 및 협의 또는 승인
- 하천법 : 하천공사의 허가 및 하천의 점용허가
- 도로법 : 도로공사 시행의 허가 및 도로의 점용허가(도로굴착을 수반하는 경우를 제외)
- 사도법 : 사도의 개설개축증축 또는 변경의 허가
- 수도법 : 일반수도사업의 인가, 공업용수도사업의 인가, 전용상수도의 인가 및 전용공업용수도의 인가
- 하수도법 : 공공하수도공사시행의 허가
- 농어촌정비법 : 농업기반시설의 목적외 사용의 승인
- 항만법 : 항만공사계획의 허가 및 항만공사실시계획의 승인
- 사방사업법 : 입목죽의 벌채, 토석나무뿌리 또는 풀뿌리의 채취, 가축의 방목 기타 사방시설을 훼손변경하거나 토지의 형질을 변경하는 행위의 허가 및 사방지의 지정해제
- 국토의 계획 및 이용에 관한 법률 : 개발행위의 허가 및 도시계획시설사업의 시행자 지정
- 장사 등에 관한 법률 : 개장의 허가
- 측량법 : 측량성과 및 측량기록 또는 지도 등 사용심사

산업자원부장관은 공동집배송센터를 지정하고자 하는 경우 그 지정내용에 인·허가 등의 의제에 해당하는 사항이 포함되어 있는 때에는 관계행정기관의 장과 협의하여야 한다. 이 경우 관계행정기관의 장은 산업자원부장관의 협의요청을 받은 날부터 30일 이내에 의견을 제출하여야 한다.

(5) 공동집배송센터의 지원

산업자원부장관은 지정받은 공동집배송센터의 조성에 필요한 자금 등을 지원할 수 있다. 산업자원부장관은 우수체인사업자 또는 우수도매배송서비스사업자가 공동집배송센터를 조성하는 경우에는 자금 등을 우선하여 지원할 수 있다. 산업자원부장관은 공동집배송센터의 조성을 위하여 필요하다고 인정하는 경우에는 부지의 확보, 도시계획의 변경 또는 도시계획시설의 설치 등에 관하여 시·도지사에게 협조를 요청할 수 있다.

(6) 공동집배송센터의 신탁개발

공동집배송센터사업자는 「신탁업법」에 의한 신탁회사와 신탁계약을 체결하여 공동집배송센터를 신탁개발할 수 있다. 신탁계약을 체결한 신탁회사는 공동집배송센터사업자의 지위를 승계한다. 이 경우 공동집배송센터사업자는 계약체결일부터 14일 이내에 신탁계약서 사본을 산업자원부장관에게 제출하여야 한다.

(7) 시정명령 및 지정취소

산업자원부장관은 공동집배송센터의 지정요건 및 시설·운영기준에 미달하는 경우에는 산업자원부령이 정하는 바에 따라[61] 공동집배송센터사업자에 대하여 시정명령을 할 수 있다.

산업자원부장관은 다음에 해당하는 경우에는 공동집배송센터의 지정을 취소할 수 있다. 다만, 거짓 그 밖의 부정한 방법으로 공동집배송센터의 지정을 받은 경우에는 그 지정을 취소하여야 한다.

- 거짓 그 밖의 부정한 방법으로 공동집배송센터의 지정을 받은 경우
- 공동집배송센터의 지정을 받은 날부터 정당한 사유없이 3년 이내에 시공을 하지 아니하는 경우
- 시정명령을 이행하지 아니하는 경우
- 공동집배송센터사업자가 파산한 경우, 공동집배송센터사업자인 법인, 조합 등이 해산된 경우, 공동집배송센터의 시공후 공사가 6월 이상 중단된 경우, 공동집배송센터의 지정을 받은 날부터 5년 이내에 준공되지 아니한 경우 등 정상적인 사업추진이 곤란하다고 인정되는 경우

(8) 공동집배송센터개발촉진지구의 지정

가. 촉진지구 지정 요청

61) 산자부령으로 규정되어 있지 않다.

시·도지사는 집배송시설의 집단적 설치를 촉진하고 집배송시설의 효율적 배치를 위하여 공동집배송센터개발촉진지구(촉진지구)의 지정을 산업자원부장관에게 요청할 수 있다. 이때 시·도지사는 촉진지구사업계획서(촉진지구의 명칭·위치 및 면적, 개발주체 및 개발방식, 센터의 배치계획 및 주요시설의 설치계획을 포함)와 부지 및 시설배치를 표시한 축척 2만5천분의 1 이상 평면도 등을 산업자원부장관에게 제출하여야 한다.

나. 지정 및 고시

산업자원부장관은 시·도지사가 요청한 지역이 다음의 지정요건에 적합하다고 판단하는 때에는 촉진지구로 지정하고, 촉진지구의 명칭·위치 및 면적, 촉진지구의 개발주체 및 개발방식, 센터의 배치계획 및 주요시설의 설치계획 등을 고시하여야 한다.

<지정요건>

- 부지의 면적이 10만제곱미터 이상일 것
- 다음에 해당하는 지역일 것
  - 외국인투자촉진법 제18조의 규정에 의한 외국인투자지역
  - 자유무역지역의 지정 및 운영에 관한 법률 제2조제1호의 규정에 의한 자유무역지역
  - 경제자유구역의 지정 및 운영에 관한 법률 제2조제1호의 규정에 의한 경제자유구역
  - 유통단지개발촉진법 제2조제1호의 규정에 의한 유통단지
  - 산업입지 및 개발에 관한 법률 제2조제5호 가목 및 나목의 규정에 의한 국가산업단지 및 지방산업단지
  - 항공법 제2조제5호의 규정에 의한 국제공항 및 배후지
  - 항만법 제2조제1호의 규정에 의한 항만 및 배후지
- 집배송시설 또는 공동집배송센터가 2 이상 설치되어 있을 것

다. 협의

산업자원부장관은 촉진지구를 지정하고자 하는 때에는 미리 관계중앙행정기관의 장과 협의하여야 한다.

라. 절차

지정의 요건 및 절차 등에 관하여 필요한 사항은 산업자원부령으로 정한다.

3. 우수도매배송서비스사업자

(1) 지정신청

산업자원부장관은 도매배송서비스(집배송시설을 이용하여 자기의 계산으로 매입한 상품을 도매하거나 위탁받은 상품을「화물자동차 운수사업법」제3조 및 제24조의2의 규정에 의한 허가를 받은 자가 수수료를 받고 도매점포 또는 소매점포에 공급하는 것)에 관한 사업을 영위하는 자로서 다음의 요건을 갖춘 자를 우수도매배송서비스사업자로 지정할 수 있다. 우수도매배송서비스사업자로 지정받고자 하는 자는 우수도매배송서비스사업자지정신청서에 다음의 서류를 첨부하여 산업자원부장관에게 제출하여야 한다.

- 다음의 사항이 포함된 사업계획서
  - 사업의 개요(사업자 및 영업내용에 관한 사항을 포함한다)
  - 운영·관리계획(기구 및 인력에 관한 사항을 포함한다)
  - 투자 및 자금조달 계획
- 시설장비의 보유 및 임차현황
- 「화물자동차 운수사업법 시행규칙」화물자동차운송사업허가증 또는 화물자동차운송가맹사업허가증 사본
- 직전 사업연도의 결산서
- 지정 요건에 해당하는 사실을 증명하는 서류

(2) 지정요건

- 자본금·출자금 및 시설면적
  - 자본금 또는 출자금이 5억원 이상일 것

- 집배송시설의 면적이 1,500m^2 이상일 것

- 도매배송실적 등 사업실적
  - 3 이상의 법인으로부터 6월 이상 계속하여 상품을 공급받고 있을 것
  - 3 이상의 법인 또는 100 이상의 법인이 아닌 자에게 6월 이상 계속하여 상품을 도매하거나 공급하고, 그 상품의 내용 및 가격 등이 포함된 상품정보를 주간 및 월간 단위로 제공하고 있을 것
  - 최근 6월간의 총 매입액중 3 이상의 법인으로부터 6월 이상 계속하여 상품을 공급받고 있는 자중 1인으로부터의 매입액이 차지하는 비율과 총 매출액중 3 이상의 법인 또는 100 이상의 법인이 아닌 자에게 6월 이상 계속하여 상품을 도매하거나 공급하고, 그 상품의 내용 및 가격 등이 포함된 상품정보를 주간 및 월간 단위로 제공하고 있는 자중 1인에 대한 매출액이 차지하는 비율이 각각 100분의 50 미만일 것

(3) 지정 및 지원

산업자원부장관은 우수도매배송서비스사업자를 지정한 때에는 우수도매배송서비스사업자지정서를 그 신청인에게 교부하여야 한다. 우수도매배송서비스사업자로 지정을 받은 자는 도매배송사업을 폐업한 때에는 지체없이 산업자원부장관에게 우수도매배송서비스사업자지정서를 반납하여야 한다.

산업자원부장관은 지정된 우수도매배송서비스사업자가 다음의 업무를 수행하는 경우에는 필요한 자금을 지원할 수 있으며, 관계중앙행정기관의 장 또는 지방자치단체 장에게 집배송시설 건립을 위한 부지확보 등 필요한 지원을 요청할 수 있다.

- 여러 점포 또는 사업장의 관리를 위한 유통정보시스템의 구축
- 유통표준코드의 도입
- 거래처와의 전표 및 상품분류기호의 통일화 추진
- 인증물류설비의 도입
- 우수도매배송사업자가 공동으로 추진하는 물류공동화사업
- 공동집배송센터의 건립

(4) 통보

산업자원부장관은 지정받은 우수도매배송서비스사업자가 지정기준에 미달하는 경우에는 그 지정을 취소하고, 관계중앙행정기관의 장 및 지방자치단체의 장에게 지체없이 이를 알려야 한다.

(5) 휴업

우수도매배송서비스사업자가 사업을 1월 이상 휴업하거나 폐업할 때에는 휴업 또는 폐업 15일전에 우수도매배송서비스사업자 휴업·폐업신고서에 총회 또는 이사회 회의록 사본을 첨부하여 산업자원부장관에게 제출하여야 한다(시행세칙 10조).

4. 물류설비의 인증

"물류설비"라 함은 화물의 수송·포장·하역·운반과 이를 관리하는 물류정보처리활동에 사용되는 물품·기계·장치 등의 설비를 말한다.

"물류표준화"라 함은 화물의 원활한 유통을 위하여 물류기기 및 설비의 종류·형상·치수·구조 및 성능과 포장의 종류·형상·치수·구조 및 방법을 통일하고 단순화 및 효율화하는 것을 말한다.

(1) 물류설비 인증규격등 고시

"물류설비 인증규격"이라 함은 한국산업규격의 유니트 로드시스템통칙에서 규정하고 있는 운송·보관·하역·포장설비와 이를 연계하는 물류정보설비 및 물류·유통현장에서 사용되고 있는 물류설비에 대하여 종류별로 표준이 되는 기준·항목 및 검사방법 등을 기술표준원장이 정하여 고시하는 규격(인증규격)을 말한다.

기술표준원장은 물류설비의 종류별로 표준이 되는 인증규격 및 인증기준(인증규격등)을 정하여 고시하고, 당해 인증규격등에 맞는 물류설비의 이용 및 보급 촉진을 위하여 물류설비의 인증사업을 할 수 있다. 기술표준원장은 인증규격등을 정하여 고시하고자 하는 경우에는 건설교통부장관 및 관계중앙행정기관의 장과 미리 협의하여야 한다. 이 경우 건설교통부장관은 필요한 경우 「화물유통촉진법」 제4조의6의 규정에 의한 물류정책위원회의 심의를 거쳐야 한다.

기술표준원장은 물류설비의 표준이 되는 인증규격 및 인증기준(인증규격등)을 정하여 고시하는 경우에는 다음의 종류별로 구분하여 고시하여야 한다.

- 수송·배송설비 : 파렛트, 지게차, 무인운반차
- 보관·하역설비 : 파렛타이저, 랙설비, 박스용기, 컨베이어
- 분류·포장설비 : 자동분류기, 포장기, 바코드 인식기
- 물류정보화설비 : 전자문서(EDI), 바코드, 무선상품인식(RFID)

고시하는 인증규격등은 「산업표준화법」 제10조에 따른 한국산업규격에 적합하도록 하여야 한다. 다만, 한국산업규격이 제정되어 있지 아니하거나 물류설비 관련 기술의 발전 등으로 한국산업규격을 적용하는 것이 적합하지 아니하다고 인정되는 경우에는 기술표준원장이 따로 정하여 고시할 수 있다.

(2) 물류설비의 인증절차

물류설비의 인증을 받고자 하는 자는 물류설비인증신청서에 다음의 서류를 첨부하여 기술표준원장에게 제출하여야 한다.

- 인증받고자 하는 물류설비의 개요
- 인증받고자 하는 물류설비의 규격·사용방법·구조 등이 포함된 설명서
- 외관도 또는 사진

기술표준원장은 물류설비가 인증규격등에 적합하다고 인정하는 때에는 물류설비인증서(영문서식을 포함한다)를 그 신청인에게 교부하여야 한다. 기술표준원장은 인증물류설비가 인증규격등에 적합하게 유지되고 있는지를 연 1회 이상 정기적으로 검사하여야 한다. 물류설비의 인증절차·방법 및 사후관리 등에 관한 세부사항은 기술표준원장이 정하여 고시한다. 물류표준설비의 인증을 받고자 하는 자는 산업

자원부장관이 정하여 고시하는 수수료를 납부하여야 한다.

(3) 지원

산업자원부장관은 인증을 받은 설비(인증물류설비)의 이용 및 보급 촉진을 위하여 유통사업자·제조업자·물류사업자 등이 다음의 사업을 수행하는 경우에는 예산의 범위안에서 필요한 자금을 지원할 수 있다.

- 인증물류설비와 관련한 연구개발투자사업
- 인증물류설비의 생산·공급 또는 이용을 위한 기존설비의 신·증설 투자 및 기존설비의 변경사업
- 인증물류설비의 이용을 위한 물류시스템의 진단·평가
- 인증물류설비의 보급 및 확산을 위한 조사·분석
- 물류표준화를 위한 교육 및 지도사업
- 물류설비의 인증규격등의 국가간 표준화를 위한 국제협력 및 교류사업

(4) 우선구매 권고

산업자원부장관은 공공부문의 물류표준화를 촉진하기 위하여 관계중앙행정기관의 장, 지방자치단체의 장, 정부투자기관의 장, 지방공기업법에 의한 지방공사 및 지방공단, 특별법에 의하여 설립된 법인에 대하여 인증물류설비의 우선구매 등을 권고할 수 있다.

(5) 물류설비인증의 취소

산업자원부장관은 물류설비인증을 받은 자가 거짓 그 밖의 부정한 방법으로 인증을 받은 경우에는 그 인증을 취소하여야 하고, 후관리결과 인증규격등에 적합하지 아니한 경우에는 그 인증을 취소하거나 3월 이내의 기간을 정하여 인증의 효력을 정지할 수 있다. 물류설비인증이 취소된 자는 그 취소일부터 1년간 물류설비의 인증을 받을 수 없다.

(6) 물류설비인증기관의 지정

산업자원부장관은 물류설비의 인증사업을 하는 경우에는 물류설비의 인증규격등과 관련된 성능을 시험·검사하는 물류설비성능검사기관(성능검사기관)과 성능검

사기관이 발행한 시험성적서 등을 기초로 물류설비가 인증규격등에 적합한 것임을 인증(물류설비인증)하는 물류설비인증기관(인증기관)을 지정할 수 있다.

물류설비의 인증 절차·방법 및 인증물류설비의 사후관리와 성능검사기관·인증기관의 지정기준·지정절차·지정방법 및 사후관리 등에 관하여 필요한 사항은 산업자원부령으로 정한다.

가. 성능검사기관의 요건

성능검사기관으로 지정을 받으려는 자는 다음의 요건을 갖추어야 한다.

- 성능검사의 수행에 필요한 전담조직 및 전문인력
- 영리가 아닌 사업을 목적으로 할 것
- 업무가 불공정하게 수행될 우려가 없을 것

나. 물류설비인증기관의 요건

인증기관으로 지정을 받으려는 자는 다음의 요건을 갖추어야 한다.

- 인증업무의 수행에 필요한 전담조직 및 전문인력
- 영리가 아닌 사업을 목적으로 할 것
- 업무가 불공정하게 수행될 우려가 없을 것

다. 필요서류

성능검사기관 또는 인증기관으로 지정받으려는 자는 물류설비인증기관(성능검사기관)지정신청서에 다음의 서류를 첨부하여 기술표준원장에게 제출하여야 한다. 이 경우 기술표준원장은 「전자정부구현을 위한 행정업무 등의 전자화촉진에 관한 법률」 제21조제1항에 따른 행정정보의 공동이용을 통하여 법인등기부등본(신청인이 법인이 아닌 경우에는 사업자등록증)을 확인하여야 하며, 신청인이 확인에 동의하지 아니하는 경우에는 이를 제출하도록 하여야 한다.

- 정관 또는 내규
- 인증 또는 성능검사업무의 분야 및 범위를 기재한 사업계획서

- 인증 또는 성능검사업무의 수행에 필요한 전문인력 및 기술능력에 관한 명세서
- 인증심사를 행하는 전문인력의 보유현황에 관한 서류(인증기관 신청에 한한다)
- 인증심사 또는 성능검사 업무규정
- 성능검사업무 수행에 필요한 시험장비·시설 명세서(성능검사기관 신청에 한함)
- 업무를 계속 수행하기 어려운 경우에 대비한 업무이관 계획서

라. 지정 및 변경

기술표준원장은 성능검사기관 또는 인증기관의 지정을 신청한 자가 지정기준에 적합하다고 인정되는 경우에는 업무범위를 정하여 성능검사기관 또는 인증기관으로 지정할 수 있다. 성능검사기관 또는 인증기관의 지정을 받은 자가 업무범위를 변경하려는 때에는 그에 관한 사업계획서 및 전문인력의 보유현황을 첨부하여 기술표준원장에게 업무범위의 변경을 신청하여야 한다. 기술표준원장은 지정 및 변경지정시에는 물류설비인증기관(성능검사기관)지정서를 교부하고, 내용을 고시하여야 한다.

마. 유효기간

성능검사기관 및 인증기관 지정의 유효기간은 3년으로 하며, 성능검사기관 또는 인증기관의 지정절차·지정방법, 전담조직·전문인력의 요건 및 사후관리 등에 관한 세부사항은 기술표준원장이 정한다.

바. 지정취소

산업자원부장관은 지정받은 성능검사기관 및 인증기관이 다음의 어느 하나에 해당하는 경우에는 그 지정을 취소하거나 1년 이내의 기간을 정하여 물류설비인증업무를 정지할 수 있다. 다만, 거짓 그 밖의 부정한 방법으로 지정을 받은 경우에는 그 지정을 취소하여야 한다.

- 거짓 그 밖의 부정한 방법으로 지정을 받은 경우
- 정당한 사유 없이 성능검사업무 또는 인증업무를 하지 아니한 경우
- 사후관리결과 성능검사기관 또는 인증기관의 지정기준에 적합하지 아니한 경우

Ⅵ. 보칙 및 벌칙

1. 유통분쟁조정위원회

(1) 설치

유통에 관한 대규모점포와 인근지역의 도·소매업자사이의 영업활동에 관한 분쟁(「독점규제 및 공정거래에 관한 법률」의 적용을 받는 사항을 제외), 대규모점포와 중소제조업체 사이의 영업활동에 관한 사항(독점규제 및 공정거래에 관한 법률」의 적용을 받는 사항을 제외), 대규모점포와 인근지역의 주민사이의 생활환경에 관한 분쟁을 조정하기 위하여 특별시·광역시·도(시·도) 및 시·군·구에 각각 유통분쟁조정위원회(위원회)를 둔다. 대규모점포, 영업활동 및 생활환경의 범위에 대하여는 대통령령으로 정한다(법 36조 6항).[62)]

(2) 구성

위원회는 위원장 1인을 포함한 11인 이상 15인 이내의 위원으로 구성한다. 위원회의 위원장은 위원 중에서 호선한다. 위원회의 위원은 다음의 자가 된다.

- 다음에 해당하는 자로서 당해 지방자치단체의 장이 위촉하는 자
  - 판사·검사 또는 변호사의 자격이 있는 자
  - 상공회의소의 임원 또는 직원
  - 소비자단체의 대표
  - 유통산업분야에 관한 학식과 경험이 풍부한 자
  - 당해 지방자치단체에 거주하는 소비자
- 당해 지방자치단체의 도·소매업에 관한 업무를 담당하는 공무원으로서 당해 지방자치단체의 장이 지명하는 자

62) 대통령령에 규정하고 있지 않다.

공무원이 아닌 위원의 임기는 2년으로 하되, 연임할 수 있다. 기타 유통산업발전법에서 규정하고 있지 않은 위원회의 조직 및 운영 등에 관하여 필요한 사항은 당해 지방자치단체의 조례로 정한다.

(3) 분쟁의 조정

가. 조정신청

대규모점포와 관련된 분쟁의 조정을 원하는 자는 시·군·구의 위원회에 분쟁의 조정을 신청할 수 있다. 대규모점포와 관련된 분쟁의 조정을 신청하려는 자는 다음의 사항을 기재한 신청서를 시·군·구의 유통분쟁조정위원회에 제출하여야 한다.

- 신청인의 성명(법인인 경우에는 그 명칭과 대표자의 성명)·주소 및 연락처
- 상대방의 성명(법인인 경우에는 그 명칭과 대표자의 성명)·주소 및 연락처
- 분쟁의 발단 및 경위
- 상대방의 영업활동으로 인한 피해 또는 생활환경에 대한 피해
- 조정을 요청하는 사항
- 그 밖에 조정이 필요한 사항

나. 통보

유통분쟁조정위원회는 유통분쟁조정신청을 받은 경우 신청일부터 3일 이내에 신청인외의 관련 당사자에게 분쟁의 조정신청에 관한 사실과 그 내용을 통보하여야 한다.

다. 조정 신청의 통합

유통분쟁조정위원회는 동일한 시기에 동일한 사안에 대하여 다수의 분쟁조정이 신청된 경우에는 그 다수의 분쟁조정신청을 통합하여 조정할 수 있다.

라. 조정

분쟁의 조정신청을 받은 위원회는 신청을 받은 날부터 60일 이내에 이를 심사하여 조정안을 작성하여야 한다. 다만, 부득이한 사정이 있는 경우에는 위원회의

의결로 그 기간을 연장할 수 있다. 시·군·구의 위원회의 조정안에 불복이 있는 자는 조정안을 제시받은 날부터 15일 이내에 시·도의 위원회에 조정을 신청할 수 있다. 조정신청을 받은 시·도의 위원회는 그 신청내용을 시·군·구의 위원회 및 신청인외의 당사자에게 통지하고, 조정신청을 받은 날부터 30일 이내에 이를 심사하여 조정안을 작성하여야 한다. 다만, 부득이한 사정이 있는 경우에는 위원회의 의결로 그 기간을 연장할 수 있다. 위원회는 기간을 연장하는 경우에는 기간을 연장하게 된 사유 등을 당사자에게 통보하여야 한다.

마. 비용부담

유통분쟁의 조정을 위한 연구용역이 필요한 경우로서 당사자가 그 용역의뢰에 합의한 경우 그에 소요되는 비용은 당사자가 같은 비율로 부담한다. 다만, 당사자간 비용분담에 대하여 다른 약정이 있는 경우에는 그 약정에 의한다.

바. 자료요청

위원회는 분쟁조정을 위하여 필요한 자료의 제공을 당사자 또는 참고인에게 요청할 수 있다. 이 경우 당해 당사자는 정당한 사유가 없는 한 이에 응하여야 한다. 위원회는 필요하다고 인정하는 경우에는 당사자 또는 참고인으로 하여금 위원회에 출석하게 하여 그 의견을 들을 수 있다.

(4) 조정의 효력

위원회는 조정안을 작성한 때에는 지체없이 이를 각 당사자에게 제시하여야 한다.조정안을 제시받은 당사자는 그 제시를 받은 날부터 15일 이내에 그 수락여부를 위원회에 통보하여야 한다. 당사자가 조정안을 수락한 때에는 위원회는 즉시 조정서를 작성하여야 하며, 위원장 및 각 당사자는 이에 기명날인하여야 한다. 당사자가 조정안을 수락하고 조정서에 기명날인한 때에는 당사자간에 조정서와 동일한 내용의 합의가 성립된 것으로 본다.

(5) 조정의 거부 및 중지

위원회는 분쟁의 성질상 위원회에서 조정함이 적합하지 아니하다고 인정하거나 부정한 목적으로 신청되었다고 인정하는 경우에는 당해 조정을 거부할 수 있다. 이 경우 조정거부의 사유 등을 당사자에게 통보하여야 한다. 위원회는 신청된 조정사건에 대한 처리절차의 진행중에 일방 당사자가 소를 제기한 때에는 그 조정의 처리를 중지하고 이를 당사자에게 통보하여야 한다.

2. 행정처분과 행정절차법

(1) 행정처분 및 절차의 의의

행정처분이라 함은「행정청이 행하는 구체적 사실에 관한 법집행으로서의 공권력의 행사 또는 그 거부와 기타 이에 준하는 행정작용」을 말한다.63) 물류법규에서는 법 또는 법에 의한 명령이나 처분에 위반한 때 인·허가 취소·철회 또는 사업정지 등의 행정처분을 할 수 있도록 규정하고 있다. 그리고 앞에서 살펴본바와 같이 이러한 행정처분은 청문 등의 행정절차를 거치도록 하고 있다.

행정절차란 넓게는 행정기관이 행정활동을 함에 있어 거치는 사전 및 사후의 모든 절차를 말하는데, 사전절차는 처분절차, 행정조사절차, 행정입법절차 및 행정집행절차를 말하고, 사후절차는 행정심판절차를 말한다. 일반적으로 행정절차라 함은 행정활동을 함에 있어서 거치는 사전통지, 의견청취, 이유부기 등 사전절차만을 말한다.64)

(2) 기능

행정절차에서 의견 및 자료를 제출할 수 있는 기회를 부여하는 것은 행정청의 편견을 배제하고, 사실인정과 법령해석을 적정하게 하는, 즉 적법·타당한 행정작용

63) 행정절차법 제2조제2호(법률 제6839호)
64) 최정일 행정법(상) 819쪽.

의 성립을 도모할 수 있게 한다. 또한 행정과정에 이해관계인이 참여할 수 있는 기회를 보장함으로써 행정작용의 민주화를 구체적으로 확보하는 데 기여한다.

(3) 행정절차법 요지

가. 처분의 기준설정·공표

행정절차법은 행정청의 자의적인 권한행사를 방지하고 관련처분에 대한 상대방의 예측가능성을 부여하기 위하여 행정청의 처분기준 설정·공표의무(법제20조)를 규정하고 있다. 처분기준은 법령(대통령령, 부령 등으로 정한 것)과 행정규칙이 있는데 법령에 처분기준이 설정되어 있지 않으면 행정규칙으로 처분기준을 정하여야 한다.

나. 처분의 이유제시

행정절차법은 원칙적으로 모든 행정처분에 있어서 처분의 근거·이유를 제시(법제23조)하도록 하고 있는데 이유부기의 의무가 적용되는 처분은 주로 불이익처분이다. 처분의 이유부기는 처분의 신중성, 공정성을 보장하고 또한 상대방은 제시된 이유에 기초해 당해 처분에 대한 궁극적 쟁송절차에 있어서 그 논거를 구체적으로 제시할 수 있게 된다.

다. 처분의 방식

행정청이 처분을 할 때에는 다른 법령 등에 특별한 규정이 있는 경우를 제외하고는 문서로 해야 하고 행정심판관련사항을 고지해야 한다.

라. 불이익처분의 절차

행정절차가 주로 적용되는 분야는 당사자에게 의무를 부과하거나 당사자의 권익을 침해하는 불이익처분이다. 행정절차법상 불이익처분에 주로 해당되는 절차는 처분의 사전통지, 청문, 의견제출 및 공청회가 있다. 처분의 사전통지는 행정청이 당사자에게 의무를 과하거나 권익을 제한하는 처분, 즉 불이익처분을 하는 경우에는 처분의 제목, 처분하고자 하는 원인이 되는 사실과 처분의 내용 및 법적 근거 등을 당사자에게 통지해야 한다(법제21조). 행정청은 당사자에게 의무를 과하거나, 권익을 제한하는 처분을 함에 있어서 청문을 실시하거나 공청회를 개최하는 경우를 제외하고는 당사자에게 의견제출의 기회를 주어야 한다(법제22조). 의견진술 절차는 행정절차의 핵심적인 요소로 처분의 상대방에게 방어의 기회를 주어 권익을 보호하게 하고 행정청은 이해관계인의 의견진술을 들음으로써 처분과 관련한 문제상황을 정확히 파악하여 적정한 처분을 내릴 수 있게 한다.

행정절차법은 의견진술과 관련하여 의견제출, 청문, 공청회를 열거하고 있는데, 의견제출은 행정청이 어떠한 행정작용을 하기에 앞서 당사자 등이 단순하게 의견을 제시하는 절차로서 청문에 비해 절차가 단순한 약식절차이다. 청문절차는 당사자 등의 의견을 들을 뿐 아니라 증거를 조사하는 등 재판에 준하는 절차를 거쳐 행하는 의견진술절차이다. 공청회란 행정작용과 관련이 있는 이해관계인이 다수인 경우에 행해지는 의견제출 절차이며, 관련전문가 일반국민도 참여하게 된다.

(4) 물류법규와 행정절차

물류법규에서는 행정처분의 기준을 법령에서 정하고 있다. 유통산업발전법 제33조에서는 공동집배송센터 취소 기준을 정하고 있으며 화물유통촉진법 제20조에서는 복합운송주선업의 등록 취소에 대하여 규정하고 있다. 의견진술과 관련하여 화물유통촉진법(제52조), 농안법상의 도매시장법인 등의 취소(제84조), 항만운송사업법의 항만운송사업 등록의 취소(제29조의3) 등 대부분의 물류법규에서는 등록 및 자격의 취소 처분등과 관련하여 청문을 규정하고 있다. 따라서 물류법규상에서 정한 행정처분을 하기 전에 행정청은 당사자에게 의견진술의 기회를 주기 위해 청문을 실시해야 하며 증거조사도 해야 한다. 법령에 청문절차가 규정된 경우 당해 청문절차를 이행하지 아니하면 절차상 하자가 있는 처분으로서 위법한 처분이 된다.[65] 물류법규상의 행정처분은 다음과 같은 절차로 이루어진다.

【그림 2-7】 물류법규의 등록 등의 취소 처분절차

청문통지 → 청문실시 → 이유제시 → 처 분

행정청은 문서로써 처분을 해야 하며 이유를 부기해야 한다. 행정청은 처분에 오기·오산 기타 이에 준하는 명백한 잘못이 있을 때에는 직권 또는 신청에 의해 지체 없이 정정하고 이를 당사자에게 통지해야 한다(법제25조).

(5) 유통산업발전법상의 행정절차

산업자원부장관, 중소기업청장 또는 시장·군수·구청장은 다음 각 호의 어느 하나에 해당하는 처분을 하고자 하는 때에는 청문을 실시하여야 한다.

- 대규모점포개설등록의 취소
- 우수체인사업자 지정의 취소
- 지정유통연수기관의 취소
- 유통관리사 자격의 취소
- 물류설비인증의 취소와 성능검사기관·인증기관 지정의 취소
- 우수도매배송서비스사업자 지정의 취소
- 공동집배송센터 지정의 취소

---

65) 청문절차를 엄격히 준수하지 아니한 영업허가 취소처분은 위법하다고 한 판례
청문절차에 관한 각 규정과 행정처분의 사유에 대하여 당해 영업자에게 변명과 유리한 자료를 제출할 기회를 부여함으로써 위법사유의 시정 가능성을 고려하고 처분의 신중과 적정을 기하려는 청문제도의 취지에 비추어 볼 때, 행정청이 침해적 행정처분을 함에 즈음하여 청문을 실시하지 않아도 되는 예외적인 경우에 해당하지 않는 한 반드시 청문을 실시하여야 하고, 그 절차를 결여한 처분은 위법한 처분으로서 취소 사유에 해당한다. 한편, 구 공중위생법(1999. 2. 8. 법률 제5839호 공중위생관리법 부칙 제2조로 폐지)상 유기장업허가취소처분을 함에 있어서 두 차례에 걸쳐 발송한 청문통지서가 모두 반송되어 온 경우, 행정절차법 제21조 제4항 제3호에 정한 청문을 실시하지 않아도 되는 예외 사유에 해당한다고 단정하여 당사자가 청문일시에 불출석하였다는 이유로 청문을 거치지 않고 이루어진 위 처분이 위법하지 않다고 판단한 원심판결을 파기한다. (2001. 4. 13. 선고. 2000두3337 판결).

3. 행정의 실효성 확보 방법

(1) 서설

행정법규는 행정목적을 달성하기 위하여 국민에게 각종의 행정의무를 과하고 그 실효성을 확보하기 위하여 그 위반에 대한 제제를 규정하고 있다. 행정의 상대방인 국민이 자신에게 부여된 의무를 준수·이행하지 않는 경우에는 행정권이 이를 강제적으로 실현하는 수단의 도입이 불가피하다. 이러한 수단을 학문상으로 행정작용의 실효성확보수단으로 부르고 있다. 종래에는 실효성확보수단으로 행정강제 등 직접적 의무이행수단과 행정벌 등 간접적 수단 등이 논의되었으나 최근에는 과징금등 새로운 의무이행확보수단이 도입되고 있다. 이 중에서 물류법규와 직접적인 연관이 있는 것은 행정형벌 및 행정질서벌을 포함한 행정벌과 과징금 등이다.

(2) 행정상 강제집행

행정상 강제집행이란 행정상 의무의 불이행에 대하여 행정기관이 장래에 향하여 그 의무를 이행시키거나 이행된 것과 같은 상태를 실현하는 작용을 말한다. 이러한 행정상 강제집행수단으로서는 대집행·직접강제·집행벌과 금전상 급부의무의 강제이행수단으로서 행정상 강제징수가 있다.66)

가. 대집행

대집행이란 대체적 작위의무의 불이행에 대한 강제수단으로서, 현재 행정상 강제집행의 일반적 수단이 되고 있다. 그 일반법으로 행정대집행법이 있는 외에 다수의 개별법에서 이에 관하여 규정하고 있다. 물류법규에서 대집행을 규정하고 있는 예는 유통단지개발촉진법에서 볼 수 있는데 유통단지로 지정·고시된 지역 안에서 토지의 형질변경, 건축물의 건축, 공작물의 설치 또는 토석·모래·자갈 채취 등 행위를 하고자 하는

---

66) 김동희 행정법 II 533쪽.

경우 허가를 받아야 하고 이를 위반한 자에 대하여 원상회복을 명하고 명령을 이행하지 아니하는 때에는 행정대집행법에 의하여 원상회복을 대집행 할 수 있다(법8조).

나. 직접강제

직접강제란 행정법상의 의무위반 또는 불이행에 대하여 직접 그 의무자의 신체 또는 재산에 실력을 가하여 행정상 필요한 상태를 실현하는 작용을 말한다. 이것은 대체적 작위의무·비대체적 작위의무·부작위의무·수인의무에 대하여 모두 적용될 수 있는 매우 실효적인 강제수단이다. 개인의 자유·권리에 대한 침해적 성격이 강하여 일반적 수단으로는 인정되지 않고, 소수의 개별법만이 이를 정하고 있을 따름이다(식품위생법62, 공중위생관리법11 등).

다. 집행벌

집행벌이란 비대체적 작위의무 또는 부작위의무의 불이행에 대하여 그 이행을 강제하기 위하여 과하는 금전적 부담이다. 이것은 일정한 기간 내에 의무를 이행하지 않으면 과태료에 처할 것을 미리 경고하여, 그에 따른 심리적 압박에 의하여 장래에 향하여 행정상 의무이행을 확보하려는 것이라는 점에서 행정벌과는 구별된다. 실정법상 그 예는 매우 드문바, 물류행정분야에 관한 것은 아니나 건축법 제83조상의 이행강제금이 그 예에 해당한다.

라. 행정상 강제징수

행정상 강제징수란 공법상의 금전급부의무를 이행하지 않는 경우에 의무자의 재산에 실력을 가하여 그 의무가 이행된 것과 같은 상태를 실현하는 작용을 말한다. 국세징수법이 그 일반법적 지위에 있다.

(3) 행정벌

가. 의의

행정벌이란 행정법상의 의무위반에 대하여 일반통치권에 의거하여 과하는 제재로서의 벌을 말한다. 행정벌에는 형법에 형명이 있는 형벌이 과하여지는 행정형벌과 형법에 형명이 없는 과태료가 과하여지는 행정질서벌이 있다. 행정형벌과 형사벌은 양자 모두 형벌을 그 제제로서 형벌이 과하여 진다는 점에서 공통인데 그럼에도 불구하고 양자를 구별할 것인지에 대하여는 견해가 대립하고 있다. 형사범은 그 반도덕성·반사회성이 국가의 명령·금지를 기다릴 필요도 없이 명백한 행위, 즉 자연범인데 반해, 행정범은 그 자체는 반도덕성·반사회성을 띠지 아니하고, 특정한 행정목적 실현을 위한 국가의 명령·금지에 위반함으로써 비로소 범죄로서 처벌되는 행위 즉 법정범이 된다고 하여 양자를 구별하는 것이 통설이다.

나. 행정벌의 근거

행정벌은 처벌의 한 종류이므로 죄형법정주의 원칙상 당연히 법률의 근거를 요한다. 일반적으로 법률에 형사벌에 관한 특칙을 두고 있으나 구체적으로 범위를 정하여 위임하는 경우 명령으로 정할 수도 있다. 행정벌에는 행정형벌과 행정질서벌이 있다. 이하에서 행정형벌에 대하여 설명하고 행정질서벌에 대하여는 다음에서 설명한다.

다. 행정형벌

행정형벌은 형법에 형명이 있는 형벌이 과하여지는 행정벌이며 행정벌의 대부분은 징역과 벌금형을 규정하고 있다. 행정형벌은 원칙적으로 형법총칙이 적용되고 행정형벌의 처벌절차는 형벌과 마찬가지로 형사소송법에 의하는 것이 원칙이다. 물류관련법규는 예외 없이 행정형벌을 규정하고 있는데 화물유통촉진법에서 물류전산망에 의한 전자문서를 위작 또는 변작하는 경우(제54조의2) 10년 이하의 징역 또는 1억원 이하의 벌금에 처할 수 있도록 하여 최고 과중한 형별을 규정하고 있다. 행정법규의 위반에 대한 제재조치는 행정법규의 위반이라는 객관적 사실에 따라 행하는 제재이므로 특별한 규정이 없는 한 위반자의 고의나 과실을 요하지 아니한다.[67]

67) 행정법규 위반에 있어서 위반자의 고의·과실은 불필요하다고 한 판례
행정법규 위반에 대하여 가하는 제재조치는 행정목적의 달성을 위하여 행정법규 위반이라는 객

(4) 유통산업발전법상의 행정형벌

가. 유통표준전자문서를 위작·변작, 사용·유통

유통표준전자문서를 위작 또는 변작하거나 위작 또는 변작된 전자문서를 사용하거나 유통시킨 자는 10년 이하의 징역 또는 1억원 이하의 벌금에 처한다. 미수범은 처벌한다.

나. 대규모점포 관련 벌칙

다음의 자는 1년 이하의 징역 또는 3천만원 이하의 벌금에 처한다.

- 등록을 하지 아니하고 대규모점포를 개설하거나 거짓 그 밖의 부정한 방법으로 대규모점포의 개설등록을 한 자
- 신고를 하지 아니하고 대규모점포개설자의 업무를 수행하거나 거짓 그 밖의 부정한 방법으로 대규모점포개설자의 업무수행신고를 한 자

다. 유통표준전자문서 보관의무 위반 벌칙

유통표준전자문서를 보관하지 아니한 자는 1년 이하의 징역 또는 1천만원 이하의 벌금에 처한다.

라. 유통표준전자문서 공개

유통표준전자문서 또는 컴퓨터 등 정보처리조직의 파일에 기록된 유통정보를 공개한 자는 1천만원 이하의 벌금에 처한다.

4. 유통산업발전법상의 행정질서벌

행정질서벌은 형법에 형명이 없는 과태료가 과하여지는 행정벌이다. 행정질서벌은 형법총칙이 적용되지 않는다. 행정질서벌의 처벌절차는 비송사건절차법에 따라 범법자의 주소지를 관할하는 지방법원이 부과함이 원칙이다(비송사건절차법 제247

관적 사실에 착안하여 가하는 제재이므로 특별한 규정이 없는 한 원칙적으로 위반자의 고의나 과실을 요하지 않는다. (1980. 5. 13. 선고. 79누251판결)

조·제248조). 그러나 근래에는 1차적으로 주무부장관이 부과하고, 상대방이 이의를 제기하면 2차적으로 관할지방법원이 과태료를 부과토록 하는 법률이 증가하고 있다. 과태료 제도가 없는 항만운송사업법을 제외한 화물유통촉진법, 유통단지개발촉진법, 화물자동차운수사업법, 유통산업발전법, 농수산물유통 및 가격안정에 관한 법률 등 모든 물류 관련 법률은 거의 동일한 과태료 부과절차를 규정하고 있는데, 1차적으로 주무부장관에 과태료를 부과하고 이의를 제기한 경우에 한하여 관할지방법원이 비송사건절차법에 의한 재판을 하도록 정하고 있다.

화물유통촉진법상의 과태료 규정을 살펴보면 법 제3조 제4항의 규정에 의한 자료를 제출하지 아니하거나 허위의 자료를 제출한 자,68) 복합운송주선업자와 복합화물터미널사업자가 사업 승계신고·변경신고, 사업의 휴·폐지 신고를 하지 아니한 때는 200만원 이하의 과태료에 처한다. 과태료는 건설교통부장관(권한이 위임 또는 위탁된 경우에는 시·도지사를 말한다)이 부과·징수한다. 과태료처분에 불복이 있는 자는 그 처분의 고지를 받은 날부터 30일 이내에 건설교통부장관에게 이의를 제기할 수 있다. 과태료처분을 받은 자가 이의를 제기한 때에는 건설교통부장관은 지체 없이 관할법원에 그 사실을 통보하여야 하며, 그 통보를 받은 관할법원은 비송사건절차법에 의한 과태료의 재판을 한다. 30일 이내에 이의를 제기하지 아니하고 과태료를 납부하지 아니한 때에는 국세 또는 지방세 체납처분의 예에 의하여 이를 징수한다.

건설교통부장관은 과태료를 부과할 때에는 해당 위반행위를 조사·확인한 후 위반사실·이의방법 및 이의 기간 등을 서면으로 명시하여 이를 납부할 것을 과태료 처분대

68) 이 규정은 입법상의 오류로 생각된다. 법 제3조 4항은 '건설교통부장관은 기본계획을 수립 또는 변경하고자 하는 경우에는 관계중앙행정기관의 장과 협의한 후 제4조의6의 규정에 의한 물류정책위원회의 심의를 거쳐 이를 공고하여야 한다. 다만, 대통령령이 정하는 경미한 사항을 변경하는 경우에는 그러하지 아니하다' 이고 제5항은 '건설교통부장관은 관계중앙행정기관의 장 또는 이 법에 의한 사업을 경영하는 자에 대하여 기본계획의 수립 또는 변경에 필요한 자료의 제출을 요청할 수 있다' 이다. 즉 제4항은 자료제출에 관한 사항이 아니고 물류정책심의에 관한 사항이다. 제5항이 자료제출에 관한 사항이므로 제5항으로 변경되어야 할 것이다.

상자에게 통지하여야 한다. 건설교통부장관은 과태료를 부과하고자 할 때에는 10일 이상의 기간을 정하여 과태료 처분대상자에게 구술 또는 서면에 의한 의견진술의 기회를 주어야 한다. 이 경우 지정된 기일까지 의견진술이 없을 때에는 의견이 없는 것으로 본다. 건설교통부장관은 당해 위반행위의 동기 및 그 횟수 등을 참작하여 그 해당금액의 2분의 1의 범위 안에서 이를 가중하거나 경감할 수 있다. 이 경우 가중하여 부과할 때에도 과태료의 총액이 200만원을 초과할 수 없다(영21조).

【그림 2-8】 과태료의 부과절차

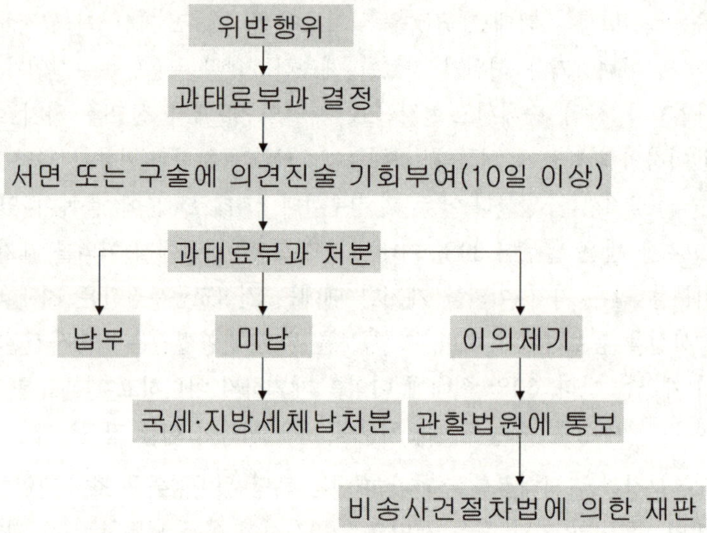

(1) 대상과 기준

과태료 부과 대상과 부과기준은 다음과 같다.

【표 2-10】 과태료의 부과기준

위 반 행 위	근거법령	과태료금액
1. 법 제8조 후단을 위반하여 대규모점포의 변경등록을 하지 아니하거나 거짓 그 밖에 부정한 방법으로 변경등록을 한 자	법 제52조 제1항제1호	
가. 1차 위반		100만원
나. 2차 위반		300만원
다. 3차 이상 위반		500만원
2. 법 제12조제1항 및 제2항에 따른 대규모점포개설자의 업무를 수행하지 아니한 자	법 제52조 제1항제2호	
가. 1차 위반		100만원
나. 2차 위반		300만원
다. 3차 이상 위반		500만원
3. 법 제14조제1항을 위반하여 임시시장을 개설한 자	법 제52조 제1항제3호	
가. 1차 위반		100만원
나. 2차 위반		300만원
다. 3차 이상 위반		500만원
4. 법 제29조제4항을 위반하여 변경지정을 받지 아니한 자	법 제52조 제1항제4호	
가. 경과일수 10일 이내		10만원
나. 경과일수 10일 초과 20일 이내		20만원
다. 경과일수 20일 초과 30일 이내		30만원
라. 경과일수 30일 초과 60일 이내		50만원
마. 경과일수 60일 초과 100일 이내		80만원
바. 경과일수 100일 초과 200일 이내		100만원
사. 경과일수 200일 초과 365일 이내		200만원
아. 경과일수 365일 초과		300만원
5. 법 제33조제1항의 시정명령을 이행하지 아니한 공동집배송센터사업자	법 제52조 제1항제5호	
가. 1차 위반		100만원
나. 2차 위반		300만원
다. 3차 이상 위반		500만원
6. 법 제45조제2항을 위반하여 허위보고를 한 자	법 제52조 제1항제6호	300만원

(2) 절차

과태료는 산업자원부장관, 중소기업청장, 지방자치단체의 장(부과권자)이 부과·징수한다. 산업자원부장관·중소기업청장 또는 지방자치단체의 장은 과태료를 부과하고자 할 때에는 당해 위반행위를 조사·확인한 후 그 위반사실과 과태료금액 등을 서면으로 명시하여 이를 납부할 것을 과태료 처분대상자에게 통지하여야 한다. 산업자원부장관·중소기업청장 또는 지방자치단체의 장은 과태료처분을 하고자 할 때에는 미리 10일 이상의 기간을 정하여 과태료처분대상자에게 구술 또는 서면에 의한 의견진술의 기회를 주어야 한다. 이 경우 지정된 기일까지 의견진술이 없는 경우에는 의견이 없는 것으로 본다.

과태료처분에 불복이 있는 자는 그 처분의 고지를 받은 날부터 30일 이내에 부과권자에게 이의를 제기할 수 있다. 과태료처분을 받은 자가 이의를 제기한 때에는 부과권자는 즉시 관할법원에 그 사실을 알려야 하며, 그 통보를 받은 관할법원은 「비송사건절차법」에 의한 과태료의 재판을 한다. 기간 이내에 이의를 제기하지 아니하고 과태료를 납부하지 아니한 때에는 국세체납처분 또는 지방세체납처분의 예에 의하여 이를 징수한다. 과태료의 징수절차에 관하여는 「국고금관리법 시행규칙」을 준용한다. 이 경우 납입고지서에는 이의방법 및 이의기간 등을 함께 기재하여야 한다(시행규칙 27조).

3章 유통·물류관련 법규

Ⅰ. 서설

1. 물류관리사 시험과목인 물류관련법규

- 화물유통촉진법,
- 유통단지개발촉진법,
- 화물자동차운수사업법,
- 항만운송사업법,
- 유통산업발전법,
- 농수산물유통 및 가격안정에 관한 법률
- 철도사업법(2007년 추가)

2. 법률별 출제비중

	2001	2002	2003	2004	2005	2006
화물유통촉진법	10	10	13	12	11	11
유통단지개발촉진법	10	10	13	12	11	11
화물자동차운수사업법	10	10	12	12	11	11
유통산업발전법	5	5	4	4	10	11
철도소운송업법(폐지)	5	5	4	3	-	-
항만운송사업법	5	5	4	3	3	3
농수산물유통 및 가격안정에 관한 법률	5	5	3	4	4	3
계	50	50	50	50	50	50

3. 집중 학습 필요 분야

가. 계획

- 국가물류기본계획(도시물류기본계획), 유통단지종합개발계획, 유통산업발전기본계획
- 계획 작성권자, 주기, 계획에 포함되어야 할 사항, 계획 작성절차, 위원회 심의

나. 물류관련사업의 등록 및 허가

- 등록(허가)기준, 결격 사유, 취소사유

다. 각종 사업에 대한 국가 및 지자체의 지원

라. 용어의 정의

마. 새로 개정된 부분

- 물류관련 법령은 매년 개정이 되고 있으므로 시험일 기준 시행 예정인 개정법률에 주의
- 2007년에는 화물유통촉진법, 유통단지개발촉진법, 화물자동차운수사업법, 철도사업법, 농안법을 정부가 2006년 말과 2007년 초 국회에 이송하였고 국회에서 개정 검토 작업이 진행되고 있으므로 이에 유의 필요

II. 화물유통촉진법

제1절 총칙

1. 목적/연혁

가. 목적

화물유통촉진법은 물류의 표준화·정보화와 복합운송주선업·화물터미널사업 및 창고업 등에 관한 사항을 규정하여 물류체계를 합리화하고 화물의 유통과 관련된 사업의 건전한 발전을 도모함으로써 화물유통의 촉진과 물류비의 절감에 의하여 국민경제의 발전에 이바지함을 목적으로 한다.

물류정책기본법에서는 법의 목적이 다음과 같이 변경될 예정이다.

현재	개정안
- 물류체계를 합리화 및 화물 유통관련사업의 건전한 발전 - 화물의 유통촉진 및 물류비 절감 - 국민경제 발전	- 국내외 물류에 관한 정책 및 계획의 수립 및 종합조정에 관한 기본적인 사항을 규정 - 물류체계를 효율화 - 국민경제의 발전

나. 연혁

1) 제정

1991년 제정

- 물류표준화, 복합운송주선업, 화물터미널사업, 창고업, 물류정보화, 물류기술진흥, 물류전문인력 등 10개의 장으로 구성

2) 제1차 개정

- 화물터미널 사업의 면허제를 등록제로 전환
- 요금신고제와 약관인가제 폐지
- 물류관리사 제도도입

3) 제2차 개정

- 복합운송주선업에 대한 자율적 경영을 도모하기 위한 제도개선
- 사업개선명령제도 폐지

4) 제3차 개정

- 20년 단위의 국가물류기본계획의 수립
- 10년 단위의 도시물류기본계획의 수립
- 물류정책위원회 설치
- 화물터미널사업, 창고업등록제 폐지

5) 제4차 개정

- 종합물류업 근거 신설

6) 제5차 개정 예정

- 물류정책기본법으로 전면개정
- 화물터미널과 창고업에 관한 부분을 물류시설법으로 이동

2. 국가물류 기본계획

가. 계획의 성격

- 효과적인 국가물류체계의 구축을 위한 20년 단위의 국가계획이며 5년마다 타당성을 조사하여 기본계획에 반영
- 우리나라가 지향하는 물류의 미래상을 제시하고, 공동목표 설정과 유관기관간 역할분담방안을 종합조정하기 위한 장기계획

나. 계획의 구성 및 관리

현재	개정안	비고
- 20년 단위의 장기계획인 국가물류기본계획을 수립하여 물류의 미래상과 정책추진 방향을 제시하고, 5년 단위의 중기국가물류기본계획을 수립하여 구체적 실천계획을 마련하고, 매년 시행계획 수립하여 시행	- 건설교통부장관·해양수산부장관은 국가물류정책의 기본방향을 설정하는 10년 단위의 국가물류기본계획을 매 5년마다 수립	- 건교·해수 공동 작성 - 급변하는 물류환경에 대응한 국가물류기본계획의 실효성 제고를 위해 계획기간을 20년에서 10년으로 단축

- 20년 단위의 장기계획인 국가물류기본계획을 수립하여 물류의 미래상과 정책추진 방향을 제시하고, 5년 단위의 중기국가물류기본계획을 수립하여 구체적 실천계획을 마련하고, 매년 시행계획 수립하여 시행
- 제1차 중기국가물류기본계획(2001-2005)이 완료하여, 「제2차 중기 국가물류기본계획」을 2006년에 수립 공표

다. 계획의 작성절차

- 건설교통부장관은 기본계획을 수립 또는 변경하고자 하는 경우에는 관계중앙행정기관의 장과 협의한 후 물류정책위원회 심의 거쳐 공고(국가물류 기본계획 중 단위물류사업의 사업기간 시행주체 시행방법 등에 관한 사항과 기타 국가물류기본계획의 기본방향에 영향을 미치지 아니하는 사항이라고 건설교통부장관이 인정하는 사항을 변경하는 경우에는 예외)
- 건설교통부장관은 관계중앙행정기관의 장 또는 화물유통촉진법에 의한 사업을 경영하는 자에 대하여 기본계획의 수립 또는 변경에 필요한 자료의 제출을 요청 가능
- 건설교통부장관은 기본계획을 연도별로 시행하기 위한 연도별 시행계획을 수립하고 이를 관계행정기관에 통보의무
- 관계행정기관의 장은 특별한 사유가 없는 한 연도별 시행계획의 원활한 시행을 위하여 적극 협조의무

라. 기본계획에 포함되어야 할 사항

현재	개정안	비고
- 물류환경의 변화와 전망	- 국내외 물류환경의 변화와 전망	- 당초, 국가물류

- 물류시설의 수요예측 - 국가물류체계의 개선목표와 단계별 추진계획 - 물류시설 등의 집단화에 관한 사항 - 화물터미널의 조성 및 정비 - 물류표준화 - 물류에 관한 정보통신망의 개발보급 및 이용의 촉진 - 물류산업에 대한 지원육성 - 물류와 관련된 제도의 개선 기타 물류의 개선을 위하여 필요한 사항	- 국가 물류정책의 목표와 전략 및 단계별 추진계획 - 운송·보관·하역·포장 등 물류기능별 및 도로·철도·해운·항공 등 운송수단별 물류정책의 종합·조정에 관한 사항 - 물류시설·장비의 수급 및 투자 우선순위에 관한 사항 - 연계물류체계 구축 및 개선에 관한 사항 - 물류표준화·공동화·정보화 등 물류체계의 효율화에 관한 사항 - 물류산업의 경쟁력 강화에 관한 사항 - 물류인력의 양성 및 물류기술의 개발에 관한 사항 - 국제물류의 촉진·지원에 관한 사항 - 그밖에 물류체계의 개선을 위하여 필요한 사항	기본계획 내용으로 명시되지 아니한 물류정책 종합·조정, 연계물류체계 강화, 국제물류 지원, 물류인력 양성 등의 내용을 보완하여 국가물류기본계획이 물류전반을 포함토록 함으로써 실효성 제고

3. 도시물류기본계획

가. 작성의무자

- 시도지사

나. 작성주기 : 10년

- 그러나 도시기본계획, 도시교통정비기본계획, 도시물류 관련계획에 도시물류계획이 포함되어 있는 경우 도시물류계획 수립불요

다. 도시물류계획의 포함내용

현재	개정안	비고
- 도시물류환경의 변화와 전망 - 도시물류시설의 수요예측 - 도시물류체계의 개선목표와 단계	- 지역 물류환경의 변화와 전망 - 지역 물류정책의 목표와 전략 및 단계별 추진계획 - 운송·보관·하역·포장 등 물류기능별 및 도로, 철도, 해운, 항공 등 운송수단별 물류정책에 관한 사항 - 물류시설·장비의 수급 및 투자 우선순위에 관한 사항 - 연계물류체계 구축 및 개선에 관한 사항	- 지역물류기본계획의 실효성 확보를 위해 계획내용에 물류수송, 물류시설, 연계체계, 물류

별 추진계획 - 기타 도시물류체계의 개선에 관한 사항	- 물류표준화·공동화·정보화 등 물류체계의 효율화에 관한 사항 - 물류산업의 경쟁력 강화에 관한 사항 - 물류인력의 양성 및 물류기술의 개발에 관한 사항 - 국제물류의 촉진·지원에 관한 사항 - 그밖에 물류체계의 개선을 위하여 필요한 사항	산업 지원 등에 대한 사항을 종합적으로 포함토록 규정

라. 절차

특별시장 또는 광역시장은 도시물류계획을 수립하거나 변경하고자 하는 경우에는 미리 당해도시와 인접한 특별시장·광역시장 또는 도지사(시·도지사)와 협의한 후 지방물류정책위원회의 심의를 거쳐 건설교통부장관의 승인을 얻어 이를 공고하여야 한다. 다만, 도시물류기본계획의 기본방향에 영향을 미치지 아니하는 사항으로서 건설교통부장관이 정하여 고시하는 사항을 변경하는 경우에는 그러하지 아니하다. 특별시장 또는 광역시장은 당해도시와 인접한 시·도지사 또는 이 법에 의한 사업을 경영하는 자에 대하여 도시물류계획의 수립 또는 변경에 필요한 자료의 제출을 요청할 수 있다.

라. 시행

특별시장 또는 광역시장은 도시물류계획을 시행하기 위한 연도별 시행계획을 수립하여 동 계획의 시행전에 이를 건설교통부장관에게 제출하고 인접 시·도지사에게 통보하여야 한다. 인접 시·도지사는 특별한 사유가 없는 한 제1항의 규정에 의한 연도별 시행계획의 원활한 시행을 위하여 적극 협조하여야 한다.

4. 물류정책위원회

가. 설치 : 건교부장관 소속

나. 구성

- 위원장 1인(건교부장관)을 포함한 25인 이내의 위원

- 위원
  - 재정경제부·농림부·산업자원부·정보통신부·건설교통부·해양수산부·기획예산처·관세청·조달청 및 중소기업청의 1급 또는 이에 상당하는 공무원중에서 당해 기관의 장이 지명하는 자 각 1인
  - 물류정책·유통단지입지정책 또는 물류표준화추진정책에 관한 학식과 경험이 풍부한 자, 시민단체(「비영리민간단체지원법」 제2조의 규정에 의한 비영리민간단체를 말한다)에서 추천한 소비자나 시민대표 중에서 건설교통부장관이 위촉하는 자(이 경우 위원의 임기는 2년으로 하며, 연임 가능)

다. 심의사항

현재	개정안	비고
- 기본계획의 수립 및 변경 - 물류시설 등의 집단화 - 물류에 관한 정보통신망의 개발보급 및 이용의 촉진 - 화물터미널의 조성 및 정비 - 물류표준화 - 물류산업에 대한 지원육성 - 물류와 관련된 제도의 개선 - 다른 법률에서 위원회의 심의를 거치도록 한 사항 - 기타 위원장이 필요하다고 인정하여 심의를 요청한 사항	- 국가물류체계의 효율화에 관한 중요정책 사항 - 물류시설의 종합적인 개발계획의 수립에 관한 사항 - 물류산업의 육성·발전에 관한 중요정책 사항 - 국제물류의 촉진·지원에 관한 중요정책 사항 - 분과위원회에서 조정되지 아니한 사항 - 법률에서 국가물류정책위원회의 심의를 거치도록 한 사항 - 그밖에 국가물류체계 및 물류산업에 관한 중요한 사항으로서 위원장이 부의하는 사항	- 국가물류정책위원회는 물류정책에 관한 최상위 정책조정기구로서 위원회를 활성화하기 위해 심의사항 및 심의·의결 절차 등에 대해 구체화

제2절 물류표준화

1. 물류표준의 보급촉진

가. 물류표준화의 정의

- 화물의 원활한 유통을 위하여 시설 및 장비의 종류형상치수 및 구조, 포장의 종류형상치수구조 및 방법을 통일하고 단순화하는 것

나. 물류표준화의 기준(물류표준)

- 산업표준화법 제10조의 규정에 의한 한국산업규격

다. 물류표준화 관련 건교부 장관의 역활

- 건설교통부장관은 물류표준화에 관한 업무를 효과적으로 추진하기 위하여 필요하다고 인정하는 경우에는 산업자원부장관에게 한국산업규격의 제정·개정 또는 폐지 요청가능
- 건설교통부장관은 물류표준의 보급을 촉진하기 위하여 필요한 경우에는 관계행정기관·정부투자기관·물류사업자 또는 물류에 관련된 장비의 사용자 및 제조업자에 대하여 물류표준에 적합한 장비를 제조·사용하게 하거나 포장을 하도록 요청하거나 권고가능
- 건설교통부장관은 물류회계의 표준화를 추진하기 위하여 물류사업자등에게 필요한 조치를 하도록 권고가능

2. 표준장비등의 사용자등에 대한 우대조치

가. 우대조치 권고

- 건설교통부장관은 관계행정기관·정부투자기관 및 물류사업자등에게 물류표준에 적합한 장비를 사용하거나 물류표준에 적합한 규격으로 포장한 화물에 대하여는 운임·하역료·보관료의 할인 및 우선구매등의 우대조치를 할 것을 요청하거나 권고가능

나. 재정지원

- 정부는 물류표준에 적합한 장비등의 보급 확대를 위하여 물류사업자, 물류표준장비의

사용자 또는 물류표준에 적합한 규격으로 화물을 포장하는 자 등에게 필요한 소요자금의 융자등 재정지원 가능

3. 물류정보화

가. 종합물류정보전산망의 구축

- 건설교통부장관은 물류정보의 수집분석가공 및 유통 등을 촉진하기 위하여 필요한 때에는 물류사업자와 그 거래처 및 물류관련 업무를 처리하는 기관간을 연결하는 종합물류정보전산망을 구축

나. 전담사업자

건설교통부장관은 물류전산망을 구성·운영할 자(전담사업자)를 전기통신사업법에 의한 전기통신사업자중에서 지정할 수 있다. 정부는 물류전산망의 효율적인 구축을 위하여 전담사업자에 대하여 필요한 지원을 할 수 있다. 전담사업자로 지정받고자 하는 자는 제2항의 규정에 의한 공고가 있는 때에 건설교통부령이 정하는 지정신청서 및 서류를 갖추어 건설교통부장관에게 신청하여야한다. 건설교통부장관은 전담사업자의 지정신청을 받고자 하는 때에는 미리「정보화촉진기본법 시행령」제7조제1항제8호의 규정에 의한 사회간접자본정보화추진분과위원회(사회간접자본정보화분과위원회)의 심의를 거쳐 항목별 심사기준·신청방법 및 접수기간등을 정하여 30일이상 관보에 공고하여야 한다.

1) 신청자격

지정신청을 하고자 하는 자는「전기통신사업법」에 의한 전기통신사업자로서 다음에 해당하는 자이어야 한다.

- 「정부투자기관 관리기본법」에 의한 정부투자기관
- 납입자본금이 10억원 이상인 「상법」상의 주식회사(정부·정부투자기관 및 비영리법인이 아닌 주주중 동일인이 의결권 있는 주식총수의 100분의 15를 초과하여 소유하지 아니하는 주식회사에 한한다)

건설교통부장관은 전담사업자를 지정하고자 하는 때에는 신청자의 사업수행능력과 사업계획의 타당성에 관한 사항 등을 종합적으로 검토한 후 사회간접자본정보화분과위원회의 심의를 거쳐야 한다. 건설교통부장관은 전담사업자를 지정한 때에는 건설교통부령이 정하는 지정증을 교부하고 그 사실을 관보에 공고하여야 한다.

2) 취소

건설교통부장관은 전담사업자가 다음에 해당하는 경우에는 사회간접자본정보화분과위원회의 심의를 거쳐 그 지정을 취소할 수 있다.

- 「정부투자기관 관리기본법」에 의한 정부투자기관이나 납입자본금이 10억원 이상인「상법」상의 주식회사에 해당하지 아니하게 된 경우
- 부정한 방법으로 지정을 받은 경우
- 법 또는 법에 의한 명령이나 처분에 위반한 경우

건설교통부장관은 전담사업자의 지정을 취소한 때에는 그 사실을 관보에 공고하여야 한다. 전담사업자로 지정을 받은 자가 그 지정받은 사항을 변경하고자 하는 때에는 건설교통부령이 정하는 바에 따라 건설교통부장관의 승인을 얻어야 한다.

3) 업무범위

전담사업자는 다음의 업무를 수행한다.

- 물류전산망의 기초조사·설계 및 구성
- 전자문서·물류정보의 보급 및 이용촉진
- 물류정보의 전송처리에 관한 업무
- 화물 및 화물수송수단에 대한 추적운행 정보체계의 개발·운영
- 컴퓨터·통신설비등 전산설비의 설치 및 보안관리
- 물류전산망에 관한 기술정보의 제공
- 기타 건설교통부장관이 필요하다고 인정하는 업무

전담사업자는 매년 2월말까지 전년도 물류전산망사업추진실적 및 당해연도 물류전산망사업추진계획을 작성하여 건설교통부장관에게 제출하여야 한다.

다. 전자문서의 이용개발

- 물류사업자와 물류관련기관이 물류전산망을 이용하여 물류에 관한 업무를 행하고자 하는 경우에는 전담사업자가 취급하는 전자문서를 이용

라. 전자문서 등의 효력

- 물류사업자 또는 물류관련기관이 물류전산망을 이용하여 승인신청신고 또는 등록 등을 전자문서교환방식으로 처리한 경우에는 물류관련법령에서 정한 절차에 의하여 처리된 것으로 간주

※ 물류관련법령 : 개항질서법, 검역법, 도선법, 상법, 유통단지개발촉진법, 화물자동차운수사업법, 철도법, 철도소운송업법, 항공법, 항만법, 해운법 기타 건설교통부장관이 관계중앙행정기관의 장과 협의하여 고시하는 법률

마. 전자문서의 도달시기 및 승인

- 물류사업자 또는 물류관련기관이 물류전산망을 이용하여 승인 등을 한 전자문서는 전담사업자의 전자계산조직의 화일에 기록된 후 상대방의 전자계산조직의 화일에 기록된 때에 그 상대방에게 도달한 것으로 본다.
- 승인 등은 전담사업자의 전자계산조직의 화일에 기록된 후 통상전송에 소요되는 시간이 경과된 때에 상대방의 전자계산조직의 화일에 기록된 것으로 추정한다.

바. 전자문서 및 물류정보의 보안

- 누구든지 물류전산망에 의한 전자문서를 위작 또는 변작하거나 위작 또는 변작된 전자문서를 행사하여서는 아니 된다.
- 누구든지 물류전산망에 의하여 처리보관 또는 전송되는 물류정보를 훼손하거나 그 비밀을 침해도용 또는 누설하여서는 아니 된다.
- 전담사업자는 전자문서 및 전자계산조직의 화일에 기록되어 있는 물류정보를 3년 동안 보관하여야 한다.
- 전담사업자는 전자문서 및 물류정보의 보안에 필요한 보호조치를 강구하여야 한다.
- 누구든지 불법 또는 부당한 방법으로 보호조치를 침해하거나 훼손하여서는 아니 된다.

사. 전자문서 및 물류정보의 공개

1) 원칙

- 전담사업자는 전자문서 또는 물류정보를 공개하여서는 아니 된다.

2) 예외

- 국가의 안전보장에 위해가 없고 기업의 영업비밀을 침해하지 아니하는 경우로서
  ① 관계중앙행정기관 또는 지방자치단체가 행정 목적상 필요에 의하여 신청하는 경우
  ② 수사기관이 수사목적상 필요에 의하여 신청하는 경우
  ③ 법원의 제출명령에 의한 경우
  ④ 다른 법률의 규정에 의하여 공개하도록 되어 있는 경우
  ⑤ 기타 전담사업자가 요청하여 건설교통부장관이 공개하는 것이 필요하다고 인정하는 경우
- 전담사업자가 전자문서 또는 물류정보를 공개하고자 하는 때에는 정보공개 신청등이 있은 날부터 60일 이내에 서면 또는 전자문서교환방식에 의하여 이해관계인의 의견을 들어야 한다.

제3절 복합운송주선업

1. 복합운송(Multimodal transport)

가. 의의

- 해상운송, 도로운송, 항공운송과 같이 서로 다른 두 가지 이상의 운송수단이 결합하여 출발지에서 최종 목적지까지 일관하여 운송
- 복합운송인은 송하인에 대하여 운송의 전구간에 대해 단일운임을 지급 받고 생긴 손해에 대하여 책임부담
- 송하인은 1인의 복합운송인과 계약체결

나. 상법상의 물류관련 규정

- 육상운송 : 상행위
- 해상운송 : 해상편
- 복합운송에 관한 규정 없고 순차운송(통운송) 규정

2. 복합운송주선업

가. 운송주선업

- 자기의 명의와 계산으로 물건의 운송을 주선하는 사업(상법)

나. 복합운송주선업

- 타인의 수요에 응하여 자기의 명의와 계산으로 타인의 선박항공기철도차량 또는 자동차등 2가지이상의 운송수단을 이용하여 화물의 운송을 주선하는 사업

다. 복합운송주선업의 경영

- 자본금 등 등록기준을 갖추어 건설교통부장관에게 등록

※ 빈출 : 선박, 항공기만을 이용하여 운송주선업을 하는 경우에도 등록필요

라. 변경등록

- 복합운송주선업의 등록을 한 자가 그 등록한 사항을 변경하고자 하는 경우에는 그 변

경사유가 발생한 날부터 30일 이내에 복합운송주선업 변경등록신청서에 변경사실을 증명하는 서류를 첨부하여 시·도지사에게 제출

※ 다만, 경미한 사항(법인의 임원(대표이사 제외))을 변경하는 경우에는 등록 불요

마. 복합운송주선업의 등록기준

【표 3-1】 복합운송주선업의 등록기준

자본금 또는 자산평가액	법인인 경우 자본금이 3억원 이상, 개인인 경우 자산평가액이 6억원 이상일 것
보증보험가입	1억원 이상의 보증보험에 가입할 것. 다만, 다음 각호의 1에 해당하는 경우에는 그러하지 아니한다. 1. 자본금 또는 자산평가액이 10억원이상인 경우 2. 컨테이너장치장을 소유하고 있는 경우 3. 은행법 제2조의 규정에 의한 금융기관으로부터 1억원이상의 지급보증을 받은 경우 4. 1억원이상의 화물배상책임보험에 가입한 경우

바. 등록 결격사유

- 금치산자, 한정치산자
- 파산자로서 복권되지 아니한 자
- 화물유통촉진법, 철도소운송업법, 항공법 또는 해운법에 위반하여 벌금 이상의 형의 선고를 받고 그 집행이 종료되거나 그 집행을 받지 아니하기로 확정된 후 2년이 경과되지 아니한 자 또는 그 집행유예 기간중에 있는 자
- 등록의 취소처분을 받은 후 2년이 경과되지 아니한 자
- 법인으로서 그 임원중에 위의 사유에 해당하는 자가 있는 경우

* 복합운송주선업자가 결격 사유에 해당하게 된 경우에는 당해 등록은 그 효력을 잃는다. 다만 법인의 임원이 결격사유에 해당하는 경우에는 3개월 이내에 개임하면 된다.

사. 사업의 승계

- 복합운송주선업자가 그 사업을 양도하거나 사망한 때 또는 법인의 합병이 있는 때에는 그 양수인·상속인 또는 합병후 존속하는 법인이나 합병에 의하여 설립되는 법인은 복합운송주선업의 등록에 따른 권리·의무를 승계

- 복합운송주선업의 등록에 따른 권리·의무를 승계한 자가 양도·양수를 신고하고자 하는 경우에는 양도·양수신고서(전자문서로 된 신고서를 포함한다)를, 상속을 신고하고자 하는 자는 상속신고서(전자문서로 된 신고서를 포함한다)를, 복합운송주선업자인 법인의 합병신고를 하고자 하는 자는 법인합병신고서(전자문서로 된 신고서를 포함한다)를 그 권리·의무의 승계일부터 7일 이내에 시·도지사에게 제출

※ 신고를 하지 아니한 때에는 200만원의 과징금 및 과태료 부과

아. 사업의 휴지·폐지

- 복합운송주선업자는 복합운송주선업의 전부 또는 일부를 휴지 또는 폐지하고자 하는 경우에는 미리 건설교통부장관에게 신고
- 복합운송주선업자인 법인이 합병외의 사유로 인하여 해산한 경우에는 그 청산인(해산이 파산에 의한 경우에는 파산관재인을 말한다)은 지체없이 이를 건설교통부장관에게 신고
- 휴지기간은 6월을 초과할 수 없음
- 복합운송주선업자가 사업의 전부 또는 일부를 휴지 또는 폐지하고자 하는 경우에는 미리 그 취지를 영업소 기타 일반공중이 보기 쉬운 곳에 게시

※ 게시하지 아니한 때는 200만원의 과징금 및 과태료 부과

자. 등록의 취소 및 사업정지

1) 사유

- 부정한 방법으로 등록한 때,
- 등록의 결격사유에 해당한 때,
- 등록증을 대여한 때,
- 등록기준에 미달한 때,
- 화물유통촉진법 또는 법에 의한 명령이나 처분에 위반한 때

⋆ 이중에서 위반을 하는 경우 반드시 등록을 취소 하여야 하는 경우는 ①부정한 방법으로 등록한 때, ②등록의 결격사유에 해당한 때, ③등록증을 대여한 때이다.

2) 승계인이 결격사유에 해당하게 된 경우 : 3월간 사업의 일부 또는 전부를 불가

- 사유 : 영업양도의 자유보장과 승계인에게 하자 치유 기간 부여

제4절 화물터미널사업

1. 화물터미널

가. 정의

- 화물의 집화하역분류포장보관 또는 통관 등에 필요한 기능을 갖춘 시설물
- 다음의 시설은 화물터미널에서 제외
  - 항만법상의 항만시설중 항만구역안에 있는 화물하역시설 및 화물보관처리시설
  - 항공법상의 공항시설중 공항구역안에 있는 화물의 운송을 위한 시설과 그 부대시설 및 지원시설
  - 철도사업법 또는 삭도·궤도법에 의하여 철도사업 또는 궤도사업을 경영하는 자가 그 사업에 사용하는 화물운송하역 및 보관시설
  - 유통산업발전법상의 집배송센터 및 공동집배송단지

나. 화물터미널의 종류

- 일반화물터미널 및 복합화물터미널

다. 화물터미널 사업

- 화물터미널을 경영하는 사업

라. 화물터미널의 건설 절차

1) 공사계획 수립

화물터미널사업자는 건설하고자 하는 화물터미널의 구조 및 설비등에 관한 공사계획 수립

2) 공사시행인가·변경인가 신청(공사계획서 첨부)

- 일반화물터미널 : 시도지사
- 복합화물터미널 : 건교부장관

【그림 3-1】 공사계획서 포함내용

- 사업의 목적 및 개요, 위치도, 년차별 투자계획,
- 건축물 및 공작물 등의 설치계획,
- 기반시설 및 공공시설의 설치계획, 조감도 및 시설배치도,
- 지적도 또는 임야도에 의하여 작성한 용지도,
- 수용 또는 사용할 토지
- 건물 또는 권리 등이 있는 경우에는 그 세목과 소유자 및 공익사업을위한토지등의취득및보상에관한법률 제2조제5호의 규정에 의한 관계인의 성명 및 주소

- 공사계획의 변경에 관한 인가를 받아야 하는 경우
  - 공사의 기간을 변경하고자 하는 경우
  - 화물터미널의 부지면적을 변경하고자 하는 경우(부지면적 10분의 1이상 변경의 경우)
  - 화물터미널안의 건축물의 연면적을 변경하고자 하는 경우(연면적 10분의 1이상의변경)
  - 화물터미널안의 공공시설중 도로·철도·광장·녹지 기타 주차장, 상수도, 하수도, 유수지, 운하, 부두, 오·폐수시설 및 공동구를 변경하고자 하는 경우

3) 협의(행정기관)

건설교통부장관 또는 시·도지사가 공사시행 인가를 하고자 하는 경우에는 관계 법령에의 적합여부에 관하여 미리 소관 행정기관의 장과 협의하여야 한다.

4) 구조 및 설비기준 확인

건설교통부장관 또는 시·도지사는 공사계획이 다음의 구조 및 설비기준에 적합한 경우에는 인가를 하여야 한다.

【표 3-2】 화물터미널의 구조 및 설비기준

구조의 내구력	- 자동차의 하중(40톤) - 지진 기타 진동이나 충격에 대하여 견딜 수 있도록 안전하게 설계할 것
구내차도 및 주차장소	- 구내차도는 자동차가 후진하지 아니하고 출구 또는 입구 로 향하여 운행할 수 있도록 할 것 - 구내차도의 너비는 6.5미터이상으로 할 것(다만, 일방 통행 구내차도는 3.5미터이상으로 할 수 있다) - 구내차도 또는 조차장소 위에 횡단육교 또는 이와 유사한 구조물을 설

	치하는 경우에는 그 유효높이를 4.5미터이상으로 할 것 - 구내차도 또는 조차장소의 경사부분의 구배는 10퍼센트 이내로 할 것 - 조차장소의 형상 및 너비는 복합화물터미널의 규모 및 구조에 적합할 것
자동차 입구·출구	-자동차의 출입과 안전에 지장이 없는 곳에 위치할 것
화물취급장	- 일정한 시간대에 적재하여야 할 물동량중 최대물량을 동시에 적재할 수 있는 충분한 면적으로 할 것 - 화물을 안전하고 용이하게 하역할 수 있도록 할 것 - 전산정보체계를 갖출 것(복합화물터미널) - 화물자동분류설비(Sorting Machine)를 갖출 것(일반화물터미널 및 컨테이너전용화물터미널 제외)
창고·배송센터	- 당해 화물터미널에서 보관 또는 집화·배송하는 물동량을 보관하기에 충분한 면적으로 할 것
주차장	- 승용차용주차장과 화물자동차용주차장을 각각 갖출 것

5) 공사시행 인가

- 화물터미널 공사시행의 인가를 받은 때에는 다음의 허가·지정·인가·승인·면허 또는 해제 간주

- 국토의 계획 및 이용에 관한 법률에 의한 토지형질변경의 허가 또는 토지분할의 허가, 도시계획시설사업의 시행자의 지정, 실시계획의 인가,
- 도시개발법에 의한 사업시행자의 지정 및 실시계획의 인가
- 농지법에 의한 농지전용의 허가
- 공유수면매립법에 의한 공유수면매립면허 및 실시계획의 인가
- 도로법에 의한 도로공사의 시행허가 및 도로의 점용허가
- 공유수면관리법에 의한 공유수면의 점·사용허가 및 실시계획의 인가 또는 신고
- 수도법에 의한 수도사업의 인가, 전용수도설치의 인가
- 하천법에 의한 하천공사의 시행허가 및 하천의 점용허가
- 산지관리법에 의한 산지전용허가 및 산지전용신고
- 산림법의 규정에 의한 보안림안에서의 행위허가 및 입목벌채 등의 허가
- 사방사업법에 의한 벌채등의허가 및 사방지 지정의 해제
- 초지법에 의한 초지전용허가
- 사도법에 의한 사도개설의 허가
- 매장및묘지등에관한법률에 의한 무연분묘의 개장허가
- 농어촌정비법에 의한 농업기반시설의 목적외 사용승인
- 항만법에 의한 항만공사의 시행허가 및 실시계획의 승인
- 하수도법에 의한 공공하수도공사의 시행허가

6) 인가 고시 및 공사시행

건설교통부장관 또는 시·도지사가 화물터미널사업자의 공사시행을 인가한 때에는 이를 고시하여야 한다.

【그림 3-2】 고시에 포함되어야 할 사항

- 사업의 명칭
- 사업시행자의 주소 및 성명(법인의 경우에는 그 명칭·주소와 대표자의 성명)
- 화물터미널의 종류
- 사업시행지역의 위치 및 면적
- 사업시행기간(착공예정일 및 준공예정일을 포함)
- 수용 또는 사용할 토지·건물 또는 권리 등이 있는 경우에는 그 세목과 소유자 및 공익사업을위한토지등의취득및보상에관한법률 제2조제5호의 규정에 의한 관계인의 성명 및 주소

7) 완공 및 사용승인

- 화물터미널사업자가 화물터미널의 공사를 완료하고 건축법에 의한 사용승인을 얻은 경우에는 다음의 사항에 관하여 소관행정기관의 면허 또는 허가를 받거나 소관행정기관에 신고 또는 등록으로 간주

- 식품위생법에 의한 식품접객업(단란주점영업 및 유흥주점영업을 제외한다)의 허가
- 석유 및 석유대체연료사업법에 의한 석유판매업중 주유소의 등록 또는 신고
- 화물자동차운수사업법에 의한 화물자동차운송주선사업의 허가
- 복합운송주선업의 등록
- 자동차관리법에 의한 자동차관리사업중 자동차매매업 및 자동차정비업의 등록

바. 화물터미널 건설에 있어서의 특혜

1) 토지 등의 수용, 사용

- 화물터미널사업자가 공사시행인가를 받아 화물터미널(국토의 계획 및 이용에 관한 법률에 의한 도시계획시설인 화물터미널에 한한다)을 건설하는 경우에는 이에 필요한 토지·건물 또는 토지에 정착한 물건이나 이에 관한 소유권외의 권리를 수용 또는 사용할 수 있다. 수용 또는 사용에 관하여는 이 법에 특별한 규정이 있는 경우를

제외하고는 공익사업을위한토지등의취득및보상에관한법률을 준용한다.

2) 토지매수업무등의 위탁

- 화물터미널사업자는 화물터미널의 건설을 위한 토지매수업무·손실보상업무·이주대책사업등의 시행을 관계지방자치단체의 장에게 위탁할 수 있다. 화물터미널사업자가 토지매수업무·손실보상업무·이주대책사업등의 시행을 관계지방자치단체의 장에게 위탁하고자 하는 때에는 미리 위탁내용과 위탁조건에 관하여 당해 지방자치단체의장과 협의하여야 한다. 탁수수료는 토지매수에 따른 보상액 및 이주대책사업비에 위탁수수료의 요율을 곱하여 산정한 금액으로 한다. 위탁수수료의 요율은「공익사업을 위한 토지등의 취득 및 보상에 관한 법률 시행령」 별표의 규정에 의한 요율에 의한다.

3) 토지에의 출입

화물터미널사업자는 화물터미널의 건설을 위하여 필요한 때에는 타인의 토지에 출입할 수 있으며, 수목·토석 기타 장애물을 변경하거나 제거할 수 있다. 토지에의 출입등에 관하여는 국토의계획및이용에관한법률 제130조 및 제131조의 규정을 준용한다.

4) 국공유재산의 수의계약 양도

화물터미널건설부지안에 있는 국가 또는 지방자치단체 소유재산은 국유재산법 또는 지방재정법의 규정에 불구하고 화물터미널사업자에게 수의계약으로 매각할 수 있다. 이 경우 건설교통부장관 또는 시·도지사는 공사시행인가를 하기 전에 당해 재산의 매각에 관하여 미리 관계행정기관의 장과 협의하여야 한다.

5) 화물터미널 건설비용의 지원

정부는 화물터미널사업자가 다음에 해당하는 사업을 수행하는 경우에는 소요자금의 일부를 융자하거나 부지의 확보를 위한 지원을 할 수 있다. 건설교통부장관은 사업을 위하여 필요하다고 인정하는 경우에는 특별시장·광역시장 또는 도지사에게 부지의 확보 및 도시계획시설의 설치등에 관한 협조를 요청할 수 있다.

- 화물터미널의 건설,
- 화물터미널 위치의 변경,
- 화물터미널의 규모, 구조 및 설비의 확충 또는 개선 사업을 수행하는 경우에는 소요 자금의 일부를 융자하거나 부지의 확보를 위한 지원

2. 복합화물터미널 사업

가. 정의

- 2가지 이상의 운송수단간의 연계운송을 할 수 있는 규모 및 시설을 갖춘 화물터미널

나. 사업(시장)의 진입 : 등록

다. 등록기준

- 복합화물터미널이 당해 지역 운송망의 중심지에 위치하여 다른 교통수단과의 연계용이
- 부지면적이 3만3천 제곱미터 이상
- 화물취급장, 창고 또는 배송센터 및 주차장시설 보유
- 국가물류기본계획상의 화물터미널의 조성 및 정비계획 합치

라. 변경등록 : 다음 사항을 제외하고 등록 필요

- 변경등록이 필요 없는 경우
  - 복합화물터미널의 부지면적의 변경(변경하고자 하는 횟수에 불구하고 통산하여 부지면적의 10분의 1 이하의 변경 한정)
  - 복합화물터미널의 구조 또는 설비의 변경
  - 영업소의 명칭 또는 위치의 변경하는 경우

바. 등록 자격 및 결격사유

1) 등록자격(신설)

- 국가 또는 지방자치단체
- 한국토지공사법에 의한 한국토지공사

- 한국도로공사법에 의한 한국도로공사
- 대한주택공사법에 의한 대한주택공사
- 한국수자원공사법에 의한 한국수자원공사
- 농업기반공사 및 농지관리기금법에 의한 농어촌진흥공사
- 지방공기업법에 의한 지방공사
- 특별법에 의하여 설립된 법인
- 민법 또는 상법에 의하여 설립된 법인

2) 결격사유

- 금치산자, 한정치산자
- 파산자로서 복권되지 아니한 자
- 화물유통촉진법, 철도소운송업법, 항공법 또는 해운법에 위반하여 벌금 이상의 형의 선고를 받고 그 집행이 종료되거나 그 집행을 받지 아니하기로 확정된 후 2년이 경과되지 아니한 자 또는 그 집행유예 기간중에 있는 자
- 등록의 취소처분을 받은 후 2년이 경과되지 아니한 자
- 법인으로서 그 임원 중에 위의 사유에 해당하는 자가 있는 경우

* 복합화물터미널사업자가 결격 사유에 해당하게 된 경우에는 당해 등록은 그 효력을 잃는다. 다만 법인의 임원이 결격사유에 해당하는 경우에는 3개월 이내에 개임하면 된다.

사. 등록의 취소 및 사업정지

다음 행위를 한 때 등록을 취소하거나 6월 이내의 기간을 정하여 사업의 정지

- 부정한 방법으로 등록한 때,
- 등록증을 대여한 때,
- 화물유통촉진법 또는 법에 의한 명령이나 처분에 위반한 때

제5절 물류사업의 경쟁력 강화

1. 종합물류기업

가. 개념

- 물류사업을 종합적 · 복합적으로 영위하면서 다른 기업으로부터 물류활동을 위탁받아 대행하는 물류전문기업
- 아웃소싱 비율이 높은 운송과 물류시설운영을 기본으로 최소한 3개 이상의 물류사업을 영위
- 종합물류업의 기본형태

운송(육상 · 해상 · 항공中1) + 물류시설운영(창고 · 터미널 中 1) + 서비스

나. 추진배경

- 낙후된 물류시스템을 혁신하기 위해 화주기업의 자가물류 관행을 타파하고, 전문물류기업의 역량 강화에 대한 요구 증대
- 추진목적
  - 제3자 물류시장의 확대를 통한 물류산업 활성화
  - 물류기업의 경쟁력 강화(1단계) → 글로벌 전문물류기업 육성(2단계)
  - 물류비 절감을 통한 제조기업의 경쟁력 확대

다. 물류기업 육성 전략 로드맵

전문지식을 갖추고 고부가가치 물류서비스를 제공하는 종합물류기업을 중점 육성

라. 종합물류기업의 인증

다음과 같은 물류사업을 종합적·복합적으로 영위하는 자는 자신이 영위하는 물류사업을 관장하는 중앙행정기관의 장(주무부장관)으로부터 종합물류업자로 인증을 받을 수 있다.

【그림 3-3】 물류사업의 종류

대분류	세분류
화물운송업	육상화물운송업
	해상화물운송업
	항공화물운송업
	파이프라인운송업
물류시설운영업	창고업(공동집배송센터운영업 포함)
	화물터미널운영업
물류서비스업	화물취급업(하역업 포함)
	화물주선업
	물류장비임대업
	물류정보처리업
	물류컨설팅업

▸ 인증
- 종합물류기업자가 영위하는 물류사업을 관장하는 중 앙행정기관의 장
  인정 세부절차 : 공동부령(건교, 해수, 산자)
  • 종합물류업자 인증의 기준절차방법 및 주무부장관이 2 이상인 경우의 인증신청서 제출기관 등 인증에 관하여 필요한 사항은 물류사업을 관장하는 중앙행정기관 공동으로 제정

▸ 인증 취소
- 거짓 그 밖의 부정한 방법으로 인증을 받은 경우
- 인증기준에 적합하지 아니하게 된 경우

바. 종합물류업자 인증대상

▸ 국내물류기업 또는 전략적 제휴 기업집단
- 전략적제휴
  • 물류기업이 물류사업의 경쟁력을 높이기 위하여 다른 물류기업과 상호 협력하는 관계를 형성하는 것
- 전략적 제휴 기업집단의 요건(모두 충족 필요)

- 제휴의 계약기간이 인증신청일을 기준으로 3년 이상 유효
- 5개 이내의 물류기업으로 구성
- 공동 브랜드를 이용하여 물류사업을 영위
- 물류정보망 및 물류시설을 공동으로 이용
- 통합적인 물류회계보고서를 작성
- 주력기업(전략적제휴기업집단 중 지분교환 또는 지분투자를 주도적으로 하는 하나의 기업을 말한다)을 중심으로 5퍼센트 이상의 지분교환 또는 지분투자
- 독점규제 및 공정거래에 관한 법률에 위반되지 아니할 것

사. 인증기준

- 물류사업을 각각 1개 이상씩 영위할 것
- 물류사업 중 각각 1개 물류사업의 매출액이 물류사업 총매출액의 3퍼센트 또는 30억원 이상일 것
- 물류사업의 총매출액 중 제3자물류의 매출액비율이 20퍼센트 이상일 것(전략적제휴기업집단의 경우에는 전략적제휴를 하는 물류기업별로 각각 계산)
- 평가항목 및 평가항목별 평가기준에 따라 산정된 평가영역별 점수의 합계가 1개 이상의 평가영역에서 70점 이상일 것
- 평가항목 및 평가항목별 평가기준에 따라 산정된 평가영역별 점수의 합계가 전략적제휴를 하는 물류기업별로 1개 이상의 평가영역에서 20점 이상일 것(전략적제휴기업집단의 경우에 한한다)

아. 종합물류업자 평가항목 및 기준

- 다양성, 기업규모, 발전가능성의 3개 평가항목의 총평점 70점 이상 획득 시 인증자격 부여
- 항목별 비중은 업종별 특성에 따라 차등 적용

구분	세부평가	운송중심	시설중심	서비스중심
다양성	네트워크, 매출구조, 대상고객	25%	25%	25%
기업규모	투자자본금,자산, 매출	35%	35%	15%
발전가능성	제3자물류화, 국제화, 정보화, 안정성, 인력확보, 품질경영	40%	40%	60%
소계		100%	100%	100%

자. 종합물류기업 인증절차

▸인증심사조직

[인증위원회]

- 개요 : 관계부처가 공동으로 운영
- 업무 : 인증심사기관인 인증기관 지정, 인증

▸여부 결정

[인증기관 및 인증절차]

- 인증제 운영을 전담할 전문인증기관 ⇒ 한국교통연구원 지정
- 인증기관 내 전담조직인 인증센터 설치 ⇒ 운영예산 국가가 지원

[인증심사위원그룹 운영 및 인증절차]

- 인증기관은 인증심사를 위해 인증심사위원그룹을 구성
  ⇒ 물류관련 전문가로 50여명 구성
- 개별기업 심사를 위해 심사원그룹에서 5인 이내의 인증심사단을 구성

차. 구비서류

1) 일반

- 평가항목 및 평가항목별 평가기준에 따른 자체평가표 1부
- 법인등기부등본 1부(법인의 경우)
- 사업자등록증 사본 1부
- 재무제표 1부
- 물류회계보고서 1부
- 그 밖에 평가항목별 평가를 위하여 필요한 입증자료(고시 별표)

2) 전략적제휴기업

- 평가항목 및 평가항목별 평가기준에 따른 자체평가표 각 1부
- 법인등기부등본 각 1부(법인의 경우)
- 사업자등록증 사본 각 1부
- 재무제표 각 1부

- 전략적제휴를 증명하는 서류 1부
- 통합적 물류회계보고서 1부
- 통합적 물류시스템 구축도 1부
- 그 밖에 평가항목별 평가를 위하여 필요한 입증자료(고시 별표)

파. 종합물류기업 인증절차

▸인증심사프로세스

〔심사절차〕

- 인증심사 접수
- 인증심사단 구성
- 서류심사와 현장심사를 병행
- 인증심사단은 심사결과를 인증기관에 보고
- 인증기관은 심사결과를 인증위원회에 상정
- 인증위원회에서 합격여부를 결정

타. 인증종합물류업자 지원

1) 물류시설에 우선적 입주하게 하거나 입주권고

국가 또는 지방자치단체는 국가 또는 지방자치단체가 공급하는 다음의 시설에 인증종합물류업자를 우선적으로 입주하게 하거나 국가 또는 지방자치단체 외에 다음 각호의 시설을 운영·관리하는 자로 하여금 인증종합물류업자를 우선적으로 입주하게 할 것을 권고할 수 있다.

- 화물터미널
- 산업입지및개발에관한법률에 의한 산업단지
- 유통단지개발촉진법에 의한 유통단지
- 철도산업발전 기본법에 의한 철도시설 중 물류시설 및 그 부대시설
- 항만법에 의한 항만배후단지
- 항공법의 공항시설중 공항구역안에 있는 화물의 운송을 위한 시설과 그 부대시설 및 지원시설

- 유통산업발전법에 의한 집배송시설 및 공동집배송센터

2) 소요자금의 일부 융자, 부지 확보 지원

국가 또는 지방자치단체는 인증종합물류업자가 다음 각호의 사업을 수행하는 경우에는 소요자금의 일부를 융자하거나 부지의 확보를 위한 지원 등을 할 수 있다.

- 물류시설의 확충
- 효율적인 물류업무 처리를 위한 물류정보시스템의 구축
- 첨단물류기술의 개발 및 적용
- 물류업무의 자동화 및 물류장비의 표준화
- 해외시장의 개척
- 물류전문인력을 양성하는 사업

2. 창고업의 육성

가. 창고

- 물건의 멸실 또는 훼손을 방지하기 위한 보관시설 또는 보관 장소

나. 창고업

- 타인의 수요에 응하여 유상으로 창고에 물건을 보관하는 사업

다. 보관물건

- 동산
- 제외
  - 자기의 물건
  - 일상적으로 사용하는 자동차, 자전거 기타 이에 준하는 것을 보관하는 것
  - 철도의 소화물 또는 수화물을 보관하는 것

라. 자금의 지원

- 정부는 창고업의 육성을 위하여 필요하다고 인정하는 경우에는 창고의 건설, 창고시설의 보수개조 또는 개량, 창고시설관련 기술개발 사업을 위한 소요자금의 일부를 융자

제6절 보칙 및 벌칙

1. 협회의 설립

가. 설립

- 복합운송주선업자 또는 화물터미널사업자는 사업자협회(협회)를 전국 또는 특별시·광역시·도 단위로 설립 가능

나. 절차

- 협회를 설립하고자 할 때에는 사업자 7인 이상의 발기인이 창립총회의 의결을 거쳐 설립인가신청서에 정관, 발기인의 명부 및 이력서, 회원의 명부, 사업계획서 및 예산의 수입지출계획서, 창립총회 회의록을 첨부하여 건설교통부장관에게 제출

다. 정관 개재사항

협회의 정관에는 다음의 사항을 기재하여야 한다.

- 목적
- 명칭
- 사무소의 소재지
- 회원 및 총회에 관한 사항
- 임원에 관한 사항
- 업무에 관한 사항
- 회계 및 회비에 관한 사항
- 정관의 변경에 관한 사항
- 해산에 관한 사항
- 공고의 방법에 관한 사항

라. 업무

협회는 다음의 업무를 행한다.

- 복합운송주선업 또는 화물터미널사업의 건전한 발전과 사업자의 공동이익을 도모하는 사업

- 복합운송주선업 또는 화물터미널사업의 진흥·발전에 필요한 통계의 작성·관리와 외국자료의 수집·조사·연구사업
- 경영자와 종업원의 교육훈련
- 복합운송주선업 또는 화물터미널사업의 경영개선에 관한 지도
- 건설교통부장관으로부터 위탁받은 업무
- 위의 사업에 부수되는 사업

2. 과징금

- 건설교통부장관은 복합운송주선업자 또는 복합화물터미널사업자에게 사업의 정지를 명하여야 하는 경우로서 그 사업의 정지가 당해 사업의 이용자등에게 심한 불편을 주는 경우에는 그 사업정지처분에 갈음하여 1천만원이하의 과징금을 부과

【표 3-3】 위반행위의 종류별 과징금 금액

구분		위반행위	과징금액
복합운송주선업	등록	법 제8조의 규정에 의하여 등록한 업무의 범위를 위반하여 사업을 한 때	400
	등록사항의 변경	법 제8조제2항의 규정에 의한 변경등록을 하지 아니하고 영업한 때	200
	사업의 승계	복합운송주선업의 등록에 따른 권리·의무를 승계한 자가 사업의 승계를 신고하지 아니하고 영업한 때	200
	사업의 휴지·폐지	복합운송주선업의 전부 또는 일부를 휴지 또는 폐지하고자 하는 경우 미리 그 취지를 게시하지 아니한 때	200
화물터미널사업	등록	등록한 업무의 범위를 위반하여 사업을 한 때	400
	등록사항의 변경	복합화물터미널사업자가 변경등록을 하지 아니하고 사업 또는 설치·운영을 한 때	400
	공사의 시행등	화물터미널사업자가 공사시행의 인가 또는 변경인가를 받지 아니하고 공사를 시행한 때	400
	사업의 승계	복합화물터미널사업의 등록에 따른 권리·의무를 승계한 자가 사업의 승계를 신고하지 아니하고 영업한 때	200
	사업의 휴지·폐지	복합화물터미널사업의 전부 또는 일부를 휴지 또는 폐지하고자 하는 경우 미리 그 취지를 게시하지 아니한 때	200

3. 과태료의 부과·징수

- 건설교통부장관은 과태료를 부과할 때에는 당해 위반행위를 조사·확인한 후 위반사실·이의

방법 및 이의 기간 등을 서면으로 명시하여 이를 납부할 것을 과태료 처분대상자에게 통지

- 건설교통부장관은 제1항의 규정에 의하여 과태료를 부과하고자 할 때에는10일이상의 기간을 정하여 과태료 처분대상자에게 구술 또는 서면에 의한 의견진술의 기회 부여. 지정된 기일까지 의견진술이 없는 때에는 의견이 없는 것으로 의제
- 건설교통부장관은 당해 위반행위의 동기 및 그 횟수 등을 참작하여 그 해당금액의 2분의 1의 범위 안에서 이를 가중하거나 경감 가능. 이 경우 가중하여 부과할 때에도 과태료의 총액이 200만원을 초과불가

【표 3-4】 위반행위의 종류별 과태료금액

(단위 : 만원)

위반행위	과태료금액
- 사업승계의 신고를 하지 아니하거나 허위로 신고를 한 때	150
- 사업의 휴지·폐지의 신고를 하지 아니하거나 허위로 신고를 한 때	100

4. 권한의 위임 위탁

다음의 권한을 시·도지사에게 위임

- 복합운송주선업의 등록 및 변경등록
- 복합운송주선업의 승계신고의 수리
- 복합운송주선업의 휴지폐지신고의 수리
- 복합운송주선업 등록의 취소 및 사업의 정지
- 복합화물터미널사업의 등록 및 변경등록
- 화물터미널 공사시행인가변경인가, 소관행정기관의 장과의 협의, 공사시행인가의 고시
- 복합화물터미널사업자에 대한 등록취소 및 사업정지
- 복합화물터미널사업자에게 준용되는 사업승계의 신고수리, 사업 휴지폐지 및 법인해산
- 신고수리와 시도 단위의 협회설립인가
- 복합운송주선업자 및 복합화물터미널사업자에 대한 과징금의 부과 및 징수
- 청문
- 복합운송주선업자 및 복합화물터미널사업자에 대한 과태료의 부과 및 징수

Ⅲ. 유통단지개발촉진법

제1절 총설

※ 유통단지개발촉진법+화물유통촉진법(창고·터미널)
⇒ 물류시설법으로 개정 예정

1. 유통단지(물류단지)

가. 정의

유통시설과 지원시설을 집단적으로 설치·육성하기 위하여 지정·개발하는 일단의 토지

- 단일의 시설이 아니라 여러 가지 시설들이 합리적이며 종합적으로 집단화되어 배치된 형태

현행	개정
- "유통단지"라 함은 유통시설과 지원시설을 집단적으로 설치·육성하기 위하여 제5조의 규정에 의하여 지정·개발하는 일단의 토지를 말한다.	- "물류단지"라 함은 물류단지시설과 지원시설을 집단적으로 설치·육성하기 위하여 제20조에 따라 지정·개발하는 일단의 토지 및 시설물 등을 말한다.
- "유통시설"이라 함은 상품의 수송·보관·포장·하역·가공·통관·판매·정보처리 등을 위한 다음 각목의 시설을 말한다. 가. 화물유통촉진법 제2조제7호 및 동법 동조 제9호의 규정에 의한 화물터미널 및 창고	- "물류단지시설"이라 함은 화물의 운송·하역·포장·가공·통관·보관·판매·정보처리 등을 위하여 물류단지안에 설치되는 다음 각 목의 시설을 말한다. 가. 제6호·제7호 및 제13호에 따른 복합물류터미널·일반물류터미널 및 창고
	나. 제8호 및 제9호에 따른 공항물류터미널 및 철도물류터미널
나. 「유통산업발전법」 제2조제3호·제7호·제15호 및 제17조의2의 규정에 의한 대규모점포·전문상가단지·공동집배송센터 및 중소유통공동도매물류센터	다. 「유통산업발전법」 제2조제3호·제7호·제15호 및 제17조의2에 따른 대규모점포·전문상가단지·공동집배송센터 및 중소유통공동도매물류센터

다. 농수산물유통 및 가격안정에 관한 법률 제2조의 규정에 의한 농수산물도매시장·농수산물공판장 및 농수산물 물류센터 사. 철도사업법 또는 삭도·궤도법에 의한 철도사업 또는 삭도·궤도사업을 경영하는 자가 그 사업에 사용하는 화물운송·하역 및 보관시설 라. 축산물가공처리법 제2조제9호의 규정에 의한 작업장 아. 농업협동조합법·축산업협동조합법·수산업협동조합법·임업협동조합법 또는 중소기업협동조합법에 의한 조합 또는 그 중앙회가 설치하는 구매사업 또는 판매사업관련시설 자. 화물자동차운수사업법 제2조제2호의 규정에 의한 화물자동차운수사업에 이용되는 차고·화물취급소 기타 화물의 처리를 위한 시설 차. 약사법 제36조제1항제2호의 규정에 의한 의약품도매상의 창고 및 영업소시설 카. 기타 대통령령이 정하는 시설 타. 가목 내지 카목의 시설에 부대되는 시설(제3호 가목 또는 나목의 시설로서 가목 내지 카목의 시설과 동일한 건축물에 설치되는 시설을 포함한다)	라. 「농수산물유통 및 가격안정에 관한 법률」 제2조에 따른 농수산물도매시장·농수산물공판장 및 농수산물종합유통센터 마. 「삭도·궤도법」에 따른 삭도·궤도사업을 경영하는 자가 그 사업에 사용하는 화물운송·하역 및 보관시설 바. 「축산물가공처리법」 제2조제10호에 따른 작업장 사. 「농업협동조합법」·「수산업협동조합법」·「산림조합법」 또는 「중소기업협동조합법」에 따른 조합 또는 그 중앙회가 설치하는 구매사업 또는 판매사업 관련 시설 아. 「화물자동차 운수사업법」 제2조제2호에 따른 화물자동차운수사업에 이용되는 차고·화물취급소 그 밖의 화물의 처리를 위한 시설 자. 「약사법」 제36조제1항제2호에 따른 의약품도매상의 창고 및 영업소시설 차. 그 밖에 대통령령이 정하는 시설 카. 가목 내지 차목의 시설에 부대되는 시설(제17호 가목 또는 나목의 시설로서 가목 내지 차목의 시설과 동일한 건축물에 설치되는 시설을 포함한다)

2. 유통시설(물류단지시설)

『유통시설』은 상품의 수송·보관·포장·하역·가공·통관·판매·정보처리 등을 위한 다음의 시설들로서 개별법의 유통시설을 모두 포함

화물유통촉진법	화물터미널, 창고
유통산업발전법	대규모점포, 공동집배송센터, 전문상가단지
축산물가공처리법	작업장
농안법	농수산물 도매시장, 농수산물 공판장, 농수산물 종합유통센터
항만법	기능시설 중 하역시설 및 화물보관처리시설
철도법 또는 삭도궤도법	화물운송하역 및 보관시설

항공법	공항시설 중 화물운송을 위한 시설
농수축협 및 중기협동조합	구매사업 또는 판매사업 관련시설
약사법	의약품도매상의 창고 및 영업소 시설
화물자동차운수사업법	차고 등 화물처리시설
자동차관리법	자동차경매장 및 자동차매매공동사업장
관세법	보세창고 및 보세장치장

가. "물류시설"이라 함은 유통시설중 다음의 시설을 말한다.

- 화물유통촉진법에 의한 화물터미널 및 창고
- 유통산업발전법에 의한 집배송센터 및 공동집배송단지
- 농수산물유통 및 가격안정에 관한 법률에 의한 농수산물 물류센터
- 화물자동차운수사업법에 의한 화물자동차운수사업에 이용되는 차고·화물취급소 기타 화물처리를 위한 시설
- 기타 화물의 수송·보관·분류·포장·하역 등을 위주로 하는 시설

나. "상류시설"이라 함은 유통시설중 다음의 시설을 말한다.

- 유통산업발전법에 의한 대규모점포 및 전문상가단지
- 농수산물유통 및 가격안정에 관한 법률에 의한 농수산물도매시장 및 농수산물공판장
- 기타 판매 등을 위주로 하는 시설

3. 지원시설

『지원시설』이라 함은 유통시설의 운영을 효율적으로 지원하기 위하여 유통단지 안에 설치되는 다음 시설

- 가공제조시설
  - 공장
  - 농수산물종합처리장
  - 가공품생산공장
  - 수산물가공업시설

  - 미곡의 건조보관가공시설
- 정보처리시설
- 금융, 보험, 의료, 교육, 연구시설
- 유통단지의 종사자 및 이용자의 생활과 편의를 위한 시설
- 유통단지의 기능증진을 위한 시설
  - 관람집회시설 및 전시시설
  - 입주기업체 및 지원기관에서 발생하는 폐기물의 처리를 위한 시설
  - 단독주택, 공동주택, 기숙사, 숙박, 운동, 위락, 근린생활 및 근린공공시설

4. 유통단지 개발사업

유통단지 조성을 위하여 시행하는 다음 사업을 말한다.

- 유통시설용지 및 지원시설용지의 조성사업
- 도로·철도·궤도·항만·공항시설등의 건설사업
- 전기·가스·용수등의 수급시설과 전기통신설비의 건설사업
- 하수도폐기물처리시설 기타 환경오염방지시설등의 건설사업
- 유통단지종사자의 주거공간 확보를 위한 주택지조성사업
- 기타 위의 사업에 부대되는 사업

제2절 유통단지의 지정·개발

1. 유통단지의 종합개발계획(물류시설개발종합계획)

가. 개요

건설교통부장관은 국토기본법 제6조제2항제1호의 규정에 의한 국토종합계획에 따라 유통단지개발에 관한 종합계획(유통단지개발종합계획)을 수립하여야 한다. 유통단지개발종합계획은 5년 단위로 수립한다.

- 작성권자 : 건교부장관
- 작성근거 : 국토기본법에 의한 국토종합계획(상위계획)
- 작성주기 : 5년

나. 계획에 포함되어야 할 사항

현행	개정안
유통시설용지의 수요에 관한 사항 - 유통시실용지의 계획적 공급에 관한 사항 - 유통단지의 지정, 개발에 관한 사항 - 유통단지의 지역별, 규모별 배치에 관한 사항 - 도심지에 위치한 유통시설의 정비와 교외 이전에 관한 사항 - 용수·에너지·교통·통신시설 등 기반시설에 관한 사항 - 환경보전에 관한 사항	1. 단위물류시설·클러스터물류시설 및 연계물류시설의 장래수요에 관한 사항 2. 단위물류시설·클러스터물류시설 및 연계물류시설의 계획적 공급에 관한 사항 3. 단위물류시설·클러스터물류시설 및 연계물류시설의 지정·개발에 관한 사항 4. 단위물류시설·클러스터물류시설 및 연계물류시설의 지역별·규모별·연도별 배치 및 우선순위에 관한 사항 5. 단위물류시설·클러스터물류시설 및 연계물류시설의 기능개선 및 효율화에 관한 사항 6. 단위물류시설 및 클러스터물류시설 시설의 공동화·집단화에 관한 사항 7. 연계물류시설의 국내 및 국제 연계수송망 구축에 관한 사항 8. 단위물류시설·클러스터물류시설 및 연계물류시설의 환경보전·관리에 관한 사항 9. 도심지에 위치한 단위물류시설·클러스터물류시설 및 연계물류시설의 정비와 교외이전에 관한 사항 10. 그 밖에 대통령령이 정하는 사항

다. 유통단지종합개발계획의 작성절차

건설교통부장관이 유통단지개발종합계획을 수립하고자 할 때에는 관계중앙행정기관의 장으로부터 소관별 계획을 제출받아 이를 기초로 유통단지개발종합계획안을 작성하여 시·도지사의 의견을 듣고 관계중앙행정기관의 장과 협의한 후 화물유통촉진법 제4조의6의 규정에 의한 물류정책위원회의 심의를 거쳐 관보에 고시하여야 한다. 유통단지개발종합계획을 변경하고자 할 때에도 또한 같다. 다만, 유통시설용지면적의 100분의 10미만의 범위 안에서 유통용지수요·공급계획을 변경하는 때에는 그러하지 아니하다

소관 계획작성, 제출 (관계중앙행정기관) → 유통단지개발종합계획안 작성 → 시·도 의견 수렴 → 관계중앙행정기관 협의 → 물류정책위원회의 심의 → 관보 고시

라. 관계 중앙행정기관의 장의 권한

- 건설교통부장관에게 유통단지개발종합계획의 변경 요청 가능
- 유통단지개발종합계획의 변경을 요청하는 때에는 건설교통부장관에게 제출서류
  - 유통시설 및 유통단지의 현황
  - 유통시설용지의 연차별 수급계획
  - 유통단지의 연차별 조성계획
  - 자금조달계획 및 투자계획
  - 유통단지개발종합계획의 주요변경내용에 관한 대비표

2. 유통단지 개발지침

건설교통부장관은 유통단지의 합리적인 개발을 위하여 필요하다고 인정할 때에는 유통단지의 개발에 관한 기본지침(유통단지개발지침)을 작성하여 관보에 고시하여야 한다.

가. 의의

- 유통단지의 합리적인 개발을 위하여 건교부장관이 작성한 유통단지개발에 관한 기본지침

나. 적용범위

유통단지의 지정·개발·공급·지원 등의 업무를 처리하는 경우에 적용

다. 작성절차

건설교통부장관은 유통단지개발지침을 수립하고자 하는 때에는 특별시장·광역시장 또는 도지사(시·도지사)의 의견을 듣고 관계중앙행정기관의 장과 협의한 후 심의회의 심의를 거쳐야 한다. 유통단지개발지침을 변경하고자 하는 때에도 또한 같다. 다만, 토지가격의 안정을 위하여 필요한 사항을 변경하는 때에는 그러하지 아니하다.

시·도지사 의견 → 협의(중앙행정기관) → 물류정책위원회 심의 → 확정고시(관보)

라. 개발 지침에 포함되어야 할 사항

- 유통단지입지의 계획적체계적 공급에 관한 사항
- 유통단지의 지정개발지원에 관한 사항
- 환경영향평가를 포함하는 환경보전에 관한 사항
- 지역간의 균형발전을 위하여 참작할 사항
- 문화재의 보존을 위하여 참작할 사항
- 토지가격의 안정을 위하여 필요한 사항

3. 유통단지의 지정

가. 지정권자

유통단지는 건설교통부장관이 지정한다. 다만, 100만제곱미터 이하의 유통단지는 관할 시·도지사가 지정한다.

- 건교부장관 : 100만m2 초과
- 시도지사 : 100만m2 이하

나. 지정절차

- 건교부장관이 지정하는 경우

건설교통부장관이 유통단지를 지정하고자 할 때에는 유통단지개발계획을 수립하여 관할 시·도지사의 의견을 듣고 관계중앙행정기관의 장과 협의한 후 물류정책위원회의 심의를 거쳐야 한다.

· 개발계획작성 → 시도지사 의견수렴 → 시민·관계전문가 의견청취 → 협의(중앙행정기관) → 심의(물류정책위원회) → 지정(변경)고시 → 관련서류사본 시장·군수·구청장에게 송부 → 일반인 열람(14일 이상)

- 시도지사가 지정하는 경우

시·도지사가 유통단지를 지정하고자 할 때에는 유통단지개발계획을 수립하여 관계행정기관의 장과 협의한 후 지방물류정책위원회의 심의를 거쳐야 한다.

· 개발계획작성 → 시민·관계전문가 의견청취 → 협의(중앙행정기관) → 심의(지방물류정책위원회) → 지정(변경)고시 → 관련서류사본 시장·군수·구청장에게 송부 → 일반인 열람(14일 이상) → 건교부장관 통보

- 중요 지정내용 변경절차

유통단지지정내용중 다음과 같은 중요사항을 변경하고자 할 때에도 정식 지정절차를 거쳐야 한다.

<정식 지정절차를 거쳐야 하는 중요 사항>

· 유통단지면적의 변경(10분의 1이상의 면적변경의 경우에 한한다)
· 유통시설용지면적의 변경(10분의 1이상의 면적변경의 경우에 한한다) 또는 유통시설용지의 용도변경
· 공공시설 및 기반시설의 부지면적의 변경(10분의 1이상의 면적변경의 경우에 한한다) 또는 그 시설의 위치변경
· 유통단지개발사업시행자의 변경

- 유통단지 개발계획에 포함되어야 하는 사항

내용	비교
- 유통단지의 명칭·위치 및 면적 - 유통단지의 지정목적 - 유통단지의 개발을 위한 주요시설의 지원계획 - 환지의 필요성이 있는 경우 그 환지계획	
유통단지개발사업의 시행자 유통단지개발사업의 시행기간 및 시행방법 토지이용계획 및 주요기반시설계획 주요유치시설 및 그 설치기준에 관한 사항 재원조달계획 수용·사용할 토지·건축물 기타 물건이나 권리가 있는 경우에는 그 세목	유통단지개발계획의 수립에 있어서 부득이 한 경우에는 유통단지의 지정후에 이를 유통단지개발계획에 포함시킬 수 있다.

다. 유통단지 지정신청권자

관계행정기관의 장과 다음의 자는 유통단지의 지정이 필요하다고 인정하는 때에는 대상지역을 정하여 건설교통부장관 또는 시·도지사(유통단지지정권자)에게 유통단지의 지정을 요청할 수 있다. 이 경우 중앙행정기관의 장외의 자는 유통단지개발계획안을 작성하여 제출하여야 한다.

- 관계 중앙행정기관장과 정부투자기관, 지방공기업법에 의한 지방공사, 특별법에 의한 법인, 민법 또는 상법상 법인
- 지정신청을 하려는 자는 유통단지개발계획안에 다음의 서류 및 도면을 첨부하여 유통단지 지정권자에게 제출

<유통단지개발계획안 첨부 서류>

· 위치도·시설배치도 및 조감도
· 지정대상지역의 토지이용현황에 관한 서류
· 용수·에너지·교통·통신시설등 입지여건의 분석에 관한 서류
· 개발한 토지·시설등의 처분계획에 관한 서류
· 이주대책에 관한 서류

라. 지정

- 유통단지 지정권자는 유통단지를 지정하는 때에는 유통단지개발종합계획과 유통단지 개발지침에 적합한 경우에 한하여 유통단지를 지정
- 유통단지지정권자는 유통단지지정요청이 있은 지역이 유통단지로 지정하기에 적합하지 아니하다고 인정되는 경우에는 그 이유를 요청한자에게 통지

마. 유통단지지정 또는 변경의 고시

- 유통단지지정권자는 유통단지를 지정하거나 지정내용을 변경한 때에는 다음 사항을 관보 또는 시·도의 공보에 고시하고, 관계서류의 사본을 관할 시장·군수 또는 구청장(자치구의 구청장)에게 송부
  - 관계서류를 송부 받은 시장·군수 또는 구청장은 이를 14일 이상 일반인이 열람할 수 있도록 비치
- 시·도지사는 유통단지를 지정 또는 변경지정한 후 다음 사항을 고시한 때에는 지체없이 고시내용을 건설교통부장관에게 통보
- 유통단지로 지정되는 지역 안에 수용 또는 사용할 토지·건축물 기타 물건이나 권리가 있는 경우에는 고시내용에 그 토지 등의 세목을 포함

고시 사항	별도고시 가능여부
· 유통단지의 명칭·위치 및 면적 · 유통단지의 지정 목적 · 유통단지의 개발기간 및 개발방법 · 토지이용계획 및 주요 기반시설계획 · 주요 유치업종 및 유치업종배치계획 · 유통단지의 개발을 위한 주요시설지원계획 · 관련도서의 열람방법	
· 유통단지개발사업의 시행자 · 수용·사용할 토지·건축물 기타 물건이나 권리가 있는 경우 그 세목과 그 소유자 및 「공익사업을 위한 토지 등의 취득 및 보상에 관한 법률」 제2조제5호의 규정에 의한 관계인의 성명·주소 · 종전 토지소유자에 대한 환지계획	유통단지 지정시 확정되지 아니한 경우에는 그 내용이 확정된 후에 별도로 고시 가능

바. 지정효과 : 행위제한

- 유통단지로 지정·고시된 지역 안에서 토지형질의 변경, 건축물의 건축, 공작물의 설치 또는 토석·모래·자갈의 채취 등의 행위는 시장·군수 또는 구청장 허가가 필요하고 허가받은 사항을 변경하고자 할 때에도 시장·군수 또는 구청장의 허가 필요

<허가를 받지 아니하고 할 수 있는 행위>

1. 재해복구 또는 재난수습에 필요한 응급조치를 위하여 하는 행위
2. 다음의 어느 하나에 해당하는 행위로서 「국토의 계획 및 이용에 관한 법률」 제56조에 따른 개발행위허가의 대상이 아닌 것
   - 농림수산물의 생산에 직접 이용되는 것으로서 다음과 같은 간이공작물의 설치
     - · 비닐하우스
     - · 양잠장
     - · 고추, 엽연초, 김 등 농림수산물의 건조장
     - · 버섯재배사
     - · 종묘배양장
     - · 퇴비장
     - · 탈곡장
     - · 그 밖에 이와 유사한 것으로서 건설교통부장관이 정하여 관보에 고시하는 공작물
   - 경작을 위한 토지의 형질변경
   - 유통단지의 개발에 지장을 주지 아니하고 자연경관을 손상하지 아니하는 범위 안에서의 토석의 채취
   - 유통단지 안에 존치하기로 결정된 대지 안에서 물건을 쌓아놓는 행위
   - 관상용 죽목의 임시식재(경작지에서의 임시식재를 제외한다)

- 다른 법령에 의하여 시장·군수 또는 구청장의 허가·인가·승인 등을 얻은 사항에 대하여는 허가 불요
- 허가를 받아야 하는 행위로서 유통단지의 지정 및 고시 당시 이미 관계 법령에 따라 행위허가를 받았거나 허가를 받을 필요가 없는 행위에 관하여 그 공사 또는 사업에 착수한 자는 시장·군수 또는 구청장에게 신고한 후 이를 계속 시행가능
- 시장·군수 또는 구청장은 행위제한을 위반한 경우 원상회복 명령. 명령을 이행하지 아니하는 때에는 행정대집행법에 의하여 원상회복을 대집행

4. 유통단지 지정 해제

가. 사유

- 실시계획을 신청하지 않아 해제하는 경우
  - 유통단지로 지정고시된 날부터 5년 이내에 그 유통단지의 전부 또는 일부에 대하여 유통단지개발실시계획의 승인을 신청하지 아니한 경우, 그 기간이 만료된 날의 다음 날 당해 지역에 대한 유통단지의 지정이 해제된 것으로 봄
- 개발완료 또는 개발전망이 없어 해제하는 경우
  - 유통단지지정권자는 유통단지의 전부 또는 일부에 대한 개발이 완료되거나 개발전망이 없게 된 경우에는 해제사유와 내역 그리고 국토이용관리법에 의한 용도지역 또는 도시계획법에 의한 지역의 환원에 관한 사항을 명시하여 관계행정기관의 장과 협의 필요

나. 지정해제의 효과 : 용도지역 환원

- 유통단지의 지정이 해제된 것으로 보거나 해제된 경우에는 국토이용관리법 또는 도시계획법의 규정에 불구하고 유통단지에 대한 용도지역 또는 지역은 종전의 용도지역 또는 지역으로 환원된 것으로 본다.
- 유통단지의 개발이 완료되어 유통단지의 지정이 해제된 경우에는 환원되지 아니하다.
- 시장군수 또는 구청장은 용도지역 또는 지역이 환원된 경우에는 즉시 그 사실을 고시

다. 지정해제의 통보 및 고시

- 유통단지의 지정이 해제된 것으로 보거나 해제된 경우 당해 유통단지지정권자는 그 사실을 관계중앙행정기관의 장 및 시도지사에게 통보하고 이를 고시하여야 하며, 통보를 받은 시도지사는 지체 없이 시장군수 또는 구청장으로 하여금 이를 14일 이상 일반인이 열람할 수 있도록 하여야 한다.

라. 고시내용

- 유통단지지정권자는 유통단지의 지정을 해제하는 때에 고시하는 내용
  - ① 유통단지의 명칭
  - ② 해제되는 유통단지의 위치 및 면적

③ 유통단지지정의 해제사유
④ 국토의 계획 및 이용에 관한 법률 제36조 규정에 의한 용도지역의 환원 여부
⑤ 관계도서의 열람방법

5. 유통단지개발

가. 개발의 기본방향

- 유통단지의 개발은 유통단지개발종합계획에 적합 필요
- 유통단지에는 물류시설을 포함한 2개시설이상의 유통시설과 유통시설의 운영을 위하여 필요한 지원시설이 집단적으로 설치. 다만, 이미 설치된 유통시설 또는 설치중이거나 계획중인 유통시설에 연접하여 유통단지를 지정하는 경우에는 예외

나. 개발절차

시행자지정 신청 → 시행자(공영, 민영) 지정 → 유통단지개발실시계획 수립 → 실시계획 승인신청 → 승인(인·허가 등의 의제) → 고시(지정권자) → 개발 → 준공인가 → 건축허가 → 유통단지 관리 및 운영

다. 개발 시행자

유통단지개발사업을 시행하고자 하는 자는 유통단지지정권자로부터 시행자지정을 받아야 한다. 유통단지지정권자는 민법 또는 상법에 의하여 설립된 법인인 시행자가 승인을 얻은 유통단지개발실시계획에서 정하여진 기간 내에 유통단지개발사업을 완료하지 아니한 경우에는 다른 시행자를 지정하여 그 자로 하여금 당해 유통단지개발사업을 시행하게 할 수 있다.

- 시행자의 정의
  • 유통단지개발 사업을 시행하는 자로 지정받은 자
- 시행자로 지정받고자 하는 자는 다음의 사항을 기재한 시행자지정신청서를 유통단지지정권자에게 제출
  • 사업을 시행하고자 하는 자의 성명(법인인 경우에는 법인의 명칭 및 대표자의 성명)·주소

- 사업을 시행하고자 하는 유통단지의 명칭·위치 및 사업시행면적
- 사업의 명칭·목적·개요·시행기간·시행방법등 사업계획의 개요

- 시행자지정 신청서 첨부서류
  - 위치도
  - 사업계획서
  - 자금조달계획서

※ 사업시행자 비교

	공영개발사업	민간개발사업
시행자	국가 또는 지방자치단체 정부투자기관(한국토지공사, 한국도로공사, 대한주택공사, 한국수자원공사, 농어촌진흥공사) 지방공기업법에 의한 지방공사 특별법에 의하여 설립된 법인	민법 또는 상법에 의하여 설립된 법인 ※ 자연인은 시행자가 될 수 없다.
장점	공공성 확보용이 토지수용 등 사업추진 용이	전액 민자출자로 개발 기업이윤 국민에 환원
단점	대규모 건설 재원 조달상의 문제 경영사 비효율	민간출자유도를 위한 수익성 부여 필요 부대사업에 대한 특혜 논란

라. 시설 부지조성사업의 대행

민법 또는 상법에 의하여 설립된 법인이 아닌 시행자는 유통시설용지의 조성과 유통시설의 건설을 병행하게 할 필요가 있거나 유통단지개발사업의 원활한 시행을 위하여 필요하다고 인정하는 경우에는 입주기업체 또는 지원기관으로 하여금 유통단지개발사업중 당해 입주기업체 또는 지원기관이 사용할 시설의 부지조성사업을 대행하게 할 수 있다. 시행자는 입주기업체 또는 지원기관으로 하여금 유통단지개발사업의 일부를 대행하게 하는 경우에는 이에 관한 계약을 체결하여야 한다. 이 경우 시행자는 계약을 체결한 날부터 14일 이내에 계약서의 사본을 첨부하여 당해 유통단지지정권자에게 유통단지개발사업의 대행에 관한 보고를 하여야 한다. 시행자는 계약을 체결한 유통단지개발사업의 대행자가 그 계약에 의하여 성실하게 사업을 시행하도록 지도·감독하여야 한다.

마. 유통단지개발실시계획의 승인

시행자는 대통령령이 정하는 바에 의하여 유통단지개발실시계획(실시계획)을 수립하여 유통단지지정권자의 승인을 얻어야 한다. 승인을 얻은 사항을 변경하고자 할 때에도 또한 같다. 실시계획에는 개발한 토지·시설 등의 처분에 관한 사항이 포함되어야 한다. 유통단지지정권자가 실시계획을 승인하거나 승인을 얻은 사항을 변경하고자 할 때에는 관계행정기관의 장과 협의하여야 한다. 다만, 다음과 같은 경미한 사항의 변경을 승인하는 때에는 그러하지 아니하다.

<실시계획 승인·승인변경시 관계행정기관과 협의가 필요 없는 경미한 사항>

1. 시행자의 주소 변경
2. 법인인 시행자의 대표자 변경
3. 사업시행지역의 변동이 없는 범위 안에서의 착오 등에 의한 시행면적의 정정
4. 사업시행면적을 초과하지 아니하는 범위 안에서 사업을 분할하여 시행하는 경우의 면적 변경

실시계획의 승인을 신청하고자 하는 경우에는 기재사항(시행자의 성명(법인인 경우에는 그 명칭 및 대표자의 성명)·주소, 사업의 명칭, 사업의 목적, 사업을 시행하고자 하는 위치 및 면적, 사업의 시행방법 및 시행기간, 사업시행지역의 토지이용현황, 토지이용계획 및 기반시설계획, 공공시설의 귀속 및 관리계획)을 기재한 실시계획승인신청서를 유통단지지정권자에게 제출하여야한다.

실시계획승인신청서에는 다음의 서류 및 도면을 첨부하여야 한다.

< 실시계획승인신청서 첨부서류 및 도면 >

- 위치도
- 지적도에 의하여 작성한 용지도
- 계획평면도 및 실시설계도서
- 사업비 및 자금조달계획서
- 개발되는 토지 또는 시설 등의 관리처분에 관한 계획서
- 사업시행지역안에 존치하고자 하는 기존 유통시설이나 건축물 등의 명세서
- 사업시행지역 토지건물 또는 권리 등 매수보상 및 주민 이주대책에 관한 서류
- 수용 또는 사용할 토지건물 또는 권리 등의 소유자와 토지수용법 제4조제3항의 규정에 의한 관계인의 성명 및 주소에 관한 서류

- 수용 또는 사용할 토지 또는 건물의 소재지지번지목면적 및 소유권 외의 권리 명세에 관한 서류 공공시설물 및 토지 등의 무상귀속 등에 관한 계획서
- 도시계획결정에 필요한 관계서류 및 도면
- 해양오염방지법시행령 제42조의 규정에 의한 해역이용협의서류
- 환경영향평가법에 의한 환경영향평가대상 사업인 경우에는 환경영향평가서
- 도시교통정비촉진법에 의한 교통영향평가대상사업인 경우에는 교통영향평가서
- 문화재보존대책에 관한 서류

바. 실시계획승인의 고시

유통단지지정권자는 실시계획을 승인하거나 승인을 얻은 사항을 변경한 때에는 다음 사항을 관보 또는 시·도의 공보에 고시하고, 관계서류의 사본을 관할 시장·군수 또는 구청장에게 송부하여야 한다.

<실시계획 승인시 고시 사항>

· 사업의 명칭
· 시행자의 성명(법인인 경우에는 그 명칭 및 대표자의 성명)
· 사업의 목적 및 개요
· 사업시행지역의 위치 및 면적
· 사업시행기간(착공 및 준공예정일을 포함한다)
· 도시계획시설에 대한 「국토의 계획 및 이용에 관한 법률 시행령」 제25조제5항 각호의 사항

관계서류의 사본을 송부받은 시장·군수 또는 구청장은 이를 14일 이상 일반인이 열람할 수 있도록 하여야 한다. 관계서류의 사본을 송부받은 시장·군수 또는 구청장은 실시계획에 도시계획결정사항이 포함되어 있는 경우에는 도시계획법 제13조의 규정에 의하여 지적고시승인신청 등 필요한 절차를 취하여야 한다. 이 경우 시행자는 지적고시 등에 필요한 서류를 작성하여 시장·군수 또는 구청장에게 제출하여야 한다.

바. 인허가등의 의제

- 실시계획의 승인을 얻은 경우에는 다음의 허가·결정·인가·면허·동의·승인·해제 또는 처분 등을 얻은 것으로 보며, 실시계획의 승인이 고시된 때에는 다음의 관계 법률에 의한 인·허가 등의 고시 또는 공고가 있은 것으로 간주

· 국토의 계획 및 이용에 관한 법률에 의한 토지형질변경 등의 허가, 도시계획의 결정, 도시계획사업시행자의 지정 및 실시계획의 인가
· 농지법에 의한 농지의 전용허가 및 협의
· 산지관리법에 의한 산지전용허가 및 산지전용신고
· 산림법에 의한 벌채 등의 허가, 국유림안에서의 벌채승인 또는 동의 및 입목벌채 등의 허가
· 초지법에 의한 초지전용허가
· 수도법에 의한 일반수도사업의 인가, 공업용수도사업의 인가, 전용상수도의 인가 및 전용공업용수도의 인가
· 하수도법에 의한 공공하수도공사의 시행허가
· 공유수면관리법에 의한 공유수면의 점·사용허가 및 실시계획의 인가 또는 신고
· 공유수면매립법에 의한 공유수면매립면허, 실시계획의 인가 및 협의 또는 승인
· 하천법에 의한 하천공사시행허가 및 하천점용허가
· 도로법에 의한 도로공사시행허가, 도로점용허가, 접도구역안에서의 행위허가 및 연도구역안에서의 행위허가
· 매장 및 묘지 등에 관한 법률에 의한 무연분묘의 개장허가
· 농어촌정비법에 의한 농업기반시설의 목적외 사용승인
· 광업법에 의한 광업권설정불허가처분 및 광업권의 취소 또는 광구감소처분
· 항만법에 의한 항만공사시행의 허가 및 항만공사실시계획의 승인
· 사도법에 의한 사도개설허가
· 측량법에 의한 측량성과 사용승인
· 사방사업법에 의한 벌채 등의 허가 및 사방지지정의 해제

6. 유통단지개발사업의 위탁시행

가. 위탁 대상

- 공공시설의 건설
  - 항만·용수시설, 도로·상수도·철도·공동구·폐수종말처리시설·폐기물처리시설·집단에너지공급시설·제방·호안·방조제·하구언 및 녹지시설
- 공유수면의 매립에 관한 사항
- 유통단지개발 사업을 위한 용지매수업무와 손실보상업무

나. 위탁 기관

- 국가·지방자치단체 또는 정부투자기관

다. 협의

- 시행자는 유통단지개발사업의 일부를 국가·지방자치단체 또는 정부투자기관에 위탁하여 시행하고자 하는 경우에는 이를 위탁받아 시행할 자와 다음의 사항에 관하여 협의
  - 위탁사업의 사업지
  - 위탁사업의 종류·규모·금액 기타 공사설계의 기준이 될 사항
  - 위탁사업의 시행기간(착공 및 준공예정일과 공정계획을 포함한다)
  - 위탁사업에 필요한 비용의 지급방법과 그 자금의 관리에 관한 사항
  - 위탁자가 부동산·기자재 또는 근로자를 제공하는 경우에는 그 관리에 관한 사항
  - 위험부담에 관한 사항
  - 기타 위탁사업의 내용을 명백히 하는데 필요한 사항
- 시행자는 용지매수와 손실보상에 관한 업무를 시·도지사나 시장·군수 또는 구청장에게 위탁하고자 하는 경우에는 그 위탁조건에 관하여 협의

라. 위탁요율의 결정

- 개발사업을 위탁하여 시행하는 경우의 위탁요율의 기준

【표 3-5】 유통단지개발사업 위탁요율 기준

<table>
<tr><th>공사비(원)</th><th>요율</th><th>비고</th></tr>
<tr><td>100억원 이하</td><td>9.0% 이내</td><td rowspan="4">- 공사비라 함은 재료비·노무비·일반관리비·이윤 및 부가가치세액의 합계액을 말한다.
- 공사비는 발주설계서 또는 직영설계서상의 금액을 하되 설계·시공일괄입찰의 경우에는 계약금액을 기준으로 한다.
- 설계변경으로 공사비가 변경되는 경우에는 그에 따라 수수료를 가감할 수 있다.
- 2년 이상의 장기사업인 경우에는 총공사비에 대한 수수료의 범위 안에서 위탁자와 수탁자의 협의에 따라 연차별 수수료를 배분하여 정할 수 있다.
- 위탁사업의 범위에 용지매수 및 손실보상업무와 이주대책사업이 포함되는 경우에는 그에 따른 위탁수수료를 가산한다.
- 조사·설계등 부대사업을 포함하여 위탁하는 경우에는 부대사업에 소요되는 비용을 공사비에 합산하여 요율을 적용한다.</td></tr>
<tr><td>100억원 초과
300억원 이하</td><td>8.0% 이내</td></tr>
<tr><td>300억원 초과
500억원 이하</td><td>7.5% 이내</td></tr>
<tr><td>500억원 초과</td><td>7.0% 이내</td></tr>
</table>

- 용지매수 또는 손실보상에 관한 업무를 위탁하는 경우의 위탁료율에 관하여는 공익사업을위한토지등의취득및보상에관한법률시행령 별표를 준용

7. 토지관련 사항

가. 수용

시행자는 유통단지개발사업에 필요한 토지·건축물 또는 토지에 정착한 물건과 이에 관한 소유권외의 권리, 광업권·어업권·물의 사용에 관한 권리(토지등)를 수용 또는 사용할 수 있다. 다만, 민·상법상의 법인인 시행자인 경우에는 사업대상토지 면적의 3분의 2 이상을 매입하여야 토지등을 수용 또는 사용할 수 있다. 유통단지의 지정의 고시가 있은 때(시행자와 수용·사용할 토지등의 세목을 유통단지의 지정 후에 유통단지개발계획에 포함시키는 경우에는 그 고시가 있은 때)에는 공익사업을위한토지등의취득및보상에관한법률 제20조제1항 및 동법 제22조의 규정에 의한 사업인정 및 그 고시가 있은 것으로 본다. 건설교통부장관이 지정하는 유통단지의 토지등에 대한 재결은 중앙토지수용위원회가 관장하고, 시·도지사가 지정하는 유통단지의 토지등에 대한 재결은 관할지방토지수용위원회가 관장한다. 이 경우 재결의 신청은 공익사업을위한토지등의취득및보상에관한법률 제23조제1항 및 동법 제28조제1항의 규정에 불구하고 유통단지개발계획에서 정하는 사업시행기간내에 할 수 있다. 수용 또는 사용에 관하여는 유통단지개발특별법에 특별한 규정이 있는 경우를 제외하고는 공익사업을위한토지등의취득및보상에관한법률을 준용한다.

나. 국토이용계획 등에 대한 특례

유통단지가 지정·고시된 경우에는 그 범위 안에서 공유수면매립법 제3조의2의 규정에 의한 공유수면매립기본계획 또는 국토이용관리법 제8조의 규정에 의한 국토이용계획이 수립 또는 변경된 것으로 본다. 실시계획의 승인을 얻은 시행자가 당해 유통단지 안에서 체결하는 토지거래계약에 관하여는 국토이용관리법 제21조의3 및 동법 제21조의7의 규정은 이를 적용하지 아니한다. 지원시설에 대하여는 건축법 제45조의 규정에 불구하고 도시계획법에 의한 지역·지구 안에서의 건축금지 및 제한에 관한 규정을 적용하지 아니한다.

다. 토지에의 출입등

유통단지지정권자가 유통단지를 지정하거나 시행자가 유통단지개발사업을 시행하기 위하여 필요한 때에는 타인의 토지에 출입하거나 이를 일시 사용할 수 있으며, 나무·토석 기타 장애물을 변경하거나 제거할 수 있다. 타인의 토지에의 출입등에 관하여는 도시계획법 제5조 및 제6조의 규정을 준용한다.

라. 국·공유지의 처분제한

유통단지안에 있는 국가 또는 지방자치단체 소유의 토지로서 유통단지개발사업에 필요한 토지는 당해 유통단지개발사업 목적외의 목적으로 매각하거나 양도할 수 없다. 유통단지안에 있는 국가 또는 지방자치단체 소유의 재산은 국유재산법·지방재정법 기타 다른 법령의 규정에 불구하고 시행자·입주기업체 또는 지원기관에게 수의계약으로 양도할 수 있다. 이 경우 그 재산의 용도폐지(행정재산인 경우에 한한다) 및 양도에 관하여는 유통단지지정권자가 미리 관계행정기관의 장과 협의하여야 한다. 협의요청이 있은 때에는 관계행정기관의 장은 그 요청을 받은 날부터 30일 이내에 용도폐지 및 양도 기타 필요한 조치를 하여야 한다. 시행자·입주기업체 또는 지원기관에게 양도하고자 하는 재산 중 관리청이 불명한 재산은 다른 법령의 규정에 불구하고 재정경제원장관이 이를 관리 또는 처분한다.

8. 공공시설의 귀속

- 유통단지개발사업의 시행으로 새로이 공공시설을 설치하거나 기존의 공공시설에 대체되는 공공시설을 설치한 경우에는 국유재산법 및 지방재정법의 규정에도 불구 다음과 같이 귀속
- 국유재산법이나 지방재정법은 국가나 지자체 소유의 재산을 처분하고자 하는 경우에는 공개경쟁을 통해서 처분하도록 규정
- 공영개발방식
  - 새로이 설치된 공공시설 : 시설을 관리할 국가 또는 지방자치단체에 무상 귀속
  - 종래의 공공시설 : 사업시행자에게 무상으로 귀속

- 민간개발방식
  - 새로이 설치한 공공시설 : 시설을 관리할 국가 또는 지자체에 무상 귀속
  - 용도가 폐지되는 국가 또는 지자체 소유의 재산
- 새로이 설치한 공공시설의 설치비용에 상당하는 범위 안에서 그 시행자에게 이를 무상으로 양도 가능

<공공시설의 범위>
① 도로, ② 공원, ③ 광장, ④ 주차장, ⑤ 철도, ⑥ 하천, ⑦ 녹지, ⑧ 운동장 ⑨ 공공공지, ⑩ 수도, ⑪ 하수도, ⑫ 공동구, ⑬ 유수지시설

9. 비용

가. 원칙

유통단지개발 사업에 필요한 비용은 시행자가 부담한다.

나. 보조 및 융자

국가 또는 지방자치단체는 유통단지개발 사업에 필요한 다음 비용의 일부를 보조 또는 융자할 수 있다.

<보조·융자 대상 비용>
· 유통단지안의 간선도로의 건설비
· 유통단지안의 녹지의 건설비
· 이주대책사업비
· 유통시설용지와 지원시설용지의 조성비 및 매입비

다. 기반시설의 설치지원

국가 또는 지방자치단체는 유통단지의 원활한 개발을 위하여 필요한 도로·철도·항만·용수시설등 기반시설의 설치를 우선적으로 지원하여야 한다. 국가 또는 지방자치단체가 지원하는 기반시설은 다음과 같다.

- 도로·철도 및 항만시설

- 용수공급시설 및 통신시설
- 하수도시설 및 폐기물처리시설
- 유통단지안의 공동구
- 집단에너지공급시설
- 유수지시설 및 광장

라. 전기시설등의 설치

유통단지지정권자는 실시계획을 승인한 때에는 지체없이 전기시설·전기통신설비·가스공급시설 또는 지역난방시설의 설치자에게 그 사실을 통지하여야 한다. 전기시설·전기통신설비·가스공급시설 또는 지역난방시설의 설치는 특별한 사유가 없는 한「건축법」제18조의 규정에 의한 사용승인일까지 완료하여야 한다.

10. 부담금

가. 시설부담금

- 유통단지지정권자가 사업시행자에게 공공시설을 설치하거나 기존의 공원 및 녹지를 보존하게 할 수 있으며, 이에 필요한 비용에 충당하기 위하여 그 비용의 범위 안에서 유통단지 안에 있는 기존시설의 소유자나 개발후 토지, 시설 등을 분양 받는 자에게 납부하게 하는 부담금
- 시설부담금의 용도 : 다음 시설의 설치 또는 보존
  - ▸ ① 도로, ② 공원, ③ 녹지, ④ 유통단지의 진입도로 및 간선도로, ⑤ 유통단지 안의 공원 및 녹지(도시계획시설로 결정된 공원 및 녹지를 말한다), ⑥ 용수공급시설·하수도시설·전기통신시설 및 폐기물처리시설, ⑦ 국가 또는 지방자치단체에 무상으로 귀속되는 공공시설

나. 이용자부담금

- 사업시행자가 이용자에게 지원시설 건설비용의 전부 또는 일부를 부담시키는 것

다. 원인자부담금

- 다른 공사 또는 다른 행위로 인하여 필요하게 된 지원시설의 건설비용의 전부 또는 일부를 다른 공사 또는 다른 행위의 비용을 부담하여야 할 자에게 부담시키는 것

11. 토지소유자에 대한 환지

가. 환지의 개념

- 유통단지안의 토지를 소유하고 있는 자가 유통단지개발계획에서 정한 유통시설을 운영하고자 하는 경우에는 그 토지를 포함하여 유통단지개발사업을 시행하고 사업이 완료된 후 당해 토지소유자에게 환지

나. 환지를 받을 수 있는 토지소유자

- 유통단지개발계획에서 정한 유치업종에 적합한 유통시설을 설치 하고자 하는 자
- 유통단지의 지정고시일 현재 유통단지개발계획에서 정한 최소공급면적이상의 토지를 소유한 자

다. 환지신청

- 환지를 받고자 하는 자는 환지신청서에 유통시설설치계획서를 첨부하여 시행자에게 제출

라. 환지 신청기간

환지신청은 시행자가 당해 유통단지에 관한 보상공고에서 정한 협의기간내

마. 환지방법

- 환지대상이 되는 종전 토지의 가액은 보상공고시 시행자가 제시한 협의를 위한 보상금액으로 하고, 환지의 가액은 당해 유통단지의 유통시설용지의 분양가격을 기준으로 한다.
- 환지면적은 종전의 토지면적을 기준으로 하되, 지역여건 및 유통단지의 수급상황등을 고려하여 그 면적을 증감 가능
- 종전의 토지가액과 환지가액과의 차액은 이를 현금으로 정산

12. 선수금

시행자는 그가 조성하는 용지를 분양·임대받거나 시설을 이용하려는 자로부터 대금의 전부 또는 일부를 미리 받을 수 있다.

가. 요건

시행자가 선수금을 받고자 하는 경우에는 다음의 요건을 갖추어야 한다.

1. 분양하고자 하는 토지에 대한 소유권을 확보하고 당해 토지에 설정된 저당권을 말소하였을 것. 다만, 부득이한 사유로 토지소유권을 확보하지 못하였거나 저당권을 말소하지 못한 경우에는 시행자·토지소유자 및 저당권자는 다음 내용의 공동약정서를 공증하여 제출하여야 한다.
   - 토지소유자는 제3자에게 당해 토지를 양도하거나 담보로 제공하지 아니할 것
   - 선수금을 납부한 자가 준공인가 또는 준공인가전 사용허가를 받아 당해 토지를 사용하게 되는 경우에는 토지소유자 및 저당권자는 지체없이 소유권을 이전하고 저당권을 말소할 것
2. 분양하고자 하는 토지에 대한 개발사업의 공사진척율이 100분의 10에 달하였을 것
3. 민·상법에 의한 법인은 선분양계약의 불이행시 선수금액의 환불을 담보하기 위하여「국가를 당사자로 하는 계약에 관한 법률 시행령」제37조제2항 각호의 보증서·보험증권(시행자가 보증서 또는 보험증권을 제출하는 경우에는 그 보증 또는 보험금액은 선수금에 그 금액에 대한 보증 또는 보험기간에 해당하는 약정이자 상당액(지방은행을 제외한 일반은행의 어음대출금리수준에 의하여 산출한 금액을 말한다)을 가산한 금액 이상으로 하여야 한다. 보증 또는 보험기간의 개시일은 선수금을 받은 날 이전이어야 하며, 종료일은 준공일부터 30일 이상 경과한 날이어야 한다. 다만, 그 이행기간을 연장하는 경우에는 당초의 보증 또는 보험기간에 그 연장하고자 하는 기간을 가산한 기간을 보증 또는 보험기간으로 하는 보증서등을 제출하여야 한다)·정기예금증서·수익증권 등을 유통단지지정권자에게 제출할 것.

나. 토지 담보제공 금지

시행자는 미리 토지를 분양하거나 시설물을 이용하게 한 후에는 당해 토지를 담보로 제공하여서는 아니 된다.

다. 선수금액의 환불

유통단지지정권자는 시행자가 선분양계약의 내용대로 사업을 이행하지 아니하거나 이행할 능력이 없다고 인정하는 경우에는 유통단지의 준공전에 정기예금증서·수익증권등을 선수금액의 환불을 위하여 사용할 수 있다.

13. 유통단지개발사업의 준공인가

시행자는 유통단지개발사업의 전부 또는 일부를 완료한 때에는 유통단지지정권자의 준공인가를 받아야 한다. 준공인가를 받고자 하는 경우에는 ① 시행자의 성명(법인인 경우에는 그 명칭 및 대표자의 성명)·주소, ② 사업의 명칭, ③ 사업시행지역의 위치 및 면적, ④ 사업시행기간, ⑤ 토지이용계획, ⑥ 기반시설계획을 기재한 준공인가신청서를 당해 유통단지지정권자에게 제출하여야 한다.

준공인가신청서에는 ① 준공설계도서(준공사진을 포함), ② 시장·군수 또는 구청장이 발행하는 지적측량성과도, 공공시설 및 토지등의 귀속조서와 도면(민·상법에 의한 법인인 시행사인 경우에는 용도폐지된 공공시설 및 토지등에 대한 「부동산가격공시 및 감정평가에 관한 법률」에 의한 감정평가업자의 평가조서와 새로이 설치된 공공시설의 공사비산출내역서를 포함), ③ 환지계획서 및 신·구 지적대조도(환지를 하는 경우에 한한다), ④「공유수면매립법」 제26조 및 동법 제38조제4항과 동법시행령 제20조의 규정에 의하여 시행자가 취득할 대상토지와 국가 또는 지방자치단체에 귀속될 토지등의 내역서(공유수면을 매립하는 경우에 한한다), ⑤ 준공전후의 토지 및 시설등의 도면, ⑥ 준공전후의 토지 및 시설대비표, ⑦ 기타 준공검사에 필요한 사항을 기재한 서류 등 필요한 서류 및 도면을 첨부하여야 한다.

준공인가의 신청이 있는 경우 유통단지지정권자는 관계중앙행정기관·지방자치단체 또는 정부투자기관·연구기관 기타 전문기관의 장에게 준공인가에 필요한 검사를 의뢰할 수 있다. 이 경우 공공시설에 대한 검사는 원칙적으로 당해 시설을 관리할 자에게 의뢰하여야 한다. 유통단지지정권자는 준공인가를 한 때에는 이를 공고하고 시행자에게 통지하여야 한다. 공고하여야 할 사항은 ① 사업의 명칭, ② 시행자의 성명(법인인 경우에는 그 명칭 및 대표자의 성명)·주소, ③ 사업시행지역의 위치 및 면적, ④ 준공인가연월일, ⑤ 공공시설 및 토지 등의 관리처분계획이다. 준공인가신청을 받은 유통단지지정권자는 준공검사를 하여 당해 유통단지개발사업이 승인된 실시계획대로 완료되었다고 인정하는 경우에는 준공인가필증을 교부하여야 한다.

시행자가 준공인가를 받은 때에는 실시계획승인으로 의제되는 인·허가등에 따른 당해 사업의 준공에 관한 검사·인가·신고·확인 등을 받은 것으로 본다. 준공인가전에는 유통단지개발사업으로 개발된 토지나 설치된 시설을 사용할 수 없다. 다만, 유통단지지정권자의 사용허가를 받은 경우에는 그러하지 아니하다.

14. 준공인가전 사용허가

시행자는 개발된 토지나 설치된 시설을 준공인가전에 사용하고자 하는 경우에는 그 범위를 정하여 준공인가전사용허가신청서에 유통단지개발사업 시행상의 지장여부에 관한 검토서를 첨부하여 유통단지지정권자에게 제출하여야 한다. 다만, 사용허가신청대상 토지나 시설에 국·공유재산이 포함되어 있는 경우에는 미리 당해 재산의 소유권을 취득하여야 한다. 준공인가전 사용허가신청을 받은 유통단지지정권자는 그 사용으로 인하여 앞으로 시행될 유통단지개발 사업에 지장이 있는지 여부를 면밀히 확인한 후 사용허가를 하여야 한다. 준공인가전 사용허가를 받은 시행자는 허가 받은 토지 또는 시설을 사용하고자 하는 자의 신청이 있는 경우에는 특별한 사유가 없는 한 지체없이 당해 토지 또는 시설을 사용할 수 있게 하여야 한다.

제3절 유통단지의 분양·임대 및 관리

1. 분양가격의 결정

가. 유통시설용지의 분양가격

- 사업시행자는 개발한 토지시설 등을 유통시설용지로 공급하는 경우 분양가격은 조성원가에 적정이윤을 합한 금액으로 분양
- 사업시행자는 필요하다고 인정하는 경우에는 분양가격을 그 이하의 금액으로 할 수 있다.
- 유통단지지정권자는 지역여건 및 유통시설용지 수급계획상 특히 필요하다고 인정하는 경우에는 분양가격을 따로 정할 수 있다

* 유통단지분양가격 = 조성원가(공사비, 조사비, 설계비, 보상비, 기타비용) + 적정이윤
* 적정이윤 = {조성원가-(자본비용+개발대행공사비+선수금) }×5% 범위 내

나. 유통시설용지외의 용도로 공급하는 시설 등의 분양가격

-「지가공시 및 토지 등의 평가에 관한 법률」에 의한 감정평가액을 금액으로 하되, 사업시행자가 필요하다고 인정하는 경우에는 그 이하의 금액으로 할 수 있다.

2. 유통시설용지조정원가 구성항목

① 공사비 : 국가를 당사자로 하는 계약에 관한 법률시행령 제9조의 규정에 의한 재료비노무비경비일반관리비 및 이윤의 합계액을 말한다.

② 조사비 : 당해 유통단지개발 사업을 위한 측량비 및 기타 조사비로서 순공사비에 포함되지 아니한 비용을 말하며, 엔지니어링기술진흥법 제10조의 규정에 의한 엔지니어링사업대가의 기준에 의한다.

③ 설계비 : 당해 유통단지개발사업의 설계를 위한 비용을 말하며, 엔지니어링기술진흥법 제10조의 규정에 의한 엔지니어링사업대가의 기준에 의한다.

④ 보상비 : 당해 유통단지개발 사업을 위하여 지급된 토지매입비와 토지가액에 포함하지 아니한 건물입목영업권 등 토지소유권외의 권리에 대한 보상비 및 이주대책비의 합계액을 말한다.

⑤ 기타비용 : 다음 각목의 비용의 합계액을 말한다.

㉠ 산업재해보상보험법에 의한 보험료
㉡ 국가를 당사자로 하는 계약에 관한 법률 제9조의 규정에 의한 예정가격결정기준에 의한 일반관리비율에 의하여 산정한 일반관리비
㉢ 최초 실시계획에서 정한 사업기간(정부지원계획의 차질 기타 건설교통부령이 정하는 불가피한 사유로 실시계획에서 정한 기간을 연장한 경우에는 연장된 기간을 포함한다)까지의 자본비용
㉣ 천재지변으로 인한 피해액
㉤ 다른 법령이나 유통단지개발사업의 인가조건 등에 의하여 국가 또는 지방자치단체에 납부한 부담금 등 당해 유통단지개발사업의 인가조건 등에 의하여 소요된 비용

3. 개발한 토지시설 등의 처분 제한

가. 시행자 직접사용의 원칙

- 시행자는 유통단지개발사업에 의하여 개발한 토지·시설 등을 직접 사용하거나 분양 또는 임대 의무

나. 설치 완료전 처분

1) 입주기업체 또는 지원기관이 유통시설 또는 지원시설의 설치를 완료하기 전에 분양 받은 토지시설 등을 처분하고자 할 때에는 사업시행자 또는 관리기관에게 양도

2) 사업시행자나 관리기관이 매수할 수 없는 때에는 사업시행자나 관리기관이 매수신청을 받아 선정한 다음 기관에게 양도
   - 다른 입주기업체, 지원기관

- 한국토지공사
-「은행법」 제9조의 규정에 의하여 설립인가를 받은 금융기관
- ㉠ 신용보증기금법에 의한 신용보증기금 ㉡ 기술신용보증기금법에 의한 기술신용보증기금 ㉢ 금융기관부실자산등의효율적처리및한국자산관리공사의설립에관한법률에 의하여 설립된 한국자산관리공사 ㉣ 농업협동조합법에 의한 농업협동조합중앙회 ㉤ 축산업협동조합법에 의한 축산업협동조합중앙회 ㉥ 수산업협동조합법에 의한 수산업협동조합중앙회 ㉦ 임업협동조합법에 의한 임업협동조합중앙회 ㉧ 중소기업협동조합법에 의한 중소기업협동조합중앙회 ㉨ 중소기업진흥 및 제품구매촉진에 관한 법률에 의한 중소기업진흥공단 ㉩ 토지개발사업을 목적으로 하여 지방공기업법에 의하여 설립된 지방공사 ㉪ 시행자 또는 관리기관이 당해 유통단지의 관리를 위하여 특히 필요하다고 인정하는 기관

4. 유통시설등의 건축허가 및 사용승인

가. 인허가 의제

- 유통단지 안에서 유통시설 또는 지원시설을 건축하고자 하는 자가 건축법 제8조 및 동법 제18조의 규정에 의한 건축허가 및 사용승인을 받은 때에는 다음호의 허가·인가·신고·검사 또는 승인 등이 있은 것으로 의제
  - 도로법에 의한 도로점용허가 및 접도구역 안에서의 건축물 기타 공작물의 신축·개축 또는 증축의 허가
  - 하수도법에 의한 공공하수도점용허가 및 배수설비설치신고
  - 수도법에 의한 전용수도에 관한 준공검사 및 전용수도인가
  - 전기사업법에 의한 자가용전기설비공사계획의 인가 또는 신고
  - 소방시설설치유지 및 안전관리에 관한 법률에 따른 건축허가 등의 동의, 소방시설공사업법에 따른 소방시설공사의 신고·완공검사, 위험물안전관리법에 따른 제조소등의 설치허가 및 완공검사
  - 건축법에 의한 가설건축물의 건축허가
  - 폐기물관리법에 의한 폐기물처리시설의 설치승인 및 신고, 폐기물처리시설의 사용

개시신고, 폐기물처리시설의 검사
- 오수·분뇨 및 축산폐수의 처리에 관한 법률에 의한 오수처리시설 또는 단독정화조의 설치신고, 준공검사, 축산폐수배출시설설치의 허가 또는 신고와 준공검사
- 대기환경보전법,「수질환경보전법」및 소음·진동규제법에 의한 배출시설설치의 허가
- 대기환경보전법,「수질환경보전법」및 소음·진동규제법에 의한 배출시설과 방지시설의 가동개시 신고 및 가동상태 점검
- 전기통신공사업법에 의한 구내통신선로설비공사의 준공검사
- 총포·도검·화약류 등 단속법에 의한 화약류(간이)저장소설치의 허가 및 완성검사

- 위에 해당하는 사항이 당해 시장·군수 또는 구청장외의 다른 행정기관의 권한에 속하는 경우에는 당해 시장·군수 또는 구청장은 미리 그 다른 행정기관의 장과 협의 필요

제4절 유통단지의 관리

1. 유통단지관리지침

가. 작성권자

- 건설교통부장관

나. 고시

- 유통단지관리에 관한 지침(유통단지관리지침)을 작성하여 관보에 고시

다. 내용

- 유통단지관리계획의 수립에 관한 사항
- 유통단지의 유치업종 및 기준에 관한 사항
- 유통단지관리업무에 필요한 사항

라. 작성절차

- 건설교통부장관이 유통단지관리지침을 작성할 때에는 시도지사의 의견을 듣고 관계

중앙행정기관의 장과 협의한 후 심의회의 심의를 거치며, 이를 변경할 때에도 같다

2. 유통단지의 관리

가. 유통단지의 관리

- 유통단지안의 용지 및 시설을 유지보수개량하는 등의 업무

나. 유통단지 관리기관 : 유통단지를 관리하는 입주기업체협의회시행자 및 관리기구

- 유통단지 관리는 입주기업체가 자율적으로 구성한 협의회(입주기업체협의회)가 관리
- 입주기업체협의회가 구성되기 전에는 시행자가 유통단지를 관리
- 유통단지의 효율적인 관리를 위하여 특히 필요하다고 인정할 경우 유통단지지정권자의 인가를 받아 설립된 관리기구가 유통단지 관리
- 관리기관은 유통단지관리계획을 수립하여 유통단지지정권자에게 제출
  - 유통단지관리계획에는 ① 관리할 유통단지의 면적 및 범위에 관한 사항, ② 유통시설 및 지원시설의 설치 및 운영에 관한 사항, ③ 기타 유통단지의 관리에 필요한 사항이 포함되어야 한다.

다. 입주기업체협의회

- 당해 유통단지 입주기업체의 90퍼센트이상이 회원으로 가입되어 있어야 한다
- 입주기업체협의회는 일반회원과 특별회원으로 구성
  - 일반회원은 입주기업체 및 지원기관의 대표자로 구성
  - 특별회원은 일반회원 외의 자중에서 정하되 회원자격은 입주기업체협의회 정관이 정함
- 입주기업체협의회는 매 사업연도 개시일부터 2월 이내에 정기총회를 개최하여야 하며, 필요한 때에는 임시총회를 개최
- 입주기업체협의회의 회의는 정관에 다른 규정이 있는 경우를 제외하고는 회원 과반수의 출석과 출석회원 과반수의 찬성으로 의결

라. 관리비

- 관리기관은 유통단지의 효율적인 관리를 위하여 입주기업체 및 지원기관으로부터 관

리비를 징수할 수 있다

- 관리비 징수료율
  - 시행자가 개발한 토지시설 등을 분양하거나 매각하는 경우에는 그 분양가격 또는 매각가격의 2퍼센트 이내
  - 유통단지에 입주하고자 하는 자가 직접 개발하여 입주하는 경우에는 조성원가의 2퍼센트 이내

마. 공동부담금

- 관리기관은 유통단지내의 단지 안의 도로, 수질오염방지시설 등 공동시설의 설치유지 및 보수를 위하여 필요한 때에는 입주기업체 및 지원기관으로부터 공동부담금을 받을 수 있다
- 공동시설의 공동부담금을 입주기업체 및 지원기관의 공동시설사용에 따른 수익의 정도에 의하여 징수한다.
- 그 수익의 정도를 산출하기 곤란할 때에는 그 비용 전체를 입주기업체 및 지원기관의 용지면적·건축연면적 및 종업원수에 의하여 산출한 부담비율에 따라 징수한다.
- 관리기관은 공동부담금을 유통단지의 운영상황에 따라 매월 또는 매 분기별로 징수가능

Ⅳ. 화물자동차운수사업

제1절 총칙

1. 화물자동차운수사업법의 목적/연혁

가. 목적

- 화물자동차운수사업의 효율적 관리 및 건전육성을 통한 화물의 원활한 운송 도모, 공공복리 증진

나. 연혁

- 제정
  - 1997년 자동차 운수사업법에서 독립
  - 화물자동차운수사업을 면허제에서 등록제로 선환
  - 자동차운송중개 및 대리업을 화물자동차운송중개업으로 통합
- 제1차 개정
  - 공제분쟁조정 관련 개정
- 제2차 개정
  - 택시운송사업과 용달화물자동차운송사업(밴형)과의 영업범위를 명확히 규정
  - 운송중의 화물을 멸실훼손하거나 운송을 지연함으로써 발생하는 소비자의 피해를 구제하기 위하여 적재물배상보험제도를 도입
- 화물연대 파업과 제3차 개정
  - 화물자동차운송사업 및 화물자동차운송주선사업의 등록제를 허가제로 전환
  - 업무개시명령제도・화물운송종사자격제도・화물자동차운송가맹사업제도 등을 도입
- 화물연대 2차 파업과 제4차 개정
  - 보조금등에 관한 사항을 명확하게 규정

2. 화물자동차운수사업

『화물자동차운수사업』이라 함은 화물자동차운송사업, 화물자동차운송주선사업 및 화물자동차운송가맹사업을 말한다.

<table>
<tr><th colspan="3">화물자동차운수사업</th></tr>
<tr><td rowspan="3">화물자동차운송사업</td><td>일반화물자동차운송사업</td><td rowspan="3">화물자동차를 사용하여 화물을 유상으로 운송하는 사업</td></tr>
<tr><td>개별화물자동차운송사업</td></tr>
<tr><td>용달화물자동차운송사업</td></tr>
<tr><td>화물자동차운송 주선업</td><td colspan="2">유상으로 화물운송계약을 중개대리하거나 화물자동차운송사업 또는 화물자동차운송가맹사업을 경영하는 자의 화물운송수단을 이용하여 자기의 명의와 계산으로 화물을 운송하는 사업</td></tr>
<tr><td>화물자동차운송 가맹사업</td><td colspan="2">자기의 화물자동차를 사용하여 유상으로 화물을 운송하거나 소속 화물자동차운송가맹점에 의뢰하여 화물을 운송하게 하는 사업</td></tr>
</table>

제2절 화물자동차운송사업

1. 화물자동차운송사업

가. 『화물자동차』

- 「화물자동차」라 함은 자동차관리법 제3조의 규정에 의한 화물자동차 및 특수자동차로서 자동차관리법시행규칙 별표 1의 규정에 의한 일반형·덤프형·밴형 및 특수용도형 화물자동차와 견인형·구난형 및 특수작업형 특수자동차를 말한다. 이 경우 밴형화물자동차는 다음의 요건을 충족하는 구조이어야 한다.
  ① 물품적재장치의 바닥 면적이 승차장치의 바닥면적보다 넓을 것
  ② 승차정원이 3인 이하일 것(경비업법 제4조제1항의 규정에 따라 동법 제2조제1호 나목의 호송경비업무 허가를 받은 경비업자의 호송용차량의 경우에는 그러하지 아니하다).

<자동차관리법상의 화물자동차>

화물을 운송하기 적합하게 바닥 면적이 최소 $2m^2$ 이상(특수용도형의 경형화물자동차는 $1m^2$ 이상)인 화물적재공간을 갖추고, 화물적재공간의 총적재화물의 무게가 운전자를 제외한 승객이 승차공간에 모두 탑승했을 때의 승객의 무게(1인당 65kg으로 한다)보다 많은 자동차로서 다음에 해당하는 자동차

① 화물적재공간의 윗부분이 개방된 구조의 자동차, 유류·가스 등을 운반하기 위한 적재함을 설치한 자동차, 화물을 싣고 내리는 문을 갖춘 적재함이 설치된 자동차(구조·장치의 변경을 통하여 화물적재공간에 덮개가 설치된 자동차를 포함한다) 등 승차공간과 분리된 화물적재공간이 있는 자동차

② 화물적재공간과 승차공간이 동일 차실 내에 있으면서 화물의 이동을 방지하기 위해 격벽을 설치한 자동차로서 화물적재공간의 바닥 면적이 승차공간의 바닥면적(운전석이 있는 열의 바닥면적을 포함한다)보다 넓은 자동차

③ 화물을 운송하는 기능을 갖추고 자체적하 기타 작업을 수행할 수 있는 설비를 함께 갖춘 자동차

【표 3-6】 화물자동차의 세부기준

화물자동차	일반형	보통의 화물운송용인 것
	덤프형	적재함을 원동기의 힘으로 기울여 적재물을 중력에 의하여 쉽게 미끄러뜨리는 구조의 화물운송용인 것
	밴 형	지붕구조의 덮개가 있는 화물운송용인 것
	특수용도형	특정한 용도를 위하여 특수한 구조로 하거나, 기구를 장치한 것으로서 위 어느 형에도 속하지 아니하는 화물운송용인 것

<자동차관리법상의 특수자동차>

- 다른 자동차를 견인하거나 구난작업 또는 특수한 작업을 수행하기에 적합하게 제작된 자동차로서 승용자동차·승합자동차 또는 화물자동차가 아닌 자동차

【표 3-7】 특수자동차의 세부기준

특수자동차	견인형	피견인차의 견인을 전용으로 하는 구조인 것
	구난형	고장·사고 등으로 운행이 곤란한 자동차를 구난·견인할 수 있는 구조인 것
	특수작업형	위 어느 형에도 속하지 아니하는 특수작업용인 것

나. 『화물자동차운송사업』의 정의

- 타인의 수요에 응하여 화물자동차를 사용하여 화물을 유상으로 운송하는 사업을 말한다. 이 경우 밴형화물자동차에 화주가 화물자동차에 동승할 경우에 있어서의 화물은 중량, 용적, 형상 등이 여객자동차운송사업용 자동차에 적재하기 부적합한 것으로 ① 화주 1인당 화물의 중량이 40kg 이상일 것, ② 화주 1인당 화물의 용적이 80,000m^3 이상일 것, ③ 불결하거나 악취가 나는 농산물·수산물·축산물, 혐오감을 주는 동물·식물, 기계·기구류 등 공산품, 합판·각목 등 건축기자재 및 폭발성·인화성·부식성 물품

다. 허가

- 허가 및 변경허가
  화물자동차운송사업을 경영하고자 하는 자는 건설교통부령이 정하는 바에 따라 건설교통부장관의 허가(시도지사에게 위임)를 받아야 한다. 화물자동차운송가맹사업의 허가를 받은 자는 허가를 받지 아니한다. 화물자동차운송사업의 허가를 받은 자(운송사업자)가 허가사항을 변경하고자 하는 때에는 건설교통부장관의 변경허가를 받아야 한다.
- 경미사항 변경신고
  ① 상호의 변경, ② 대표자의 변경, ③ 화물취급소의 설치 또는 폐지, ④ 화물자동차의 대폐차, ⑤ 주사무소(주사무소 이전의 경우에는 관할관청의 행정구역내에서의 이전에 한한다)·영업소 및 화물취급소의 이전 등 경미한 사항을 변경하고자 하는 경우에는 따라 건설교통부장관에게 신고하여야 한다.
- 『화물자동차운송사업』 사업의 종류

일반화물자동차운송사업	일정대수이상의 화물자동차를 사용하여 화물을 운송하는 사업
개별화물자동차운송사업	화물자동차 1대를 사용하여 화물을 운송하는 사업
용달화물자동차운송사업	소형의 화물자동차를 사용하여 화물을 운송하는 사업

라. 허가기준

화물자동차운송사업의 허가 또는 증차를 수반하는 변경허가의 기준은 다음과 같다.

- 건설교통부장관이 화물의 운송수요를 감안하여 업종별로 고시하는 공급기준에 적합할 것
- 화물자동차의 대수, 자본금 또는 자산평가액, 차고지 등 운송시설(운송시설) 그 밖에

건설교통부령이 정하는 다음과 같은 기준에 적합할 것

【표 3-8】 화물자동차운송사업 허가기준

	일반화물자동차 운송사업	개별화물자동차 운송사업	용달화물자동차 운송사업
허가기준대수	1대 이상	1대	1대 이상
최저자본금	1억	없음	5천만원 이상
사무실 및 영업소	영업에 필요한 면적	없음	영업에 필요한 면적
최저보유차고면적	화물자동차 1대당 당해 화물자동차의 길이와 너비를 곱한 면적	당해 화물자동차의 길이와 너비를 곱한 면적	화물자동차 1대당 당해 화물자동차의 길이와 너비를 곱한 면적
화물자동차의 종류	최대적재량 5톤 이상의 자동차관리법에 의한 화물자동차 자동차관리법에 의한 대형 특수자동차 자동차관리법에 의한 2대 이상의 화물자동차 또는 특수자동차	최대적재량 1톤 초과 5톤 미만의 자동차관리법에 의한 화물자동차 자동차관리법에 의한 중형 특수자동차 이사화물의 운송을 위한 자동차관리법에 의한 최대적재량 5톤의 밴형 또는 특수용도형 화물자동차 이사화물의 운송을 위한 고정식 사다리형장비를 갖춘 자동차관리법에 의한 최대적재량 1톤 초과의 화물자동차	이사화물의 운송을 위한 고정식 사다리형장비를 갖춘 자동차관리법에 의한 대형 특수자동차 최대적재량 1톤 이하의 자동차관리법에 의한 화물자동차 자동차관리법에 의한 경형 및 소형 특수자동차

마. 허가기준의 신고

운송사업자는 허가를 받은 날부터 3년 마다 허가기준에 관한 사항을 건설교통부장관에게 신고하여야 한다.

- 화물자동차운송사업의 허가기준에 관한 사항을 신고하고자 하는 자는 3년 경과한 날부터 30일 이내에 화물자동차운송사업허가사항신고서를 관할관청에 제출
- 화물자동차운송사업허가사항신고서에는 다음의 서류를 첨부(전산망의 공동이용을 통하여 그 내용을 확인할 수 있는 경우에는 그 확인으로 제출 간주)

<첨부서류>
주사무소영업소 및 화물취급소의 명칭위치 및 규모를 기재한 서류,
주사무소 및 영업소에 배치하는 화물자동차의 대수종별차명형식 연식
최대적재량을 기재한 서류, 법인등기부등본, 차고지설치확인서
자본금을 확보하고 있음을 증명하는 서류
화물자동차를 소유하고 있음을 증명하는 서류
적재물배상보험등의 가입을 증명하는 서류

바. 증차수반 변경 허가금지

운송사업자는 다음에 해당하는 경우에는 증차를 수반하는 허가사항의 변경을 할 수 없다.

- 개선명령을 받고 이를 이행하지 아니한 경우
- 감차조치명령을 받은 후 1년이 경과되지 아니한 경우

2. 공급기준

가. 정의

- 건설교통부장관이 정하는 운송사업, 주선사업 및 가맹사업의 허가(자동차의 증차를 수반하는 변경허가를 포함)를 위해 운수사업별 운송사업별로 고시하는 기준

나. 공급기준의 산정

- 공급기준은 화물자동차 대수, 운임, 물동량 및 향후 화물운송시장 전망 등을 고려하여 운수사업별(운송사업을 포함)로 산정
- 공급기준을 산정(변경산정을 포함)함에 있어 사전에 화물자동차운수사업공급기준

[심의위원회(위원회)심의]

- 위원회
  - 위원회는 화물업무담당공무원(시·도를 포함), 화물관련 사업자 단체 및 화물차주단체 임원, 무역협회 임원 및 관련 연구원 및 학계의 전문가로 구성하되 건설교통부장관이 위촉한 자

• 위원회는 15인 이내로 구성, 위원장은 수송정책실 수송물류심의관

다. 공급기준의 적용

건설교통부장관 또는 특별시장·광역시장 또는 도지사 및 시장·군수·구청장(허가관청)은 화물운수사업을 허가함에 있어 건설교통부장관이 정하여 고시하는 공급기준의 범위 내에서 허가

※ 다만, 컨테이너 운송용 트랙터(피견인차량은 제외) 및 벌크시멘트운송용 차량(피견인차량은 제외)은 운송사업의 공급기준 범위내에서 따로 기준을 정할 수 있다.

라. 공급기준의 고시

- 건설교통부장관은 화물자동차운수사업별 총공급량, 시도별 공급량, 적용기간, 신규사업자와 기존사업자에 대한 배분비율 등이 포함된 공급기준을 정하여 고시
- 공급기준은 매년 고시하되 익년도 공급기준에 대하여는 전년도 11월말까지 고시. 다만 건설교통부장관이 급격한 물동량의 증가 또는 화물운송시장의 안정을 위하여 필요하다고 인정하는 경우에는 예외

마. 공급량의 배정

(1) 공급량의 시·도별 배정원칙

운수사업별·업종별 공급량의 범위 내에서 시·도의 화물자동차 대수, 주선업체수 및 가맹업체수 등을 감안하여 시·도별로 배정

공급량을 배정함에 있어 필요하다고 인정하는 경우 지역내총생산(GRDP) 증가율 및 화물운송시장의 안정 화 등을 감안하여 총 공급량 범위 내에서 시·도별로 공급량을 조정(10%이내) 가능

(2) 시·군별 공급량 배정원칙

- 시·도지사는 건설교통부장관이 정한 운수사업별 공급량의 범위 내에서 시·군·구의 화물자동차 대수, 주선업체수. 가맹사업체수 등을 고려하여 시·군·구별로 배정

- 시·도지사는 공급량을 시장·군수·구청장(시장·군수)에 배분함에 있어 필요하다고 인정하는 경우 당해 시·도에 배정받은 총 공급량의 범위 내에서 조정(10%이내) 가능
- 시·도지사는 건설교통부장관으로부터 공급량을 배정받은 날로부터 1개월 이내에 시장·군수에게 공급량을 산정하여 통보
- 시·도지사가 시장·군수에게 운수사업의 공급량을 배정하는 경우에는 당해 사실을 고시
- 시·도지사는 시·군·구의 공급량을 배분함에 있어 사전에 시·도별 화물운송지원협의회 심의 필요

3. 화물자동차운송사업 허가절차와 시기

가. 절차

- 사업허가신청서제출 → 심사(구비서류, 공급기준) → 예비허가증 교부 → 허가증 교부 → 협회 통지 및 기록관리

나. 운수사업의 허가시기

- 운수사업(가맹사업은 제외)의 허가는 연 1회 실시함을 원칙으로 한다. 다만 건설교통부장관의 승인을 받은 경우에는 예외
- 허가관청은 운수사업의 공급량을 배정받은 날로부터 3개월이내에 허가. 다만, 건설교통부장관의 승인을 받은 경우에는 예외
- 허가관청은 운수사업의 공급량을 배정받은 경우에는 1개월 이내에 당해년도 업종별 공급량, 허가신청기간, 허가기준 등을 정하여 고시

다. 운수사업의 배정기준

- 운수사업 허가는 법령 위반여부, 안전관리, 시설의 보유상태 등을 감안하여 운수사업별로 정하는 배정기준에 따라 환산한 점수에 의해 실시

※ 동일한 점수의 경우에는 운수업계 종사경력, 무사고운전 경력, 실적우수성 등에서 개별항목의 점수가 높은 신청자부터 우선적으로 배정

- 허가관청은 허가를 하고자 할 경우 당해 허가를 신청한 자에게 배정기준의 평가에 필요한 서류의 제출을 요구 가능

【표 3-9】 일반화물자동차운송사업 신규허가의 경우 배정기준

평가항목	1대	2-4대	5-19대	20대 이상
총점	100	100	100	100
1. 사업자 자격요건	50	50	50	50
가. 운수업계 종사 경력	30	50	50	50
-7년 이상	-	50	50	50
-6년 이상	-	40	40	40
-5년 이상	20	30	30	30
-4년 이상	-	20	20	20
-3년 이상	10	10	10	10
나. 무사고 운전경력	20	-	-	-
-7년 이상	50			
-6년 이상	40			
-5년 이상	30			
-4년 이상	20			
-3년 이상	10			
2. 차고지 시설	30	30	30	30
- 자기 소유(2대이상인 경우 인접시도 공동차고지 소유)	30	30	30	30
- 차고지 임대	10	10	10	10
3. 물량확보(월물량=적재정량0.8×15일)	20	20	20	20
- 6개월 이상	20	20	20	20
- 3개월 이상	10	10	10	10

라. 컨테이너 운송용 트랙터 및 가루용시멘트 운송용 트랙터에 대한 허가

- 허가관청은 컨테이너 운송용 트랙터 및 가루용시멘트 운송용 트랙터에 대한 허가를 할 경우에는 컨테이너 및 가루용시멘트 운송용 트랙터에만 사용하는 조건으로 허가 가능

4. 허가 결격사유

다음에 해당하는 자는 화물자동차운송사업의 허가를 받을 수 없다. 법인의 경우 그 임원중 다음에 해당하는 자가 있는 때에도 또한 같다.

- 금치산자 및 한정치산자

- 파산선고를 받고 복권되지 아니한 자
- 화물자동차운수사업법을 위반하여 징역이상의 실형을 선고받고 그 집행이 종료(집행이 종료된 것으로 보는 경우를 포함한다)되거나 집행이 면제된 날부터 2년이 경과되지 아니한 자
- 화물자동차운수사업법을 위반하여 징역이상의 형의 집행유예선고를 받고 그 유예기간 중에 있는 자
- 허가가 취소된 후 2년이 경과되지 아니한 자

5. 운임·요금 및 운송약관의 신고

가. 신고대상

- 구난형 특수자동차를 사용하여 고장차량사고차량 등을 운송하는 운송사업자 또는 운송가맹사업자
- 견인형 특수자동차를 사용하여 컨테이너를 운송하는 운송사업자 또는 운송가맹사업자

나. 신고방법

- 운송사업자는 운임 및 요금을 정하여 미리 건설교통부장관에게 신고
- 운송사업자는 화물자동차운송사업의 운임 및 요금을 신고 또는 변경신고 하고자 하는 때에는 운송사업운임 및 요금신고서를 건설교통부장관에게 제출
- 운임 및 요금의 신고 또는 변경신고는 연합회가 대리 가능

다. 운송약관의 신고

- 운송사업자는 운송약관을 정하여 건교부장관에게 신고
- 건설교통부장관은 협회 또는 연합회가 작성한 것으로서 약관의규제에관한법률 제19조의2의 규정에 따라 공정거래위원회의 심사를 거친 화물운송에 관한 표준이 되는 약관이 있는 때에는 운송사업자에게 그 사용을 권장 가능
- 운송약관 기재사항
    - 사업의 종류
    - 운임 및 요금의 수수 또는 환급에 관한 사항

- 화물의 인도·인수·보관 및 취급에 관한 사항
- 운송책임의 시기 및 종기
- 손해배상 및 면책에 관한 사항
- 기타 화물자동차운송사업을 영위하는 데에 필요한 사항

6. 운송사업자(운송가맹사업자)의 책임

가. 화물의 멸실·훼손 또는 인도의 지연으로 인한 운송사업자의 손해배상책임

- 상법 제135조의 규정 준용
- 화물이 인도기한을 경과한 후 3월 이내에 인도되지 아니한 경우 당해 화물은 멸실 간주
- 적재물배상보험 가입의무

나. 분쟁의 조정

- 장관은 손해배상에 대한 화주의 요청이 있는 때 분쟁 조정 가능
- 건설교통부장관은 화주가 분쟁조정을 요청한 때에는 지체없이 그 사실을 확인하고 손해내용을 조사한 후 조정안을 작성
- 당사자 쌍방이 조정안을 수락한 때에는 당사자간에 조정안과 동일한 합의 성립 간주

다. 분쟁조정업무 위탁

- 한국소비자보호원 또는 등록한 소비자단체에 위탁가능

7. 화물자동차 운전업무 종사자격

가. 자격요건

건설교통부장관은 다음의 요건을 갖춘 자에게 화물자동차운수사업의 운전업무에 종사할 수 있음을 표시하는 자격증(화물운송종사자격증)을 교부하여야 한다.

① 연령·운전경력 등 운전업무에 필요한 요건을 갖출 것

- 21세 이상일 것
- 운전경력이 3년 이상일 것(여객자동차운수사업용자동차 또는 화물자동차운수사

업용자동차를 운전한 경력이 있는 경우에는 그 운전경력이 1년 이상일 것)

- 1종 운전면허를 가지고 있을 것

② 운전적성에 대한 정밀검사기준에 적합할 것

③ 화물자동차운수사업법령 · 화물취급요령 등에 관하여 건설교통부장관이 시행하는 시험에 합격(①과 ②요건을 갖춘 자에 한하여 시험에 응시가능)하고 소정의 교육을 받을 것

나. 결격사유

다음의 어느 하나에 해당하는 자는 화물운송종사자격을 취득할 수 없다.

① 금치산자 및 한정치산자, 파산선고를 받고 복권되지 아니한 자

② 화물자동차운수사업법을 위반하여 징역이상의 실형을 선고 받고 그 집행이 종료(집행이 종료된 것으로 보는 경우를 포함한다)되거나 집행이 면제된 날부터 2년이 경과되지 아니한 자

③ 화물자동차운수사업법을 위반하여 징역이상의 형의 집행유예선고를 받고 그 유예기간 중에 있는 자

④ 화물운송종사자격이 취소된 날부터 2년이 경과되지 아니한 자

다. 화물운송종사자격의 취소

건설교통부장관은 화물운송종사자격을 취득한 자가 다음에 해당하는 때에는 그 자격을 취소하거나 6월 이내의 기간을 정하여 그 자격의 효력을 정지시킬 수 있다. ③과 ④를 제외하고 그 자격을 취소하여야 한다.

① 결격사유에 해당하게 된 때

② 거짓 그 밖의 부정한 방법으로 화물운송종사자격을 취득한 때

③ 업무개시명령을 위반한 때

④ 화물운송중에 고의 또는 과실로 교통사고를 일으켜 사람을 사망하게 하거나 다치게 한 때

⑤ 화물운송종사자격증을 타인에게 대여한 때

⑥ 화물운송종사자격정지기간중에 화물자동차운수사업의 운전업무에 종사한 때

⑦ 화물자동차를 운전할 수 있는 도로교통법에 의한 운전면허가 취소된 때

③제20조의 규정은 화물운송종사자격의 취소에 관하여 이를 준용한다.

8. 화물자동차 운전자 자격시험

가. 시험기관

- 시험은 월 1회 교통안전공단에서 실시

나. 시험과목

- 교통 및 화물자동차운수사업 관련 법규
- 안전운행에 관한 사항
- 화물취급요령
- 운송서비스에 관한 사항

다. 시험실시

- 시험시간은 총 100분이고 문항수는 80문제 출제
- 법규 및 안전운행에서 각각 25문제가 출제, 취급요령과 운송서비스에서 15문제 출제 교육

라. 교육 및 교육과목

- 자격시험에 합격한 자는 8시간 동안 교통안전공단에서 실시하는 교육을 받아야 하며 교육과목은 다음과 같다

① 화물자동차운수사업법령 및 도로관계법령

② 교통안전에 관한 사항

③ 화물취급요령에 관한 사항

④ 자동차응급처치방법

⑤ 운송서비스에 관한 사항

9. 운송사업자의 준수사항

① 운송사업자는 허가 받은 사항의 범위 내에서 사업을 성실하게 수행하여야 하며, 부당한 운송조건을 제시하거나 정당한 사유 없이 운송계약의 인수를 거부하거나 기타 화물운송질서를 현저하게 저해하는 행위를 하여서는 아니 된다.

② 운송사업자는 화물자동차운전자의 과로를 방지하고 안전운행을 확보하기 위하여 당해 운전자를 과도하게 승무하게 하여서는 아니 된다.

③ 운송사업자는 당해 화물자동차운송사업에 종사하는 운수종사자가 준수사항을 성실히 이행하도록 지도 감독하여야 한다.

④ 운송사업자는 화물운송의 대가로 받은 운임 및 요금의 전부 또는 일부에 해당되는 금액을 부당하게 화주, 다른 운송사업자 또는 화물자동차운송주선사업을 경영하는 자에게 되돌려 주는 행위를 하여서는 아니 된다.

⑤ 운송사업자는 자기 명의로 운송계약을 체결한 화물에 대하여 다른 운송사업자에게 수수료 기타 대가를 받고 그 운송을 위탁하거나 대행하게 하는 등 화물운송질서를 문란하게 하는 행위를 하여서는 아니 된다.

⑥ 운송사업자는 운임 및 요금과 운송약관을 영업소 또는 화물자동차에 비치하고 이용자가 요구하는 때에 이를 제시하여야 한다.

⑦ 운송사업자는 2 이상의 화물자동차운송가맹점(「운송가맹점」)으로 가입하여서는 아니 된다. 운송가맹점인 운송사업자는 자기가 가입한 운송가맹사업자에 소속된 운송주선사업자로부터 직접 화물운송을 주선 받아서는 아니

된다. 운송가맹점으로 가입한 운송사업자는 자기의 상호를 소속 운송가맹사업자의 운송가맹점으로 변경하여 건설교통부장관에게 신고하여야 한다.

⑧ 운송사업자는 화물의 기준에 적합하지 아니한 화물을 운송하여서는 아니 된다.

⑨ 운송사업자는 고장 및 사고차량 등 화물의 운송과 관련하여 「자동차관리법」에 의한 자동차관리사업자로부터 부정한 금품을 수수하는 행위를 하여서는 아니 된다.

10. 차고지이용 및 운송시설에 관한 사항, 수송의 안전 및 화주의 편의를 도모하기 위한 운송사업자의 준수사항

- 소유대수가 2대 이상인 운송사업자의 경우 주사무소가 소재하는 특별시광역시 또는 도외의 지역에서 영업소를 설치하지 아니하고 상주하여 화물자동차운송사업을 영위하지 아니할 것
- 소유대수가 1대인 운송사업자의 경우 주사무소가 소재하는 특별시광역시 또는 도와 이와 인접한 특별시광역시 또는 도외의 지역에 상주하여 화물자동차운송사업을 영위하지 아니할 것
- 허가 받은 차고지 외에서 밤샘주차를 하지 아니할 것. 다만, 귀로운행차량고장 등 부득이한 사유로 허가 받은 차고지 외의 주차장 또는 차고지 등에서 밤샘 주차하는 경우에는 그러하지 아니하다.
- 신고한 운임 및 요금을 받지 아니하고 부당한 운임 및 요금을 받지 아니할 것
- 화주로부터 부당한 운임 및 요금에 대한 환급을 요구 받은 때에는 이를 환급할 것
- 신고한 운송약관의 내용을 준수할 것
- 사업용화물자동차의 바깥쪽에 일반인이 식별하기 쉽도록 당해 운송사업자의 명칭(소유대수가 1대인 운송사업자인 경우에는 당해 화물자동차운송사업의 종류를 말한다)을 표시할 것
- 화물자동차운전자의 취업현황 및 퇴직현황을 보고하지 아니하거나 허위로 보고하지 아니할 것

- 교통사고로 인한 손해배상을 위한 대인보험이나 공제사업에 가입하지 아니한 상태로 화물자동차를 운행하거나 그 가입이 실효된 상태로 화물자동차를 운행하지 아니할 것
- 적배물 배상보험 등에 가입하지 아니한 상태로 화물자동차를 운행하거나 그 가입이 실효된 상태로 화물자동차를 운행하지 아니할 것
- 자동차관리법에 의한 검사를 받지 아니하고 화물자동차를 운행하지 아니할 것
- 적재된 화물의 이탈을 방지하기 위한 덮개포장 등을 하고 운행할 것
- 화물자동차운전자로 하여금 차 안에 화물운송종사자격증명을 게시하고 운행하도록 할 것
- 차량 및 영업소의 청결상태를 양호하게 유지할 것
- 화물자동차운전자로 하여금 자동차안전기준에 관한 규칙 제54조제2항의 규정에 의한 최고속도제한장치 또는 동 규칙 제56조의 규정에 의한 운행기록계가 설치된 운송사업용 화물자동차를 당해 장치 또는 기기가 정상적으로 작동되는 상태에서 운행하도록 할 것

11. 화물운수종사자

가. 『운수종사자』의 정의

- 화물자동차의 운전자
- 화물의 운송 또는 운송주선에 관한 사무를 취급하는 사무원 및 이를 보조하는 보조원
- 기타 화물자동차운수사업에 종사하는 자

나. 준수사항

- 정당한 이유 없이 화물을 중도에서 내리게 하는 행위 금지
- 정당한 이유 없이 화물의 운송을 거부하는 행위 금지
- 부당한 운임 또는 요금을 요구하거나 받는 행위 금지
- 적재된 화물의 이탈을 방지하기 위한 덮개포장 등을 하고 운행
- 차량의 청결상태를 양호하게 유지
- 운행하기 전에 일상점검 및 확인
- 고장 및 사고차량 등 화물의 운송과 관련하여 「자동차관리법」에 의한 자동차관리사업자로부터 부정한 금품을 수수하는 행위

다. 운수종사자의 교육 등

건설교통부장관 또는 시·도지사는 운수종사자의 화물운송서비스증진 등을 위하여 필요하다고 인정하는 때에는 건설교통부령이 정하는 바에 따라 운수종사자교육을 실시할 수 있다.

시·도지사는 교육을 효율적으로 실시하기 위하여 필요한 때에는 그 시·도의 조례가 정하는 바에 따라 운수종사자연수기관을 직접 설립·운영하거나 이를 지정할 수 있으며, 운수종사자연수기관의 운영에 필요한 비용을 지원할 수 있다.

건설교통부장관 또는 관할관청은 운수종사자에 대하여 다음 각호의 사항에 관한 교육을 실시할 수 있다.

- 화물자동차운수사업관계법령 및 도로교통관계법령
- 교통안전에 관한 사항
- 자동차응급처치방법
- 화물운송과 관련한 업무수행에 필요한 사항
- 그 밖에 화물운송서비스증진 등을 위하여 필요한 사항

건설교통부장관 또는 관할관청은 운수종사자 교육을 실시하고자 하는 때에는 운수종사자 교육계획을 수립하여 운수사업자에게 교육시행 1월전까지 이를 통지하여야 한다. 교육을 실시함에 있어서 교육방법 및 절차 등 교육실시에 관하여 필요한 사항은 건설교통부장관 또는 관할관청이 정한다.

12. 우수 운송사업자 인증

건설교통부장관은 화주가 편리하게 이용할 수 있는 시설과 장비를 갖추고 화물운송에 관한 정보를 제공하며, 화물의 안전운송등을 통하여 화주에 대한 서비스향상에 기여하는 운송사업자를 우수업체로 인증할 수 있다. 건설교통부장관은 우수업체 선정업무를 「소비자기본법」 제33조제1항의 규정에 따른 한국소비자원 또는 동법 제29

조의 규정에 따라 등록한 소비자단체에 위탁할 수 있다. 건설교통부장관은 인증을 받은 운송사업자에 대하여 우선적으로 재정적 지원을 할 수 있다.

가. 대상업종

우수업체의 인증대상업종은 일반화물자동차운송사업·화물자동차운송주선사업 및 화물자동차운송가맹사업으로 한다.

나. 선정기준

우수업체의 선정기준은 다음과 같다.

- 소비자 피해의 처리 등 서비스 내용이 우수할 것
- 교통사고로 인한 피해의 예방체계 등을 갖출 것
- 경영상태가 양호할 것
- 그 밖에 건설교통부장관이 정하여 고시하는 기준에 적합할 것

다. 절차

우수업체로 선정받고자 하는 자는 건설교통부장관에게 이를 신청하여야 한다. 건설교통부장관은 신청을 받은 경우 선정심사위원회를 구성하여 우수업체를 선정한다. 기타 우수업체 선정에 관하여 필요한 세부사항은 건설교통부장관이 정한다.

13. 개선명령

가. 명령권자 : 건교부장관

나. 사유

- 안전운행의 확보
- 운송질서의 확립
- 화주의 편의를 도모

다. 명령내용

① 운송약관의 변경

② 화물자동차의 구조변경 및 운송시설의 개선

③ 화물의 안전운송을 위한 조치

④ 적재물배상보험 및 자동차손해배상보장법에 의하여 운송사업자가 의무적으로 가입하여야 하는 보험공제에의 가입

⑤ 그 밖에 화물자동차운송사업의 개선을 위하여 필요한 사항

라. 처벌

- 개선명령을 이행하지 아니한 자는 500만원 이하의 과태료에 처한다

14. 업무개시명령

가. 사유

- 건설교통부장관은 운송사업자 또는 그 운수종사자가 정당한 사유 없이 집단으로 화물운송을 거부함으로써 화물운송에 현저한 지장을 주어 국가경제에 심대한 위기를 초래하거나 초래할 우려가 있다고 인정할 만한 상당한 이유가 있는 때에는 당해 운송사업자 또는 운수종사자에게 업무개시를 명할 수 있다.

나. 절차

- 건설교통부장관은 운송사업자 또는 운수종사자에게 업무개시를 명하고자 하는 경우에는 국무회의의 심의를 거쳐야 한다.

다. 운송사업자 또는 운수종사자의 의무

- 운송사업자 또는 운수종사자는 정당한 사유 없이 업무개시명령을 거부할 수 없다

라. 벌칙

- 운송사업자 또는 운수종사자가 정당한 사유 없이 업무개시명령을 거부하는 경우 3년

이하의 징역 또는 3천만원 이하의 벌금에 처한다

15. 과징금

가. 부과사유

- 건교부장관은 사업정지처분을 하여야 하는 경우로서 그 사업정지처분이 당해 화물자동차운송사업의 이용자에게 심한 불편을 주거나 기타 공익을 해할 우려가 있는 때에는 사업정지처분에 갈음하여 2천만원 이하의 과징금을 부과할 수 있다.

나. 부과 및 징수

- 건교부장관은 운송사업자 또는 운송주선사업자의 사업규모, 사업지역의 특수성, 위반행위의 정도 및 횟수 등을 참작하여 과징금금액의 2분의 1의 범위 안에서 가중 또는 경감할 수 있다. 이 경우 가중하는 때에도 과징금의 총액은 2천만원을 초과할 수 없다. 시도지사는 과징금부과처분을 받은 자가 과징금을 기한 내에 납부하지 아니하는 때에는 국세체납처분의 예에 의하여 이를 징수한다.

다. 용도

① 화물터미널의 건설 및 확충

② 공동차고지의 건설 및 확충, 경영개선

③ 화물에 대한 정보제공사업

④ 공영차고지의 설치운영사업,

⑤ 운수종사자의 교육시설에 대한 비용의 보조사업 등의 용도

16. 화물자동차운전자격 행정처분 기준

건설교통부장관은 운송사업자가 다음과 같은 위반사항이 있을 때에는 그 허가를 취소하거나 6월 이내의 기간을 정하여 그 사업의 전부 또는 일부의 정지를 명하거나 감차조치를 명할 수 있다. 위반사항과 처분기준은 다음과 같다.

위반사항	처분기준
결격사유에 해당하게 된 때	자격취소
거짓 그 밖의 부정한 방법으로 화물운송종사자격을 취득한 때	자격취소
정당한 사유 없이 업무개시명령에 위반한 때	▪ 1차 : 자격정지 30일 ▪ 2차 : 자격취소
화물운송 중에 고의 또는 과실로 교통사고를 일으켜 다음에 해당하는 사람을 사망하게 하거나 다치게 한 때 가. 사망자 2인 이상 나. 사망자 1인 및 중상자 3인 이상 다. 사망자 1인 또는 중상자 6인 이상	 자격정지 60일 자격정지 50일 자격정지 40일
화물운송종사자격증을 타인에게 대여한 때	자격취소
화물운송종사자격정지기간중에 화물자동차운수사업의 운전업무에 종사한 때	자격취소
화물자동차를 운전할 수 있는 도로교통법에 의한 운전면허가 취소된 때	자격취소

17. 자동차사용의 정지

가. 반납

운송사업자는 다음에 해당하는 경우에는 당해 화물자동차의 자동차등록증과 자동차등록번호판을 건설교통부장관에게 반납하여야 한다.

- 화물자동차운송사업의 휴지·폐지신고를 한 때
- 허가취소 또는 사업정지처분을 받은 때
- 감차를 목적으로 허가사항을 변경한 때(감차조치명령에 의한 경우를 포함)

나. 반환

건설교통부장관은 다음에 해당하는 경우에는 반납받은 자동차등록증과 자동차등록번호판을 당해 운송사업자에게 반환하여야 한다. 자동차등록번호판을 반환받은 운송사업자는 이를 당해 화물자동차에 달고 시·도지사의 봉인을 받아야 한다.

- 신고한 휴지기간이 종료된 때
- 사업정지기간이 만료된 때

제3절 화물자동차운송주선업

1. 화물자동차운송주선업의 정의

- 타인의 수요에 응하여 유상으로 화물운송계약을 중개대리하거나 화물자동차운송사업 또는 화물자동차운송가맹사업을 경영하는 자의 화물운송수단을 이용하여 자기의 명의와 계산으로 화물을 운송하는 사업

2. 허가

가. 허가

화물자동차운송주선사업을 경영하고자 하는 자는 건설교통부령이 정하는 바에 의하여 건설교통부장관의 허가를 받아야 한다. 화물자동차운송가맹사업의 허가를 받은 자는 그러하지 아니하다.

나. 변경신고

화물자동차운송주선사업의 허가를 받은 자(운송주선사업자)가 허가사항을 변경하고자 하는 때에는 건설교통부령이 정하는 바에 의하여 건설교통부장관에게 신고하여야 한다.

다. 허가기준

· 건설교통부장관이 화물의 운송주선수요를 감안하여 고시하는 공급기준에 적합할 것
· 사무실의 면적·자본금 또는 자산평가액 등 다음의 기준에 적합할 것

항 목	허가기준
사무실	주사무소는 $20m^2$ 이상. 영업소는 $10m^2$ 이상. 다만, 관리사무소 등 부대시설이 설치된 $65m^2$ 이상(영업소의 경우에는 영업소마다 $39m^2$ 이상)의 민영노외주차장을 소유하거나 그 사용계약을 체결한 경우에는 사무실을 확보한 것으로 본다.
자본금 또는 자산평가액	1억원(영업소를 설치하는 경우에는 영업소의 수에 5천만원을 곱한 금액을 합한 금액)이상

상용인부	2인 이상(이사화물을 주선하는 운송주선사업자에 한한다)
피해보상을 위한 보증	피해보상을 위한 500만원 이상의 이행보증금을 예치하거나 이행보증보험에 가입할 것(이사화물을 주선하는 운송주선사업자)

라. 허가기준의 신고

운송주선업자는 3년마다 허가기준에 대한 신고를 하여야 한다.

마. 영업소의 설치

운송주선사업자는 주사무소가 소재하고 있는 특별시·광역시 또는 도외의 지역에 영업소를 설치하고자 하는 때에는 화물자동차운송주선사업영업소허가신청서에 다음의 서류를 첨부하여 관할관청에 제출하여야 한다.

- 화물자동차운송주선사업허가증사본
- 사무실확보를 증명하는 서류
- 영업소의 설치에 따라 추가로 확보하여야 하는 자본금에 관한 서류

관할관청은 영업소허가신청을 받은 때에는 공급기준에 적합한지 여부를 심사한 후 신청일부터 20일 이내에 화물자동차운송주선사업영업소허가증을 교부하여야 한다. 관할관청은 화물자동차운송주선사업영업소허가증을 교부한 때에는 이를 주사무소 소재지의 관할관청과 협회에 통지하고, 화물자동차운송주선사업허가대장에 기록·관리하여야 한다.

3. 운송주선업자의 준수사항

- 운송주선사업자는 자기의 명의로 운송계약을 체결한 화물에 대하여 당해 계약금액 중 일부를 제외한 나머지 금액으로 다른 운송주선사업자와 재계약 하여 이를 운송하도록 하여서는 아니 된다.
- 운송주선사업자는 화주로부터 중개 또는 대리를 의뢰 받은 화물에 대하여 다른 운송주선사업자에게 수수료 기타 대가를 받고 중개 또는 대리를 의뢰하여서는 아니 된다.
- 운송주선사업자는 운송사업자에게 화물의 종류무게 및 부피 등을 허위로 통보하여서는 아니 된다.

- 운송가맹점인 운송주선사업자는 자기가 가입한 운송가맹사업자에 소속된 운송가맹점에 대하여 화물운송의 주선을 하여서는 아니 된다(운송주선사업자가 운송가맹사업자에게 화물의 운송을 주선하는 행위는 재계약·중개 또는 대리로 보지 아니한다)

4. 운송주선업자의 화물위수탁증 교부

- 운송주선사업자가 운송사업자 또는 운송가맹사업자와 화물운송계약을 체결한 때에는 위수탁자의 성명 및 연락처, 화주의 성명 및 연락처, 화물의 종류 및 중량부피 또는 수량, 화물의 출발지 및 도착지, 화물의 도착일시, 운임 및 운임의 지급방법을 기재한 화물위수탁증 등을 교부하여야 한다.
- 전화 등을 통한 화물운송계약 등 부득이한 사유로 화물위수탁증 등을 교부하지 못한 경우에는 화물운송계약을 체결한 날부터 10일 이내에 이를 교부하여야 한다.
- 화물위수탁증 등은 전자문서로 작성교부할 수 있다. 이 경우 전자문서에 관하여는 화물유통촉진법에서 정하는 바에 의한다.
- 화물운송계약을 중개대리하는 화물, 운송사업자가 운송주선사업자의 작업지시서에 의하여 운송하는 이사화물, 운송주선사업자가 자기의 명의와 계산으로 운송하는 화물 중 미리 운송사업자 또는 운송가맹사업자와 6월 이상 장기계약을 체결하여 운송하는 화물은 위수탁증을 교부하지 아니할 수 있다.
- 운송주선사업자는 화물위수탁증 등을 교부하거나 위수탁증을 교부하지 아니한 화물의 운송을 주선한 때에는 이를 화물운송주선대장에 기록 관리하여야 한다.

5. 운송주선사업자의 명의이용금지

운송주선사업자는 자기의 명의로 타인에게 화물자동차운송주선사업을 경영하게 할 수 없다.

6. 허가취소 등 행정처분

건설교통부장관은 운송주선사업자가 위반행위가 있었을 때 그 허가를 취소하거나 6월 이내의 기간을 정하여 그 사업의 정지를 명할 수 있다. 처분기준은 다음과 같다.

【표 3-10】 화물자동차운송주선사업의 허가취소 등 행정처분기준

위 반 내 용	처 분 내 용
1. 법 제24조의 규정에서 준용하는 법 제4조제1항 각호의 1에 해당하게 된 때. 다만, 임원중 법 제4조제1항 각호의 1에 해당하는 자가 있는 법인이 3월 이내에 그 임원을 개임한 때를 제외한다.	• 허가취소
2. 거짓 그 밖의 부정한 방법으로 법 제21조제1항의 규정에 의한 허가를 받은 때	• 허가취소
3. 법 제21조제4항의 규정에 의한 기준에 미달하게 된 때	• 1차:사업정지(30일) • 2차:허가취소
4. 법 제21조제5항의 규정에 의한 신고를 하지 아니하거나 거짓으로 신고한 때	• 1차:사업정지(30일) • 2차:허가취소
5. 법 제22조의 규정에 위반한 때	• 1차:사업정지(60일) • 2차:허가취소
6. 법 제23조의 규정에 의한 준수사항을 위반한 때	
가. 법 제23조제1항의 규정에 위반하여 자기의 명의로 운송계약을 체결한 화물에 대하여 당해 계약금액중 일부를 제외한 나머지 금액으로 다른 운송주선사업자와 재계약하여 이를 운송하도록 한 때	• 1차:사업정지(20일) • 2차:사업정지(50일) • 3차:허가취소
나. 법 제23조제2항의 규정에 위반하여 화주로부터 중개 또는 대리를 의뢰받은 화물에 대하여 다른 운송주선사업자에게 수수료 그 밖의 대가를 받고 중개 또는 대리를 의뢰한 때	• 1차:사업정지(20일) • 2차:사업정지(50일) • 3차:허가취소
다. 법 제23조제3항의 규정에 위반하여 운송을 의뢰받은 화물에 대하여 운송사업자 및 운송가맹사업자에게 화주명칭·운임 등을 기재한 화물위·수탁증 등을 교부하지 아니한 때	• 1차:사업정지(10일) • 2차:사업정지(20일) • 3차:허가취소
라. 법 제23조제4항의 규정에 위반하여 운송사업자에게 화물의 종류·무게 및 부피 등을 허위로 통보한 때	• 1차:사업정지(10일) • 2차:사업정지(20일) • 3차:허가취소
마. 운송가맹점인 운송주선사업자가 법 제23조제5항의 규정에 위반하여 자기가 가입한 운송가맹사업자에 소속된 운송가맹점에 대하여 화물운송을 주선한 때	• 1차:사업정지(10일) • 2차:사업정지(20일) • 3차:허가취소
7. 법 제24조의 규정에서 준용하는 법 제10조(동조제5항·제8항 및 제10항을 제외한다)의 규정에 의한 준수사항을 위반한 때	
가. 법 제10조제1항의 규정에 위반하여 부당한 운송주선조건을 제시하거나 정당한 사유없이 운송주선계약의 인수를 거부한 때	• 사업정지(10일)
나. 법 제10조제4항의 규정에 위반하여 주선운임 및 요금의 전부 또는 일부에 해당하는 금액을 부당하게 화주, 다른 운송사업자 또는 다른 운송주선사업자에게 되돌려 준 때	• 1차:사업정지(20일) • 2차:사업정지(50일) • 3차:허가취소

다. 법 제10조제6항의 규정에 위반하여 주선운임 및 요금 또는 운송주선약관을 영업소에 비치하지 아니하거나 이용자의 제시요구에 응하지 아니한 때 라. 법 제10조제7항의 규정에 위반하여 2 이상의 화물자동차운송가맹점으로 가입한 때 마. 운송가맹점으로 가입한 운송주선사업자가 법 제10조제9항의 규정에 위반하여 자기의 상호를 소속 운송가맹사업자의 운송가맹점으로 변경하지 아니하거나 상호변경신고를 하지 아니한 때	• 사업정지(10일) • 사업정지(10일) • 사업정지(10일)
8. 법 제23조 및 제24조의 규정에서 준용하는 법 제10조(동조제5항·제8항 및 제10항을 제외한다)의 규정에 의한 준수사항을 위반한 건수가 다음의 기준에 해당되는 때 (1) 당해연도의 위반건수가 60건 이상이 되는 때 (2) 당해연도의 위반건수가 100건 이상이 되는 때	 • 사업정지(30일) • 허가취소
9. 법 제24조의 규정에서 준용하는 제12조(동조제4호를 제외한다)의 규정에 의한 개선명령을 이행하지 아니한 때	• 사업정지(30일)
10. 법 제23조의2의 규정에 의한 사업정지명령에 위반하여 그 사업정지기간중에 사업을 한 때	• 허가취소
11. 법 또는 법에 의한 명령이나 처분에 위반한 때 가. 거짓으로 법 제21조제2항의 규정에 의한 변경신고를 한 때 나. 법 제24조의 규정에서 준용하는 법 제7조의 규정에 위반하여 운송주선약관을 신고하지 아니한 때 다. 법 제24조의 규정에서 준용하는 법 제14조 및 제15조의 규정에 위반하여 양도·양수, 합병 또는 상속의 신고를 하지 아니한 때 라. 법 제24조의 규정에서 준용하는 법 제16조제1항의 규정에 위반하여 휴지 또는 폐지신고를 하지 아니한 때 (1) 신고를 하지 아니하고 사업을 휴지 또는 폐지한 때 (2) 사업을 휴지한 후 그 기간이 경과하여도 사업을 개시하지 아니한 때	 • 1차:사업정지(60일) • 2차:허가취소 • 사업정지(20일) • 사업정지(90일) • 허가취소 • 사업정지(30일)
마. 법 제32조의 규정에 위반하여 업무·재산 등에 관한 보고를 하지 아니하거나 허위의 보고를 한 때와 경영실태조사 또는 재무관리상태진단을 거부·방해 또는 기피한 때	• 1차:사업정지(20일) • 2차:사업정지(30일) • 3차:허가취소
바. 법 제42조의 규정에 위반하여 운수종사자가 교육을 이수하는데 필요한 조치를 하지 아니한 때	• 사업정지(15일)
사. 법 제44조제1항의 규정에 위반하여 서류를 제출하지 아니하거나 허위의 서류를 제출한 때	• 사업정지(10일)
아. 법 제44조제1항의 규정에 위반하여 장부·서류 기타 물건에 대한 검사를 거부·방해 또는 기피한 때	• 사업정지(20일)
자. 법 제44조제1항의 규정에 위반하여 관계인에 대한 질문을 거부·방해 또는 기피한 때	• 사업정지(20일)

제4절 화물자동차운송가맹사업

1. 화물자동차운송가맹사업

가. 가맹사업

- 가맹점사업자로 하여금 자기의 상표서비스표상호간판 그 밖의 영업표지(「영업표지」)를 사용하여 일정한 품질기준에 따라 상품(원재료 및 부 재료를 포함한다) 또는 용역을 판매하도록 함과 아울러 이에 따른 경영 및 영업활동 등에 대한 지원교육과 통제를 하며, 가맹점사업자는 영업표지의 사용과 경영 및 영업활동 등에 대한 지원교육의 대가로 가맹본부에 가맹금을 지급하는 계속적인 거래관계

나. 화물자동차운송가맹사업

- 타인의 수요에 응하여 자기의 화물자동차를 사용하여 유상으로 화물을 운송하거나 소속 화물자동차운송가맹점(운송사업자인 가맹점에 한한다)에 의뢰하여 화물을 운송하게 하는 사업

다. 사업허가와 변경허가

- 화물자동차운송가맹사업을 경영하고자 하는 자는 건설교통부장관의 허가 필요
- 허가받은 사항을 변경하는 경우에도 허가 필요하나 경미한 사항으로 신고하여야 하는 사항
  - 대표자의 변경(법인인 경우에 한한다)
  - 화물취급소의 설치 및 폐지
  - 화물자동차의 대폐차(화물자동차를 직접 소유한 운송가맹사업자에 한한다)
  - 주사무소·영업소 및 화물취급소의 이전
  - 화물자동차운송가맹계약의 체결 또는 해제·해지

라. 허가기준에 관한 사항의 신고

- 운송가맹사업자는 허가를 받은 날부터 3년마다 허가기준에 관한 사항을 건설교통부장관에게 신고하여야 한다.

마. 허가기준

항목	허가기준
허가기준대수	500대 이상(운송가맹점이 소유하는 화물자동차의 대수를 포함하되, 특별시광역시를 포함한 8개 이상의 시도에 각각 50대 이상 분포되어야 한다)
자본금 또는 자산평가액	10억원 이상
사무실 및 영업소	주사무소는 20제곱미터 이상, 영업소는 10제곱미터 이상
최저보유 차고면적	화물자동차 1대당 당해 화물자동차의 길이와 너비를 곱한 면적(화물자동차를 직접 소유하는 경우에 한한다)
화물자동차의 종류	제3조의 규정에 의한 화물자동차(화물자동차를 직접 소유하는 경우에 한한다)
기타 운송시설	화물운송전산망을 갖출 것

2. 운송가맹사업자 및 운송가맹점의 역할

가. 운송가맹사업자의 역할

운송가맹사업자는 화물자동차운송가맹사업의 원활한 수행을 위하여 다음의 사항을 성실히 이행하여야 한다.

- 운송가맹사업자의 직접운송물량과 운송가맹점에 의한 운송물량의 공정한 배정
- 효율적인 운송기법의 개발 및 보급
- 화물의 원활한 운송을 위한 공동전산망의 설치·운영

나. 운송가맹점의 역할

- 운송가맹점은 화물자동차운송가맹사업의 원활한 수행을 위하여 다음의 사항을 성실히 이행하여야 한다(운송사업자인 운송가맹점에 한한다).
  - 운송가맹사업자가 정한 기준에 적합한 운송서비스의 제공
  - 화물의 원활한 운송을 위한 차량위치의 통지
  - 운송가맹사업자에 대한 운송화물의 확보·공급)

다. 운송가맹점 현황 (06. 1월 현재)

업체명	주사무소	가맹점수	차량수
(주)모바일와이드	서울 종로	18	1,251
대한물류연합	부산 남구	17	588
(주)한국로지스풀	서울 마포	195	550
대우산업	경기 안성	9	1029

3. 개선명령

- 건설교통부장관은 안전운행의 확보, 운송질서의 확립 및 화주의 편의를 도모하기 위하여 필요하다고 인정하는 때에는 운송가맹사업자에게 다음의 사항을 명할 수 있다.
- 운송약관의 변경
- 화물자동차의 구조변경 및 운송시설의 개선
- 화물의 안전운송을 위한 조치
- 가맹사업거래의 공정화에 관한 법률 제7조·제8조·제10조·제11조 및 제13조의 규정에 의한 정보공개서의 제공·갱신·수정, 가맹금의 반환, 가맹계약서의 교부·보관 및 가맹계약 종료사실의 통지
- 적재물배상보험등 및「자동차손해배상 보장법」에 의하여 운송가맹사업자가 의무적으로 가입하여야 하는 보험·공제에의 가입
- 그 밖에 화물자동차운송가맹사업의 개선을 위하여 필요한 사항

4. 준수사항

- 운송사업자는 2 이상의 화물자동차운송가맹점으로 가입하여서는 아니 된다.
- 운송가맹점인 운송사업자는 자기가 가입한 운송가맹사업자에 소속된 운송주선사업자로부터 직접 화물운송을 주선 받아서는 아니 된다.
- 운송가맹점으로 가입한 운송사업자는 자기의 상호를 소속 운송가맹사업자의 운송가맹점으로 변경하여 건설교통부장관에게 신고하여야 한다.
- 상호변경신고를 하고자 하는 화물자동차운송가맹점인 운송사업자는 운송가맹계약을

체결한 날부터 30일 이내에 관할관청에 운송가맹계약서 사본, 표시를 변경하였음을 증명할 수 있는 서류(사진을 포함)서류를 첨부하여 신고하여야 한다.

- 운송가맹점인 운송주선사업자는 자기가 가입한 운송가맹사업자에 소속된 운송가맹점에 대하여 화물운송의 주선을 하여서는 아니된다.
- 운송주선사업자가 운송가맹사업자에게 화물의 운송을 주선하는 행위는 재계약·중개 또는 대리로 보지 아니한다.

제5절 적재물배상보험

1. 적재물배상보험 의무가입

- 다음에 해당하는 자는 손해배상책임을 이행하기 위하여 적재물배상책임보험 또는 공제(적재물배상보험등)에 가입
  - 최대적재량이 5톤 이상이거나 총중량이 10톤 이상인 화물자동차 중 건설교통부령이 정하는 화물자동차를 소유하고 있는 운송사업자
  - 운송주선사업자
  - 운송가맹사업자

< 화물자동차운송사업자 >

- 최대적재량이 5톤 이상이거나 총중량이 10톤 이상인 화물자동차중 일반형 · 밴형 및 특수용도형 화물자동차와 견인형 특수자동차(건축폐기물 · 쓰레기 등 경제적 가치가 없는 화물을 운송하는 차량으로서 건설교통부장관이 정하여 고시하는 차량을 제외)

※ 가입대상 제외 차량

- 덤프형 화물자동차, 구난형·특수작업형 특수자동차
- 동력장치가 없는 피견인차(트레일러)
- 건교부장관이 고시한 적재물배상보험등의 가입대상 제외차량(견인형 특수자동차를 포함)
  - 시멘트(시멘트 혼합물을 포함한다) 수송전용 차량, 사료 및 곡물 수송 전용 차량, 우유·식용유·공업유 등의 원유 수송전용 차량, 석유류(원유, 천연가스, 석유제품) 수송전용 차량

• 고철류 수송전용 차량, 목재(원목) 수송전용 차량, 골재(모래·자갈·흙등) 수송전용 차량, 석탄 수송전용 차량, 아스콘·아스팔트유제 수송전용차량
• 카고크레인차, 구난전용 화물자동차
• 건축폐기물·산업폐기물·폐유 등 폐기물 운반용 트럭, 톱밥수거트럭, 복사덤프카, 왕겨수송차량, 낙엽수집차량
• 살수차, 급수차, 농림방재차, 소방차
• 진개차, 롤온청소차, 암롤청소차, 노면청소차, 하수구청소차, 진공(흡입)차, 음식물수거차, 분진수거차, 분뇨차(바큠카), 오일통분쇄차
• 덤프형피견인차 전용 견인차(덤프트레일러)
• 고소작업차, 사다리차, 콘크리트펌프차, 초지작업용트럭
• 변압기차, 통신용차량(바이패스케이블차, 무정전케이블차, 이동기지국차, 이동발전차)

[건설교통부 고시 제2005-53호(2005.3.10) "적재물배상보험등의 의무가입대상 제외차량"]

- 가입대상 화물자동차 적용기준
  • 화물자동차를 구조변경된 경우 구조변경전 최초 화물자동차등록당시의 최대적재량 또는 총중량을 기준으로 하고
  • 화물자동차의 유형(또는 차종)은 구조변경후의 유형(또는 차종)을 기준으로 함

[화물자동차운수사업법시행규칙 제13조 [별표1] 비고8 참조]

- 보상한도액 : 각 화물자동차별로 1사고당 각각 2천만원 이상 의 금액을 지급할 책임을 지는 보험등에 가입

< 화물자동차운송주선사업자 >

- 사업자별로 1사고당 각각 2천만원 이상의 금액을 지급할 책임을 지는 보험등에 가입
  ※ 이사화물을 취급하는 운송주선사업자는 가입대상 제외

[화물자동차운수사업법시행규칙 제17조의2 제2항 참조]

< 화물자동차운송가맹사업자 >

- 사업자별로 1사고당 각각 2천만원 이상의 금액을 지급할 책임을 지는 보험등에 가입
- 자기가 직접 화물자동차를 소유하고 있는 가맹사업자는 각 사업자별 및 각 화물자동차별로 1사고당 각각 2천만원 이상의 금액을 지급할 책임을 지는 보험등에 가입

- 이 경우 가입대상 차량은 화물자동차운송사업자와 동일

2. 적재물배상보험등 계약의 체결의무

- 「보험업법」에 의한 보험회사(적재물배상책임공제사업을 하는 자 포함)는 적재물배상보험등에 가입하여야 하는 자(보험등의무가입자)가 적재물배상보험등에 가입하고자 하는 때에는 적재물배상보험등의 계약(책임보험계약등)의 체결을 거부 불가
- 보험등 의무가입자가 적재물사고를 일으킬 개연성이 높은 경우 등의 사유에 해당하는 경우에는 다수의 보험회사등이 공동으로 책임보험계약등을 체결가능

3. 책임보험계약등의 해제

- 보험등의무가입자 및 보험회사등은 다음의 어느 하나에 해당하는 경우 외에는 책임보험계약등의 전부 또는 일부를 해제 또는 해지 금지
  - 화물자동차운송사업의 허가사항이 변경(감차에 한한다)된 경우
  - 화물자동차운송사업을 휴지 또는 폐지한 경우
  - 화물자동차운송사업의 허가가 취소되거나 감차명령을 받은 경우
  - 화물자동차운송주선사업의 허가가 취소된 경우
  - 화물자동차운송가맹사업의 허가사항이 변경(감차에 한한다)된 경우
  - 화물자동차운송가맹사업의 허가가 취소되거나 감차명령을 받은 경우
  - 적재물배상보험등에 이중으로 가입되어 하나의 책임보험계약등을 해제 또는 해지하고자 하는 경우
  - 보험회사등이 파산 등의 사유로 영업을 계속할 수 없는 경우
  - 그 밖에 대통령령이 정하는 경우

4. 책임보험계약등의 계약 종료일의 통지

- 보험회사등은 자기와 책임보험계약등을 체결하고 있는 보험등의무가입자에게 당해 계약종료일 30일 전까지 당해 계약이 종료된다는 사실을 통지
- 보험회사등은 자기와 책임보험계약등을 체결한 보험등의무가입자가 당해 계약이 종료된 후 새로운 계약을 체결하지 아니한 경우에는 그 사실을 지체 없이 건설교통부장관에게 통지

5. 의무위반시 처분

▸ 적재물배상보험등에 가입하지 아니한 사업자 과태료 처분

- 화물자동차운송사업자 : 미가입 화물자동차 1대당 50만원
- 화물자동차운송주선사업자 : 100만원
- 화물자동차운송가맹사업자 : 미가입 사업자별 500만원, 미가입 화물자동차 1대당 50만원

▸ 책임보험계약등의 체결의무 등을 위반한 보험회사등에 대한 과태료 처분

- 책임보험계약등의 체결을 거부한 보험회사등 : 50만원
- 책임보험계약등의 해제 또는 해지 금지규정을 위반한 적재물배상보험등 의무가입자 또는 보험회사등 : 50만원
- 책임보험계약등의 계약종료일의 통지 등의 의무규정을 위반한 보험회사등 : 30만원

[화물자동차운수사업법시행령 제16조제3항 [별표5] 참조]

▸ 적재물배상보험등에 가입하지 아니한 상태로 화물자동차를 운행하거나 그 가입이 실효된 상태로 화물자동차를 운행한 때 : 1차 위반 운행정지 20일, 2차 위반 운행정지 30일[화물자동차운수사업법시행규칙 제27조 관련 [별표2] 참조]

제6절 기타

1. 운수사업의 재정지원

가. 재정지원 대상사업

- 국가는 지방자치단체사업자단체 또는 운수사업자가 다음과 같은 재정적 지원이 필요하다고 인정되는 때에는 소요자금의 일부를 보조 또는 융자할 수 있다.

  ① 공동차고지 건설

  ② 물류정보화 사업

③ 낡은 차량의 대체

④ 화물자동차운수사업의 서비스 향상을 위한 시설장비의 확충개선

⑤ 화물자동차운수사업의 경영합리화를 위하여 공영차고지의 건설과 유가체계 조정에 따른 운송사업 및 운송가맹사업 부분의 유류세액 인상액의 보조 등

나. 유류 세액 인상액 보조

- 특별시장·광역시장·시장 또는 군수(광역시의 군을 포함)는 운수사업자(화물자동차운송사업을 위탁받은 자를 포함)에게 유류에 부과되는 다음의 세액 등 인상액에 상당하는 금액의 전부 또는 일부를 보조할 수 있다. 이 경우 보조금의 지급대상·지급방법·신청서류 및 절차 등에 관하여 필요한 사항은 건설교통부장관이 정한다.
  ①「교통세법」 제2조제1항제2호,「교육세법」 제5조제1항,「지방세법」 제196조의17제1항의 규정에 따라 경유에 각각 부과되는 교통세·교육세·주행세
  ②「특별소비세법」 제1조제2항제4호 바목,「교육세법」 제5조제1항,「석유 및 석유대체연료 사업법」 제18조제2항제1호의 규정에 따라 석유가스 중 부탄에 각각 부과되는 특별소비세·교육세·부과금
- 지급된 금품과 이를 받을 권리는 압류하지 못한다.

다. 보조금의 사용

- 보조 또는 융자를 받은 자는 그 자금을 보조 또는 융자를 받은 목적 외의 용도로 사용하여서는 아니 된다.
- 건설교통부장관은 보조 또는 융자를 받은 자가 그 자금을 적정하게 사용하도록 지도감독하여야 한다.
- 건설교통부장관은 사업자단체 또는 운수사업자가 거짓 또는 부정한 방법으로 보조금 또는 융자금을 교부 받은 경우에는 그 사업자단체 또는 운수사업자가에게 보조금 또는 융자금의 반환을 명하여야 하며, 그 사업자단체 또는 운수사업자가가 이에 응하지 아니하는 때에는 국세체납처분의 예에 따라 이를 회수할 수 있다.

2. 공영차고지의 설치

가. 정의

- 『공영차고지』라 함은 화물자동차운수사업에 제공되는 차고지로서 시도지사 또는 시장군수구청장이 설치한 것

나. 설치 및 운영

- 시도지사 또는 시장군수구청장은 공영차고지를 설치하여 이를 직접 운영하거나 사업자단체운송사업자 또는 운송가맹사업자에게 임대(운영의 위탁을 포함) 가능

다. 절차

- 시도지사 또는 시장군수구청장은 공영차고지를 설치하고자 하는 때에는 공영차고지의 설치운영에 관한 계획(「설치운영계획」)을 수립하여야 한다. 이 경우 시장군수 또는 구청장은 미리 시도지사의 인가를 받아야 한다. 인가 받은 계획을 변경하고자 하는 때에도 또한 같다. 시도지사 또는 시장군수구청장은 설치운영계획을 수립변경하거나 인가변경인가를 받은 때에는 이를 공고 필요

라. 수용 및 사용

- 시도지사 또는 시장군수구청장은 공영차고지의 설치에 필요한 토지건축물 또는 그 토지에 정착된 물건이나 그 토지건축물 또는 물건에 관한 소유권외의 권리를 수용 또는 사용할 수 있다(법제31조제1항). 수용 또는 사용에 관하여는 화물자동차운수사업법에 규정이 있는 경우를 제외하고는 공익사업을위한토지등의취득및보상에관한법률을 준용한다. 공익사업을위한토지등의취득및보상에관한법률을 준용함에 있어서는 공영차고지의 설치운영 인가를 공익사업을위한토지등의취득및보상에관한법률 제20조제1항의 규정에 의한 사업인정으로 본다.

3. 협회

가. 설립

- 운수사업자는 화물자동차운수사업의 건전한 발전과 운수사업자의 공동이익을 도모하기 위하여 건설교통부장관의 인가를 받아 화물자동차운수사업의 종류별 또는 시도별로 협회(협회)를 설립가능

나. 협회의 사업

① 화물자동차운수사업의 건전한 발전과 운수사업자의 공동이익을 도모하는 사업

② 화물자동차운수사업의 진흥 및 발전에 필요한 통계의 작성 및 관리

③ 외국자료의 수집조사 및 연구사업

④ 경영자와 운수종사자의 교육훈련

⑤ 화물자동차운수사업의 경영개선을 위한 지도

⑥ 법에서 협회의 업무로 정한 사항

⑦ 국가 또는 지방자치단체로부터 위탁 받은 업무

⑧ 사업에 부수되는 업무

4. 공제사업

(1) 허가

운수사업자가 설립한 협회의 연합회는 건설교통부장관의 허가를 받아 운수사업자의 자동차 사고로 인한 손해배상책임의 보장사업 및 적재물배상공제사업 등을 할 수 있다. 연합회는 공제사업의 허가를 신청하는 때에는 공제규정 및 약관을 첨부하여야 한다. 공제규정에는 공제사업의 내용, 공제계약, 분담금, 공제금, 책임준비금, 비상위험준비금, 지급준비금, 결손금처리방법, 공제사업에 가입한 운송사업자

(회원)의 준수사항 및 위반시의 제재방법 등 공제사업의 운영에 관한 사항이 포함되어야 한다.

(2) 가입과 분담금

운수사업자는 공제사업에 가입할 수 있으며, 공제사업에 가입한 운수사업자는 공제사업의 수행에 필요한 분담금을 분담한다. 분담금의 분담비율에 관하여는 건설교통부장관의 승인을 얻어야 한다. 공제사업에 관하여는 보험업법의 규정을 적용하지 아니한다.

(3) 사업내용

공제사업의 내용은 다음과 같다.

- 회원의 사업용화물자동차의 사고로 인하여 발생한 배상책임에 대한 공제
- 회원이 사업용화물자동차를 소유·사용 또는 관리하는 동안에 발생한 사고로 인하여 당해 자동차에 생긴 손해에 대한 공제
- 운수종사자가 회원의 사업용화물자동차를 소유·사용 또는 관리하는 동안에 발생한 사고로 인하여 입게 된 자기신체의 손해에 대한 공제
- 공제사업에 종사하는 자의 업무상 재해로 인한 손실의 보상을 위한 공제
- 회원의 사업용 화물자동차에 의하여 운송되는 직재물의 멸실·훼손 또는 인도지연으로 인하여 발생한 손해에 대한 공제
- 회원의 화물운송주선으로 인한 적재물의 멸실·훼손 또는 인도 지연으로 인하여 발생한 손해에 대한 공제
- 공동이용시설의 설치·운영 및 관리 기타 회원의 편의 및 복지증진을 위한 사업
- 기타 회원의 경제적 이익을 도모하기 위한 사업

(4) 운영

연합회는 공제규정이 정하는 바에 의하여 매 사업연도말에 그 사업의 책임준비금·비상위험준비금 및 지급준비금을 계상하고 이를 적립하여야 한다. 연합회는 공제사업

에 관한 회계를 다른 사업에 관한 회계와 구분하여 정리하여야 하며, 공제사업에 관한 회계를 책임공제·일반공제 및 적재물배상공제로 구분하여 회계하여야 한다.

(5) 분쟁조정의 신청

공제사업을 함에 있어 공제계약 및 공제금의 지급등에 관하여 분쟁이 있는 경우 분쟁 당사자는 여객자동차운수사업법 제66조의2의 규정에 의한 공제분쟁조정위원회에 조정을 신청할 수 있다.

(6) 공제사업 임·직원 등에 대한 제재

건설교통부장관은 공제사업에 종사하는 임·직원이 공제에 관한 업무규정을 위반하거나 이 법에 의한 명령 또는 처분을 준수하지 아니한 때에는 그 임·직원에 대하여 징계를 요구할 수 있으며, 연합회의 장은 특별한 사유가 없는 한 이에 따라야 한다.

(7) 감독

건설교통부장관은 연합회 및 협회를 지도·감독한다. 건설교통부장관은 필요하다고 인정하는 때에는 협회 및 연합회에 대하여 업무에 관한 보고서의 제출 기타 필요한 조치를 명하거나 소속 공무원으로 하여금 업무상황 또는 회계상황의 조사, 장부 기타 서류의 검사를 하게 할 수 있다. 조사 또는 검사를 하는 공무원은 그 권한을 표시하는 증표를 관계인에게 내보여야 한다.

5. 자가용화물자동차

화물자동차운송사업 및 화물자동차운송가맹사업에 이용되지 아니하고 자가용으로 사용되는 화물자동차(자가용화물자동차)로서 특수자동차와 특수자동차를 제외한 화물자동차로서 최대적재량이 2.5톤이상인 화물자동차를 사용하고자 하는 자는 시·도지사에게 신고하여야 한다. 신고한 사항을 변경하고자 하는 때에도 또한 같다.

가. 유상운송 및 임대 금지

- 자가용화물자동차의 소유자 또는 사용자는 자가용화물자동차를 유상(당해 자동차의 운행에 필요한 경비를 포함)으로 화물운송용에 제공하거나 임대 금지

나. 예외적 유상운송 허가 사유

① 천재지변 또는 이에 준하는 비상사태로 인하여 수송력공급을 긴급히 증가시킬 필요가 있는 경우

② 사업용화물자동차철도 등 화물운송수단의 운행이 불가능하여 이를 일시적으로 대체하기 위한 수송력공급이 긴급히 필요한 경우

③ 농어촌발전특별조치법 제6조의 규정에 의하여 설립된 영농조합법인(영농조합법인)이 그 사업을 위하여 화물자동차를 직접 소유 운영하는 경우

다. 유상운송의 허가

- 자가용화물자동차의 유상운송허가를 받고자 하는 자는 자가용화물자동차유상운송허가신청서를 시·도지사에게 제출(정보통신망을 이용한 제출을 포함)
- 자가용화물자동차유상운송허가신청서에는 법인등기부등본(영농조합법인인 경우에 한한다)과 허가 받고자 하는 차량명세(허가대상차량이 여러 대인 경우에 한한다)를 첨부(행정정보전산망의 공동이용을 통하여 그 내용을 확인할 수 있는 경우에는 그 확인으로 제출에 갈음)

6. 차량충당조건

가. 충당조건

- 화물자동차운송사업 및 화물자동차운송가맹사업의 신규등록증차 또는 대폐차에 충당되는 화물자동차는 차령 3년 이내의 차량으로 이어야 한다.
- 차량충당 연한의 기산일은 제작연도에 등록된 화물자동차는 최초의 신규등록일, 제작연도에 등록되지 아니한 화물자동차는 제작연도의 말일로 한다.

나. 충당조건 적용 제외

- 운송사업자가 화물자동차운송사업의 종류를 변경하여 허가를 받고자 하는 경우 운송사업자가 사업의 종류를 변경하기 전에 화물자동차운송사업용으로 사용한 차량
- 운송사업자가 화물자동차운송사업을 폐지하고 화물자동차운송가맹사업의 허가를 받고자 하는 경우 운송사업자가 사업을 폐지하기 전에 화물자동차운송사업용으로 사용한 차량
- 운송가맹사업자(화물자동차를 직접 소유한 경우에 한한다)가 화물자동차운송가맹사업을 폐지하고 화물자동차운송사업의 허가를 받고자 하는 경우 운송가맹사업자가 사업을 폐지하기 전에 화물자동차운송가맹사업용으로 사용한 차량
- 운송사업자(등록이 취소되거나 사업이 폐지된 운송사업자를 포함)에게 소속되어 화물자동차운송사업용으로 사용한 화물자동차를 그 사업용으로 사용하지 아니하게 된 날부터 6월 이내에 화물자동차운송사업용으로 사용하는 경우 당해 차량
- 운송사업자 또는 운송가맹사업자가 아닌 법인에 최근 2년 이상 소속된 5대 이상의 자가용 화물자동차를 당해 법인이 화물자동차운송사업용 또는 화물자동차운송가맹사업용으로 사용하는 경우 당해 차량
- 운송사업자 또는 운송가맹사업자가 화물자동차를 대폐차할 때 폐차되는 화물자동차의 차령보다 대차되는 화물자동차의 차령이 적은 경우 대차되는 차량
- 덤프형 화물자동차피견인자동차(소방법시행령 제12조의 규정에 의한 위험물 및 특수가연물수송용 탱크트레일러를 제외) 또는 특수자동차

7. 권한의 위임

- 건설교통부장관은 다음 권한의 일부를 시·도지사에게 위임가능
- 시·도지사는 건설교통부장관으로부터 위임받은 권한의 일부를 건설교통부장관의 승인을 얻어 시장·군수 또는 구청장에게 재위임 가능
- 시·도지사는 권한의 일부를 시·도의 조례가 정하는 바에 따라 시장·군수 또는 구청장에게 위임 가능
  - 화물자동차운송사업의 허가, 화물자동차운송사업의 허가사항변경허가, 허가기준에

관한 사항의 신고, 약관의 신고 및 변경신고, 통지, 신고, 개선명령, 양도·양수 또는 합병의 신고, 상속의 신고, 화물자동차운송사업의 허가취소·사업정지처분 및 감차조치명령, 화물자동차의 자동차등록증과 자동차등록번호판의 반납 및 반환, 과징금의 부과·징수 및 과징금운용계획의 수립·시행, 화물운송종사자격의 취소 및 효력의 정지, 청문, 화물자동차운송주선사업의 허가, 화물자동차운송주선사업의 허가취소 및 사업정지 처분, 보고·경영실태조사 및 재무관리상태진단(운송가맹사업자와 관련된 보고·경영실태조사 및 재무관리상태진단을 제외), 협회의 설립인가 및 협회사업의 지도·감독, 위탁사무의 수수료의 승인, 과태료의 부과 및 징수

8. 권한의 위탁

가. 협회

- 허가사항변경신고
- 사업의 휴지 및 폐지신고
- 허가사항변경신고

나. 연합회

경영지도중 다음의 업무

- 사업사순수사항에 대한 계도활동
- 과적운행·과로운전·과속운전의 예방 등 안전수송을 위한 지도·계몽
- 법령위반사항에 대한 처분의 건의

다. 교통안전공단법에 의하여 설립된 교통안전공단

- 운전적성에 대한 운전정밀검사의 시행
- 화물운송종사자격시험의 실시·관리 및 교육
- 화물운송종사자격증의 교부

9. 행정형벌

가. 3년 이하의 징역 또는 3천만원 이하의 벌금

- 업무개시명령을 거부한 운송사업자 및 운송가맹사업자

나. 2년 이하의 징역 또는 2천만원이하의 벌금

- 허가를 받지 아니하거나 거짓 그 밖의 부정한 방법으로 허가를 받고 화물자동차운송사업을 경영한 자
- 허가를 받지 아니하거나 거짓 그 밖의 부정한 방법으로 허가를 받고 화물자동차운송주선사업을 경영한 자
- 명의이용금지의무를 위반한 운송사업자 및 운송가맹사업자
- 허가를 받지 아니하거나 거짓 그 밖의 부정한 방법으로 허가를 받고 화물자동차운송가맹사업을 경영한 자
- 자가용화물자동차를 유상으로 화물운송용에 제공하거나 임대한 자

다. 1년 이하의 징역 또는 1천만원 이하의 벌금

- 화물운송종사자격증을 교부받지 아니하고 화물자동차운수사업의 운전업무에 종사한 자
- 거짓 그 밖의 부정한 방법으로 화물운송종사자격을 취득한 자
- 화물운송종사자격이 없는 자를 화물자동차운수사업의 운전업무에 종사하게 한 자
- 운송사업자는 고장 및 사고 차량 등 화물의 운송과 관련하여「자동차관리법」에 의한 자동차관리사업자로부터 부정한 금품을 수수하는 행위를 한 운송사업자 및 운송가맹사업자
- 고장 및 사고 차량 등 화물의 운송과 관련하여 「자동차관리법」에 의한 자동차관리사업자로부터 부정한 금품을 수수하는 행위를 한 운수종사자

10. 과태료

- 건설교통부장관 또는 시도지사는 법 과태료를 부과하고자 할 때에는 당해 위반행위를 조사 확인한 후 위반사실과 과태료금액 등을 서면으로 명시하여 이를 납부할 것을 과태료처분대상자에게 통지

- 건설교통부장관 또는 시도지사는 과태료를 부과하고자 할 때에는 10일이상의 기간을 정하여 과태료처분대상자에게 구술 또는 서면에 의한 의견진술의 기회를 부여. 이 경우 지정된 기일까지 의견진술이 없는 경우에는 의견이 없는 간주
- 과태료는 건설교통부장관 또는 시도지사 가 이를 부과징수
- 과태료처분에 불복이 있는 자는 그 처분의 고지를 받은 날부터 30일이내에 건설교통부장관 또는 시도지사에게 이의를 제기 가능
- 과태료처분을 받은 자가 이의를 제기한 때에는 건설교통부장관 또는 시도지사는 지체없이 관할법원에 그 사실을 통보하여야 하며, 통보를 받은 관할법원은 비송사건절차법에 의한 과태료의 재판
- 과태료에 관한 규정을 적용함에 있어서 과징금을 부과한 행위에 대하여는 과태료를 부과불가
- 과태료의 징수절차는 건설교통부령 또는 시도의 조례규정

【표 3-11】 위반행위의 종류별 과태료금액

위 반 내 용	처 분 내 용
1. 법 제3조제3항의 단서의 규정에 의한 허가사항변경신고를 하지 아니한 자	50만원
2. 법 제6조제1항(법 제24조의6에서 준용하는 경우를 포함한다)의 규정에 의한 운임 및 요금에 관한 신고를 하지 아니한 자	50만원
3. 법 제7조(법 제24조 및 법 제24조의6에서 준용하는 경우를 포함한다)의 규정에 의한 약관의 신고를 하지 아니한 자	50만원
3의2. 법 제8조의2(법 제24조 및 법 제24조의6에서 준용하는 경우를 포함한다)의 규정에 의한 적재물배상보험등에 가입하지 아니한 자	• 운송사업자:미가입 화물자동차 1대당 50만원 • 운송주선사업자:100만원 • 운송가맹사업자 - 미가입 사업자별 500만원 - 미가입 화물자동차 1대당 50만원
3의3. 법 제8조의3(법 제24조 및 법 제24조의6에서 준용하는 경우를 포함한다)의 규정을 위반하여 책임보험계약등의 체결을 거부한 보험회사등	50만원
3의4. 법 제8조의4(법 제24조 및 법 제24조의6에서 준용하는 경우를 포함한다)의 규정을 위반하여 책임보험계약등을 해제 또는 해지	50만원

한 보험등의무가입자 또는 보험회사등	
3의5. 법 제8조의5제1항 및 제2항의 규정(법 제24조 및 법 제24조의6에서 준용하는 경우를 포함한다)에 위반하여 통지를 하지 아니한 보험회사등	30만원
4. 법 제9조의3의 규정에 위반한 자	50만원
5. 법 제10조(법 제24조 및 법 제24조의6에서 준용하는 경우를 포함한다)의 규정에 의한 준수사항을 위반한 운송사업자	50만원
6. 법 제11조(법 제24조 및 법 제24조의6에서 준용하는 경우를 포함한다)의 규정에 의한 준수사항을 위반한 운수종사자 및 그가 소속된 운송사업자	50만원
7. 법 제12조의 규정에 의한 개선명령을 이행하지 아니한 자(법 제24조에서 준용하는 경우를 포함한다)	300만원
8. 법 제14조제1항·제2항 또는 제15조제1항의 규정(법 제24조 및 법 제24조의6에서 준용하는 경우를 포함한다)에 의한 양도·양수·합병 또는 상속의 신고를 하지 아니한 자	100만원
9. 법 제16조제1항(법 제24조 및 법 제24조의6에서 준용하는 경우를 포함한다)의 규정에 의한 휴지·폐지신고를 하지 아니한 자 10. 삭 제	100만원
11. 법 제18조제1항(법 제24조의6에서 준용하는 경우를 포함한다)의 규정에 위반하여 자동차등록증 또는 자동차등록번호판을 반납하지 아니한 자	300만원
12. 법 제21조제2항의 규정에 의한 허가사항변경신고를 하지 아니한 자	50만원
13. 법 제23조의 규정에 의한 준수사항을 위반한 운송주선사업자	50만원
13의2. 법 제24조의2제2항 단서의 규정에 의한 허가사항변경신고를 하지 아니한 자	50만원
13의3. 법 제24조의4의 규정에 의한 개선명령을 이행하지 아니한 자	300만원
13의4. 법 제29조의2제1항의 규정에 위반하여 보조금 또는 융자금을 보조 또는 융자받은 목적외의 용도로 사용한 자	200만원
14. 법 제32조제1항의 규정에 의한 보고를 하지 아니하거나 허위의 보고를 한 자	50만원
15. 법 제32조제1항의 규정에 의한 조사를 거부·방해 또는 기피한 자	100만원
15의2. 법 제37조제2항의 규정에 의한 조치명령을 이행하지 아니하거나 조사 또는 검사를 거부·방해 또는 기피한 자	100만원
16. 법 제38조의 규정에 의한 자가용화물자동차의 사용의 신고를 하지 아니한 자	50만원
17. 및 18. 삭 제	

19. 법 제44조제1항의 규정에 의한 보고를 하지 아니하거나 또는 허위의 보고를 한 자	50만원
20. 법 제44조제1항의 규정에 의한 서류제출을 하지 아니하거나 또는 허위의 서류를 제출한 자	50만원
21. 법 제44조제1항의 규정에 의한 검사를 거부·방해 또는 기피한 자	100만원

V. 철도사업법

제1절 총설

1. 목적

철도사업법은 철도사업에 관한 질서를 확립하고 효율적인 운영여건을 조성함으로써 철도사업의 건전한 발전과 철도이용자의 편의를 도모하여 국민경제의 발전에 이바지함을 목적으로 한다.

2. 사업용 철도노선의 고시

건설교통부장관은 사업용 철도노선의 노선번호·노선명·기점·종점·중요경과지(정차역을 포함) 그 밖의 필요한 사항을 지정·고시하여야 한다. 건설교통부장관은 「철도건설법」 제9조의 규정에 의한 철도건설사업실시계획을 승인·고시한 날부터 1월 이내에 사업용철도노선을 지정한다. 이 경우 철도건설사업실시계획을 구간별 또는 시설별로 승인·고시하는 때에는 당해 철도건설사업실시계획을 전부 승인·고시한 날부터 1월 이내에 사업용 철도노선을 지정할 수 있다. 건설교통부장관은 사업용철도노선을 지정한 경우에는 이를 관보에 고시하여야 한다. 고시한 사항의 변경이 있거나 사업용철도노선의 폐지가 있는 때에도 또한 같다.

제2절 철도사업

1. 면허

(1) 서류

철도사업을 경영하고자 하는 자는 건설교통부장관의 면허를 받아야 한다. 이 경우 건설교통부장관은 철도사업의 질서를 확립하기 위하여 필요한 조건을 붙일 수 있다. 면허를 받고자 하는 자는 철도사업면허신청서에 다호의 서류를 첨부하여 건설교통부장관에게 제출하여야 한다. 이 경우 담당 공무원은「전자정부구현을 위한 행정업무 등의 전자화촉진에 관한 법률」제21조제1항에 따른 행정정보의 공동이용을 통하여 법인등기부등본(설립예정법인인 경우를 제외한다)을 확인하여야 하며, 신청인이 확인에 동의하지 아니하는 경우에는 해당서류를 첨부하도록 하여야 한다.

- 다음 사항이 포함된 사업계획서
  - 운행구간의 기점·종점·정차역
  - 여객운송·화물운송 등 철도서비스의 종류
  - 사용할 철도차량의 대수·형식 및 확보계획
  - 운행횟수, 운행시간계획 및 선로용량 사용계획
  - 당해 철도사업을 위하여 필요한 자금의 내역과 조달방법(공익서비스비용 및 철도시설 사용료의 수준을 포함)
  - 철도역·철도차량정비시설 등 운영시설 개요
  - 철도운수종사자의 자격사항 및 확보방안
  - 여객·화물의 취급예정수량 및 그 산출의 기초와 예상 사업수지
- 법인설립계획서(설립예정법인인 경우에 한한다)
- 당해 철도사업을 경영하고자 하는 취지를 설명하는 서류
- 신청인이 법 제7조 각 호의 규정에 의한 결격사유에 해당하지 아니함을 증명하는 서류

(2) 절차

건설교통부장관은 면허신청을 받은 경우에는 면허기준에의 적합 여부, 결격사유의 유무 및 사업계획서의 타당성 여부 등을 종합적으로 심사하여 신청인에게 철도사업의 면허를 하기로 결정한 경우 신청인에게 철도사업면허증을 교부하여야 한다. 건설교통부장관은 철도사업면허증을 교부한 때에는 철도사업면허대장에 이를 기재·관리하여야 한다.

(3) 자격

철도사업의 면허를 받을 수 있는 자는 법인으로 한다.

2. 면허의 기준

철도사업의 면허기준은 다음과 같다.

- 당해 사업의 개시로 철도교통의 안전에 지장을 줄 염려가 없을 것
- 당해 사업의 운행계획이 당해 운행구간의 철도수송수요와 수송력 공급 및 이용자의 편의에 적합할 것
- 신청자가 당해 사업을 수행할 수 있는 재정적 능력을 가질 것
- 당해 사업에 사용할 철도차량의 대수, 사용연한 및 규격이 다음의 기준에 적합할 것

【표 3-12】 철도사업의 면허기준

구 분	면 허 기 준
철도차량의 대수	「철도건설법」 제7조의 규정에 의하여 건설교통부장관이 수립한 철도건설기본계획에서 정한 철도차량의 대수 또는 「철도건설법」 제9조제1항의 규정에 의하여 건설교통부장관의 승인을 얻은 철도건설사업실시계획에서 정한 철도차량의 대수. 다만, 법 제13조의 규정에 의하여 공동운수협정으로 2 이상의 철도사업자가 운영하는 철도노선은 공동운수협정에 따른 철도차량 대수를 합산하여 적용한다.
철도차량의 사용연한	「철도안전법」 제37조의 규정에 의한 철도차량의 사용내구연한을 초과하지 아니한 철도차량 또는 정밀진단을 받아 사용내구연한을 연장받은 철도차량의 경우 그 사용내구연한을 초과하지 아니한 철도차량일 것

철도차량의 규격	1.「철도안전법」제26조의 규정에 의한 안전기준에 적합할 것 2.「철도안전법」제35조의 규정에 의한 철도차량의 성능시험 및 동법 제36조의 규정에 의한 철도차량의 제작검사에 합격할 것
	비고 : 건설교통부장관은 철도사업의 여건변동 등으로 인하여 위 표의 철도차량의 대수를 적용하는 것이 현저하게 불합리하다고 인정하는 경우에는 위 표에서 정한 기준의 2분의 1 범위 안에서 이를 가중 또는 경감하여 적용할 수 있다.

3. 결격사유

다음에 해당하는 자는 철도사업의 면허를 받을 수 없다. 법인의 임원중에 다음에 해당하는 자가 있는 경우에도 또한 같다.

- 금치산자 또한 한정치산자
- 파산선고를 받고 복권되지 아니한 자
- 철도사업법 또는「철도산업발전 기본법」「철도안전법」「도시철도법」「한국철도시설공단법」「한국철도공사법」등 철도관계법령을 위반하여 금고 이상의 실형을 선고받고 그 집행이 종료(집행이 종료된 것으로 보는 경우를 포함)되거나 그 집행이 면제된 날부터 2년이 경과되지 아니한 자
- 철도사업법 또는「철도산업발전 기본법」「철도안전법」「도시철도법」「한국철도시설공단법」「한국철도공사법」등 철도관계법령을 위반하여 금고 이상의 형의 집행유예선고를 받고 그 집행유예기간 중에 있는 자
- 철도사업법에 의하여 철도사업의 면허가 취소된 후 그 취소일부터 2년이 경과되지 아니한 자

4. 운송개시의 의무

철도사업자는 건설교통부장관이 지정하는 기일 또는 기간이내에 운송을 개시하여야 한다. 다만, 천재지변 그 밖의 불가피한 사유로 인하여 철도사업자가 건설교통부장관이 지정하는 기일 또는 기간 이내에 운송을 개시할 수 없는 때에는 건설교통부

장관의 승인을 얻어 기일을 연기하거나 기간을 연장할 수 있다. 운송개시의 기일을 연기하거나 기간의 연장에 대한 승인을 받고자 하는 때에는 운행개시예정일과 그 사유를 기재한 운송개시기일연기(운송개시기간연장)승인신청서에 관계증거서류를 첨부하여 건설교통부장관에게 제출하여야 한다.

5. 운임

(1) 운임·요금의 신고 등

가. 신고

철도사업자는 운임·요금을 건설교통부장관에게 신고하여야 한다. 이를 변경하고자 하는 때에도 또한 같다. 철도운임·요금의 신고 또는 변경신고를 하고자 하는 때에는 건설교통부령이 정하는 철도운임·요금신고서 또는 변경신고서에 철도운임·요금표와 철도운임·요금 신·구대비표 및 변경사유를 기재한 서류(철도운임·요금을 변경하는 경우에 한한다)를 첨부하여 건설교통부장관에게 제출하여야 한다.

철도사업자는 사업용철도를 「도시철도법」에 의한 도시철도사업자가 운영하는 도시철도와 연결하여 운행하고자 하는 때에는 철도운임·요금의 신고 또는 변경신고를 하기 전에 철도의 운임·요금 및 그 변경시기에 관하여 미리 당해 도시철도사업자와 협의하여야 한다. 철도사업자는 신고 또는 변경신고를 한 운임·요금을 그 시행 1주일 이전에 관계역·영업소 및 사업소 등 공중이 보기 쉬운 곳에 게시하여야 한다.

나. 상한지정

철도사업자는 운임·요금을 정하거나 변경함에 있어서 원가와 버스 등 다른 교통수단의 운임·요금과의 형평성 등을 고려하여야 하며 건설교통부장관이 지정·고시한 운임·요금의 상한을 초과하여서는 아니 된다. 건설교통부장관은 철도운임·요금의 상한을 지정하는 때에는 물가상승률, 원가수준, 다른 교통수단과의 형평성 등을 고려하여야 하며, 철도운임·요금의 상한을 지정한 경우에는 이를 관보에 고시하여야 한다. 건설교통부장관은 철도운임·요금의 상한을 지정함에 있어 건설교통부에 철도운임·요금심의위원회를 설치하여 그 의견을 들을 수 있다. 건설교통부장관은 철도운임·요금심의위원회를 설치하는 때에는 전체위원 중 민간위원이 2분의 1 이상이 되도록 하여야 한다. 건설교통부장관이 철도운임·요금의 상한을 지정하고자 하는 때에는 철도사업자로 하여금 원가계산 그 밖에 운임·요금의 산출기초를 기재한 서류를 제출하게 할 수 있다. 건설교통부장관은 사업용철도노선과 「도시철도법」에 의한 도시철도가 연결되어 운행되는 구간에 대하여 철도 운임·요금의 상한을 지정하는 경우에는 「도시철도법」 제15조의2의 규정에 의하여 특별시장·광역시장 또는 도지사가 정하는 도시철도 운임의 범위와 조화를 이루도록 하여야 한다.

다. 협의

건설교통부장관은 운임·요금의 상한을 지정함에 있어 미리 재정경제부장관과 협의하여야 한다.

(2) 부가운임의 징수

철도사업자는 열차를 이용하는 여객이 정당한 승차권을 소지하지 아니하고 열차를 이용한 경우에는 승차구간에 상당하는 운임 외에 그의 30배의 범위 안에서 부가운임을 징수할 수 있다. 철도사업자가 부가운임을 징수하고자 하는 경우에는 사전에 부가운임의 징수대상 행위, 열차의 종류 및 운행구간별 부가운임을 정하고 철도사업약관에 포함하여 건설교통부장관에게 신고하여야 한다.

6. 철도사업약관

철도사업자는 철도사업약관을 정하여 건설교통부장관에게 신고하여야 한다. 이를 변경하고자 하는 때에도 또한 같다. 철도사업자가 철도사업약관을 신고 또는 변경신고를 하고자 하는 때에는 철도사업약관신고(변경신고)서에 철도사업약관과 철도사업약관 신·구대비표 및 변경사유서(변경신고의 경우에 한한다)를 첨부하여 건설교통부장관에게 제출하여야 한다.

철도사업약관에는 다음의 사항을 기재하여야 한다.

- 철도사업약관의 적용범위
- 철도운임·요금의 수수 또는 환급에 관한 사항
- 부가운임에 관한 사항
- 운송책임 및 배상에 관한 사항
- 면책에 관한 사항
- 여객의 금지행위에 관한 사항
- 화물의 인도·인수·보관 및 취급에 관한 사항
- 그 밖에 이용자의 보호 등을 위하여 필요한 사항

철도사업자는 철도사업약관을 신고하거나 변경신고를 한 때에는 그 철도사업약관을 관계역·영업소 및 사업소 등의 이용자가 보기 쉬운 장소에 비치하고, 이용자가 이를 열람할 수 있도록 하여야 한다.

7. 사업계획의 변경

(1) 변경

철도사업자가 사업계획을 변경하고자 하는 때에는 건설교통부장관에게 신고하여야 한다. 다만, 다음과 같은 중요한 사항을 변경하고자 하는 때에는 건설교통부장관의 인가를 받아야 한다.

- 철도운송서비스(철도여객운송서비스 또는 철도화물운송서비스를 말한다)의 종류를 변경하거나 다른 종류의 철도운송서비스를 추가하는 경우
- 운행구간의 변경(여객열차의 경우에 한한다)
- 정차역의 변경(여객열차의 경우에 한한다)
- 사업용철도노선별로 10분의 1 이상의 운행횟수의 변경(여객열차의 경우에 한한다).

다만, 공휴일·방학기간 그 밖의 수송수요와 열차운행계획상의 수송력과 현저한 차이가 있는 경우로서 3월 이내의 기간 동안 운행횟수를 변경하는 경우를 제외한다.

(2) 제한

건설교통부장관은 철도사업자가 다음에 해당하는 경우에는 사업계획의 변경을 제한할 수 있다.

- 운송개시의 기일 또는 기간 이내에 운송을 개시하지 아니한 경우
- 노선운행중지·운행제한·감차 등을 수반하는 사업계획 변경명령을 받은 후 1년이 경과되지 아니한 경우
- 개선명령을 받고 이를 이행하지 아니한 경우
- 철도사고(철도안전법 제2조제10호의 규정에 의한 철도사고)의 규모 또는 발생빈도가 사업계획의 변경을 신청한 날이 포함된 연도의 직전 연도의 철도사고(철도사업자 또는 그 소속 종사자의 고의 또는 과실에 의한 철도사고를 말한다)로 인한 사망자수 또는 철도사고의 발생횟수가 최근(직전연도를 제외) 5년간 평균 보다 10분의 2 이상 증가한 경우

(3) 절차

철도사업자는 사업계획을 변경하고자 하는 때에는 사업계획을 변경하고자 하는 날 2월 전까지 사업계획변경신고서 또는 사업계획변경인가신청서에 다음의 서류를 첨부하여 건설교통부장관에게 제출하여야 한다.

- 신·구 사업계획을 대비한 서류 또는 도면
- 철도안전 확보 계획
- 사업계획 변경 후의 예상 사업수지 계산서

건설교통부장관은 사업계획변경인가신청을 받은 때에는 당해 사업계획의 변경내용이 면허기준에 적합한 지의 여부 등을 검토하여 그 인가신청을 받은 날부터 1월 이내에 그 결정내용을 신청인에게 통보하여야 한다.

8. 공동운수협정

(1) 인가신청

철도사업자가 다른 철도사업자와 공동경영에 관한 계약 그 밖의 운수에 관한 협정(공동운수협정)을 체결하거나 변경하고자 하는 경우에는 건설교통부장관의 인가를 받아야 한다. 공동운수협정을 체결하거나 인가받은 사항을 변경하고자 하는 때에는 다른 철도사업자와 공동으로 공동운수협정(변경)인가신청서에 다음의 서류를 첨부하여 건설교통부장관에게 제출하여야 한다.

- 공동운수협정 체결(변경)사유서
- 공동운수협정서 사본
- 신·구 공동운수협정을 대비한 서류 또는 도면(공동운수협정을 변경하는 경우에 한한다)

건설교통부장관은 공동운수협정에 대한 인가신청 또는 변경인가신청을 받은 경우에는 다음 사항을 검토한 후 인가 또는 변경인가여부를 결정하여야 한다.

- 공동운수협정의 체결 또는 변경으로 인하여 철도서비스의 질적 저하가 발생하는지의 여부
- 공동운수협정의 체결 또는 변경으로 인하여 철도수송수요와 수송력 공급 및 이용자의 편의에 지장을 초래하는 지의 여부
- 공동운수협정의 체결 또는 변경내용에 선로·역시설·물류시설·차량정비기지 및 차량유치시설 등 운송시설의 공동사용에 관한 내용이 있는 경우에는 당해 운송시설의 공동사용으로 인하여 철도사업의 원활한 운영과 여객의 이용편의에 지장을 초래하는 지의 여부
- 공동운수협정의 체결 또는 변경이 수송력공급의 증가를 목적으로 하는 경우에는 주말·연휴 등 일시적으로 유발되는 수송수요에 효율적으로 대응할 수 있는 지의 여부
- 공동운수협정의 체결 또는 변경에 따른 운임·요금이 적정한 지의 여부
- 공동운수협정을 체결 또는 변경하는 철도사업자간 수입·비용의 배분이 적정한 지의 여부
- 공동운수협정의 체결 또는 변경으로 인하여 철도안전에 지장을 초래하는 지의 여부

(2) 신고

다음과 같은 경미한 사항을 변경하고자 하는 경우에는 건설교통부장관에게 이를

신고하여야 한다.

- 철도사업자가 철도운임·요금의 변경신고를 한 경우 이를 반영하기 위한 사항
- 철도사업자가 법 제12조의 규정에 의하여 사업계획변경을 신고하거나 사업계획변경의 인가를 받은 때에는 이를 반영하기 위한 사항
- 공동운수협정에 따른 운행구간별 열차 운행횟수의 10분의 1 이내에서의 변경
- 그 밖에 법에 의하여 신고 또는 인가·허가 등을 받은 사항을 반영하기 위한 사항

철도사업자는 공동운수협정의 변경을 신고하고자 하는 경우에는 공동운수협정변경신고서에 다음의 서류를 첨부하여 다른 철도사업자와 공동으로 건설교통부장관에게 제출하여야 한다.

- 공동운수협정의 변경사유서
- 신·구 공동운수협정을 대비한 서류 또는 도면
- 당해 철도사업자간 합의를 증명할 수 있는 서류

(3) 협의

건설교통부장관은 공동운수협정을 인가하고자 할 경우에는 미리 공정거래위원회와 협의하여야 한다.

9. 사업의 양도·양수 등

(1) 양도·양수

철도사업자가 당해 철도사업을 양도·양수하고자 하는 때에는 건설교통부장관의 인가를 받아야 한다. 철도사업을 양도·양수하고자 하는 양도인 및 양수인은 철도사업 양도·양수인가신청서에 다음의 서류를 첨부하여 양도·양수계약을 체결한 날부터 1월 이내에 건설교통부장관에게 제출하여야 한다. 이 경우 담당 공무원은 「전자정부구현을 위한 행정업무 등의 전자화촉진에 관한 법률」 제21조제1항에 따른 행정정보의 공동이용을 통하여 양수인의 법인등기부등본(설립예정법인인 경우를 제외

한다)을 확인하여야 하며, 신청인이 확인에 동의하지 아니하는 경우에는 해당서류를 첨부하도록 하여야 한다.

- 양도·양수계약서 사본
- 양도·양수 후 당해 운영구간에 대한 사업계획서
- 양수인이 결격사유에 해당하지 아니함을 증명하는 서류
- 법인설립계획서(설립예정법인인 경우에 한한다)
- 양도 또는 양수에 관한 의사결정을 증명하는 총회 또는 이사회의 의결서 사본

(2) 합병

철도사업자가 다른 철도사업자 또는 철도사업외의 사업을 경영하는 자와 합병하고자 하는 때에는 건설교통부장관의 인가를 받아야 한다. 법인의 합병을 하고자 하는 자는 합병인가신청서에 다음의 서류를 첨부하여 합병계약을 체결한 날부터 1월 이내에 건설교통부장관에게 제출하여야 한다. 이 경우 담당 공무원은 「전자정부구현을 위한 행정업무 등의 전자화촉진에 관한 법률」 제21조제1항에 따른 행정정보의 공동이용을 통하여 합병 당사자의 법인등기부등본을 확인하여야 하며, 신청인이 확인에 동의하지 아니하는 경우에는 해당서류를 첨부하도록 하여야 한다.

- 합병의 방법과 조건에 관한 서류
- 당사자가 신청당시 경영하고 있는 사업의 개요를 기재한 서류
- 합병 후 존속하는 법인 또는 합병에 의하여 설립되는 법인이 결격사유에 해당하지 아니함을 증명하는 서류
- 합병계약서 사본
- 합병에 관한 의사결정을 증명하는 총회 또는 이사회의 의결서 사본

(3) 양도·양수와 합병의 효력

인가가 있는 때에는 철도사업을 양수한 자는 철도사업을 양도한 자의 철도사업자로서의 지위를 승계하며, 합병에 의하여 설립되거나 존속하는 법인은 합병에 의하여 소멸되는 법인의 철도사업자로서의 지위를 승계한다.

(4) 준용

결격사유에 관한 규정은 양도·양수와 합병 인가에 관하여 이를 준용한다.

10. 사업의 휴지·폐지

(1) 허가절차

철도사업자가 그 사업의 전부 또는 일부를 휴지 또는 폐지하고자 하는 때에는 건설교통부장관의 허가를 받아야 한다. 철도사업의 전부 또는 일부에 대하여 휴지 또는 폐지의 허가를 받고자 하는 철도사업자는 휴지 또는 폐지예정일 3월 전에 철도사업휴지(폐지)허가신청서에 다음의 서류를 첨부하여 건설교통부장관에게 제출하여야 한다.

- 사업의 폐지에 관한 총회 또는 이사회의 의결서 사본
- 휴지 또는 폐지하고자 하는 철도노선, 정거장, 열차의 종별 등에 관한 사항을 기재한 서류
- 철도사업의 휴지 또는 휴지 또는 폐지를 하는 경우 대체교통수단의 이용에 관한 사항을 기재한 서류

(2) 신고

선로 또는 교량의 파괴 그 밖의 정당한 사유로 인한 휴지의 경우에는 건설교통부장관에게 신고하여야 한다. 이 경우 철도사업의 휴지를 신고하고자 하는 때에는 휴지사유가 발생하는 즉시 철도사업휴지신고서에 휴지 또는 폐지하고자 하는 철도노선, 정거장, 열차의 종별 등에 관한 사항을 기재한 서류와 철도사업의 휴지 또는 휴지 또는 폐지를 하는 경우 대체교통수단의 이용에 관한 사항을 기재한 서류를 첨부하여 건설교통부장관에게 제출하여야 한다.

(3) 휴지기간

휴지기간은 6월을 넘지 못한다. 다만, 선로 또는 교량의 파괴 그 밖의 정당한

사유로 인한 휴지의 경우에는 그러하지 아니하다.

(4) 사업 재개

허가를 받거나 신고한 휴지기간 중이라도 휴지사유가 소멸된 경우에는 건설교통부장관에게 신고하고 사업을 재개할 수 있다.

(5) 휴지·폐지 내용 게시

철도사업자가 철도사업의 전부 또는 일부를 휴지 또는 폐지하고자 하는 때에는 휴지 또는 폐지하는 사업의 내용과 그 기간 등을 관계역·영업소 및 사업소 등 공중이 보기 쉬운 곳에 게시하여야 한다.

철도사업자는 철도사업의 휴지 또는 폐지의 허가를 받은 때에는 그 허가를 받은 날부터 7일 이내에 다음의 사항을 관계역·영업소 및 사업소 등 공중이 보기 쉬운 곳에 게시하여야 한다. 다만, 선로 또는 교량의 파괴 그 밖의 정당한 사유에 의하여 휴지를 신고하는 경우에는 당해 사유가 발생한 때에 즉시 게시하여야 한다.

- 휴지 또는 폐지하는 철도사업의 내용 및 그 사유
- 휴지의 경우 그 기간
- 대체교통수단 안내
- 그 밖에 휴지 또는 폐지와 관련하여 철도사업자가 공중에게 알려야 할 필요성이 있다고 인정하는 사항이 있는 경우 그에 관한 사항

11. 면허취소

가. 취소사유

건설교통부장관은 철도사업자가 다음에 해당하는 때에는 면허를 취소하거나, 6월 이내의 기간을 정하여 사업의 전부 또는 일부의 정지를 명하거나, 노선운행중지·운행제한·감차 등을 수반하는 사업계획의 변경을 명할 수 있다. 다만, 거짓 그

밖의 부정한 방법으로 철도사업의 면허를 받은 때와 철도사업자가 결격사유에 해당하게 된 때(법인의 임원중 그 사유에 해당하는 자가 있는 경우로서 3월 이내에 그 임원을 개임한 때에는 그러하지 아니하다)에는 면허를 취소하여야 한다.

- 면허받은 사항을 정당한 사유 없이 시행하지 아니한 때
- 사업경영의 불확실 또는 자산상태의 현저한 불량 그 밖의 사유로 사업을 계속함이 적합하지 아니할 때
- 고의 또는 중대한 과실에 의한 철도사고로 인하여 1회 철도사고로 사망자 3인 이상이 발생하게 된 때
- 거짓 그 밖의 부정한 방법으로 제5조의 규정에 의한 철도사업의 면허를 받은 때
- 철도사업의 면허기준에 미달하게 된 때(3월 이내에 그 기준을 충족시킨 때에는 그러하지 아니하다)
- 철도사업자가 결격사유에 해당하게 된 때(법인의 임원중 그 사유에 해당하는 자가 있는 경우로서 3월 이내에 그 임원을 개임한 때에는 그러하지 아니하다)
- 건설교통부장관이 지정한 기일 또는 기간 이내에 운송을 개시하지 아니한 때
- 휴지 또는 폐지의 허가를 받지 아니하거나 신고를 하지 아니하고 영업을 하지 아니한 때
- 준수사항을 1년 이내에 3회 이상 위반한 때
- 개선명령을 위반한 때
- 명의대여 금지를 위반한 때
- 그 밖에 철도사업법 또는 철도사업법에 의한 명령 또는 처분을 위반하거나 이 법에 의하여 면허 등에 붙인 조건을 위반한 때

나. 처분 기준

처분의 기준은 다음과 같다. 건설교통부장관은 다음의 처분기준을 적용하는 것이 현저하게 불합리하다고 인정되는 때에는 공공복리의 침해정도, 철도사고로 인한 피해의 정도, 철도사업자와 그 종사자의 과실의 정도와 위반행위의 내용·횟수 등을 참작하여 사업의 전부 또는 일부의 정지의 경우에는 처분 기준일수의 2분의 1의 범위 내에서 가중 또는 경감할 수 있다. 다만, 가중하는 때에도 그 기간은 6월을 초과할 수 없다.

【표 3-13】 행정처분의 기준

위 반 내 용	관련조문	처분기준
1. 면허를 받은 사항을 정당한 사유 없이 시행하지 아니한 때	법 제16조제1항제1호	사업일부정지(20일)
2. 사업경영의 불확실 또는 자산상태의 현저한 불량 그 밖의 사유로 사업을 계속함이 적합하지 아니한 때	법 제16조제1항제2호	사업일부정지(30일)
3. 철도사업자 또는 그 소속 종사자의 고의 또는 중대한 과실에 의하여 다음 각 목의 사고가 발생한 때	법 제16조제1항제3호	사업일부정지
가. 1회의 철도사고로 인한 사망자가 30인 이상인 때		(120일)
나. 1회의 철도사고로 인한 사망자가 10인 이상 30인 미만인 때		(60일)
다. 1회의 철도사고로 인한 사망자가 3인 이상 10인 미만인 때		(30일)
4. 거짓 그 밖의 부정한 방법으로 법 제5조의 규정에 의한 철도사업의 면허를 받은 때	법 제16조제1항제4호	사업면허취소
5. 법 제6조의 규정에 의한 면허기준에 미달하게 된 때부터 3월이 경과된 후에도 그 기준을 충족시키지 아니한 때	법 제16조제1항제5호	사업일부정지 (60일)
6. 법 제7조제1호 내지 제4호의 어느 하나에 해당하게 된 때	법 제16조제1항제6호	사업면허취소
7. 법 제8조의 규정을 위반하여 건설교통부장관이 지정한 기일 또는 기간 이내에 운송을 개시하지 아니한 때	법 제16조제1항제7호	사업일부정지 (20일)
8. 법 제15조의 규정에 의한 휴지 또는 폐지의 허가를 받지 아니하거나 신고를 하지 아니하고 영업을 하지 아니한 때	법 제16조제1항제8호	사업일부정지 (20일)
9. 법 제20조제1항의 규정에 의한 준수사항을 1년 이내에 3회 이상 위반한 때	법 제16조제1항제9호	사업일부정지 (30일)
10. 법 제21조의 규정에 의한 개선명령을 위반한 때	법 제16조제1항제10호	사업일부정지(20일)
11. 법 제23조의 규정에 의한 명의대여 금지를 위반한 때	법 제16조제1항제11호	사업일부정지(20일)

다. 청문

건설교통부장관은 철도사업의 면허를 취소하고자 하는 경우에는 청문을 실시하여야 한다.

12. 과징금처분

가. 과징금 처분

건설교통부장관은 철도사업자에 대하여 사업정지처분을 하여야 하는 경우로서 그 사업정지처분이 당해 철도사업자가 제공하는 철도서비스의 이용자에게 심한 불편을 주거나 그 밖에 공익을 해할 우려가 있는 때에는 그 사업정지처분에 갈음하여 1억원 이하의 과징금을 부과·징수할 수 있다.

나. 금액 및 경감

업정지처분에 갈음하여 과징금을 부과하는 위반행위의 종류와 정도에 따른 과징금의 금액은 다음과 같다.

【표 3-14】 위반행위별 과징금 금액

(단위 : 만원)

위 반 행 위	관계조문	과징금 금액
1. 면허를 받은 사항을 정당한 사유 없이 시행하지 아니한 때	법 제16조제1항제1호	300
2. 사업경영의 불확실 또는 자산상태의 현저한 불량 그 밖의 사유로 사업을 계속함이 적합하지 아니한 때	법 제16조제1항제2호	500
3. 철도사업자 또는 그 소속 종사자의 고의 또는 중대한 과실에 의하여 다음 각 호의 사고가 발생한 때	법 제16조제1항제3호	
가. 1회의 철도사고로 인한 사망자가 30인 이상인 때		5,000
나. 1회의 철도사고로 인한 사망자가 10인 이상 30인 미만인 때		2,000
다. 1회의 철도사고로 인한 사망자가 3인 이상 10인 미만인 때		1,000
4. 법 제6조의 규정에 의한 면허기준에 미달하게 된 때부터 3월이 경과된 후에도 그 기준을 충족시키지 아니한 때	법 제16조제1항제5호	1,000
5. 법 제8조의 규정을 위반하여 건설교통부장관이 지정한 기일 또는 기간 이내에 운송을 개시하지 아니한 때	법 제16조제1항제7호	300
6. 법 제15조의 규정에 의한 휴지 또는 폐지의 허가를 받지 아니하거나 신고를 하지 아니하고 영업을 하지 아니한 때	법 제16조제1항제8호	300
7. 법 제20조제1항의 규정에 의한 준수사항을 1년 이내에 3회 이	법 제16조제1항제9호	500

상 위반한 때		
8. 법 제21조의 규정에 의한 개선명령을 위반한 때	법 제16조제1항제10호	300
9. 법 제23조의 규정에 의한 명의대여 금지를 위반한 때	법 제16조제1항제11호	300

건설교통부장관은 과징금을 부과함에 있어 철도사업자의 사업규모, 사업지역의 특수성, 철도사업자 또는 그 종사자의 과실의 정도와 위반행위의 내용 및 횟수 등을 참작하여 과징금 금액의 2분의 1의 범위 안에서 이를 가중 또는 경감할 수 있다. 다만, 가중하는 때에도 과징금의 총액은 1억원을 초과할 수 없다.

다. 부과 및 납부

건설교통부장관은 과징금을 부과하고자 하는 때에는 그 위반행위의 종별과 해당 과징금의 금액 등을 명시하여 이를 납부할 것을 서면으로 통지하여야 한다. 통지를 받은 자는 20일 이내에 과징금을 건설교통부장관이 지정한 수납기관에 납부하여야 한다. 다만, 천재·지변 그 밖의 부득이한 사유로 인하여 그 기간 내에 과징금을 납부할 수 없는 때에는 그 사유가 없어진 날부터 7일 이내에 납부하여야 한다. 과징금의 납부를 받은 수납기관은 납부자에게 영수증을 교부하여야 한다. 과징금의 수납기관은 과징금을 수납한 때에는 지체 없이 그 사실을 건설교통부장관에게 통보하여야 한다. 과징금은 이를 분할하여 납부할 수 없다.

라. 체납

건설교통부장관은 과징금 부과처분을 받은 자가 과징금을 기한 이내에 납부하지 아니하는 때에는 국세체납처분의 예에 의하여 이를 징수한다.

마. 용도

과징금은 다음 외의 용도로는 이를 사용할 수 없다.

- 철도사업 종사자의 양성·교육훈련 그 밖의 자질향상을 위한 시설 및 철도사업 종사자에 대한 지도업무의 수행을 위한 시설의 건설·운영

- 철도사업의 경영개선 그 밖에 철도사업의 발전을 위하여 필요한 사업
- 위의 목적을 위한 보조 또는 융자

건설교통부장관은 과징금으로 징수한 금액의 운용계획을 수립·시행하여야 한다. 건설교통부장관은 매년 10월 31일까지 다음 연도의 과징금 운용계획을 수립하여 시행하여야 한다.

13. 철도차량표시 및 우편물 등의 운송

(1) 표시

철도사업자는 철도사업에 사용되는 철도차량에 철도사업자의 명칭 그 밖에 철도차량 외부에서 철도사업자를 식별할 수 있는 도안 또는 문자를 표시하여야 한다. 철도사업자는 철도차량의 표시를 함에 있어 차체 면에 인쇄하거나 도색하는 등의 방법으로 외부에서 용이하게 알아볼 수 있도록 하여야 한다.

(2) 우편물 등의 운송

철도사업자는 여객 또는 화물운송에 부수하여 우편물 및 신문 등을 운송할 수 있다.

14. 철도사업자의 준수사항

철도사업자는 철도안전법 제21조의 규정에 의한 요건을 갖추지 아니한 자를 운전업무에 종사하게 하여서는 아니 된다. 철도사업자는 사업계획을 성실하게 이행하여야 하며, 부당한 운송조건을 제시하거나 정당한 사유 없이 운송계약의 체결을 거부하는 등 철도운송질서를 저해하는 행위를 하여서는 아니 된다. 철도사업자는 운임·요금표 및 철도사업약관을 관계역·영업소 및 사업소 등에 비치하고, 이용자가 요구하는 때에는 이를 제시하여야 한다.

그 외에 운송의 안전 및 여객과 화물의 편의를 위하여 철도사업자가 준수하여야 할 사항은 다음과 같다.

【그림 3-4】 철도사업자의 준수사항

1. 철도사업자는 노약자·장애인 등에 대하여는 특별한 편의를 제공하여야 한다.
2. 철도사업자는 철도차량을 항상 깨끗이 유지하여야 한다.
3. 철도사업자는 회사명, 철도차량번호 및 불편사항이 발생할 경우의 연락처 등을 기재한 표지판을 철도차량 내에 게시하여야 한다.
4. 철도사업자는 다음의 사항을 일반 공중이 보기 쉬운 영업소 등의 장소에 게시하여야 한다.
   가. 사업자 및 영업소의 명칭
   나. 운행시간표(운행횟수가 빈번한 운행계통에 있어서는 첫차 및 마지막차의 출발시각과 운행 간격)
   다. 정차역 및 목적지별 도착시각
   라. 사업을 휴지 또는 폐지하고자 하는 경우 그 내용의 예고
   마. 영업소를 이전하고자 하는 경우에는 그 이전의 예고
5. 철도사업자는 위험물을 철도로 운송하고자 할 때에는 운송중의 위험방지 및 인명의 안전에 적합하도록 포장·적재 등의 안전조치를 취한 후 운송하여야 한다.
6. 철도사업자는 철도운수종사자로 하여금 여객과 화물을 운송함에 있어서 다음의 사항을 성실하게 지키도록 하고, 항상 이를 지도·감독하여야 한다.
   가. 정비·점검이 불량한 철도차량을 운행하지 아니하도록 할 것
   나. 관계공무원·철도차량관제업무종사자 또는 철도공안원 등의 위험방지를 위한 조치에 응하도록 할 것
   다. 철도사고를 일으킨 때에는 긴급조치 및 신고의 의무를 충실하게 이행하도록 할 것

15. 사업의 개선명령

건설교통부장관은 원활한 철도운송·서비스의 개선 및 운송의 안전 그 밖에 공공복리의 증진을 위하여 필요하다고 인정하는 때에는 철도사업자에게 다음의 사항을 명할 수 있다.

- 사업계획의 변경
- 철도차량 및 운송관련 장비·시설의 개선
- 운임·요금 징수방식의 개선
- 철도사업약관의 변경
- 공동운수협정의 체결
- 철도차량 및 철도사고에 관한 손해배상을 위한 보험에의 가입
- 안전운송의 확보 및 서비스의 향상을 위하여 필요한 조치
- 철도운수종사자의 양성 및 자질향상을 위한 교육

16. 철도운수종사자의 준수사항

철도사업에 종사하는 철도운수종사자는 다음에 해당하는 행위를 하여서는 아니 된다.

- 정당한 사유 없이 여객 또는 화물의 운송을 거부하거나 여객 또는 화물을 중도에서 내리게 하는 행위
- 부당한 운임 또는 요금을 요구하거나 받는 행위
- 그 밖에 안전운행과 여객과 화주의 편의를 위하여 철도운수종사자가 준수하여야 할 사항으로서 다음의 사항을 위반하는 행위

【그림 3-5】 안전운행과 여객과 화주의 편의를 위한 철도운수종사자의 준수사항

1. 여객의 안전과 사고예방을 위하여 운행전 철도차량의 안전설비 및 주행·제동장치 등의 이상 유무를 확인하여야 한다.
2. 질병·피로·음주 그 밖의 사유로 안전한 운전을 할 수 없는 때에는 미리 철도사업자에게 알려야 한다.
3. 철도차량의 운행중 중대한 고장을 발견하거나 철도사고가 발생할 우려가 있다고 인정되는 때에는 즉시 운행을 중지하고 적절한 조치를 하여야 한다.
4. 운전업무 중 당해 철도시설에 이상이 있었던 경우에는 즉시 인접역 또는 관계기관에게 통보하여야 한다.
5. 여객이 다음 행위를 하는 때에는 안전운행과 다른 여객의 편의를 위하여 이를 제지하고 필요한 사항을 안내하여야 한다.
   가. 철도차량의 안전운행에 위해를 끼칠 우려가 있는 행위
   나. 열차 안에서 도박을 하거나 소란을 피우는 등 공공질서 또는 선량한 풍속에 반하는 행위
   다. 다른 여객에게 위해를 끼칠 우려가 있는 폭발성 물질·인화성 물질 등의 위험물을 철도차량으로 가지고 들어오는 행위
   라. 다른 여객에게 위해를 끼치거나 불쾌감을 줄 우려가 있는 동물(장애인 보조 견을 제외한다)을 철도차량 안으로 데리고 들어오는 행위
   마. 철도차량의 출입구 또는 통로를 막을 우려가 있는 물품을 철도차량 안으로 가지고 들어오는 행위
6. 여객과 화물을 운송함에 있어서 관계공무원·관제업무종사자 또는 철도공안원 등의 위험방지 및 안전 확보를 위한 조치에 응하여야 한다.
7. 관계공무원으로부터 신분증 또는 자격증의 제시 요구가 있는 때에는 즉시 이에 응하여야 한다.
8. 철도사고로 인하여 사상자가 발생하거나 철도차량의 운행을 중단한 때에는 철도사고의 상황에 따라 적절한 조치를 취하여야 한다.

17. 명의대여의 금지

철도사업자는 타인에게 자신의 성명 또는 상호를 사용하여 철도사업을 경영하게 하여서는 아니 된다.

18. 책임

(1) 철도화물운송에 관한 책임

철도사업자의 화물의 멸실·훼손 또는 인도의 지연에 대한 손해배상책임에 관하여는 상법 제135조의 규정을 준용한다. 이와 관련하여 화물이 인도기한을 경과한 후 3월 이내에 인도되지 아니한 경우 당해 화물은 멸실된 것으로 본다.

(2) 철도차량의 관리에 관한 책임

철도사업자는 철도차량의 안전운행과 적정상태 유지에 필요한 점검·정비를 실시하여야 하며, 철도사업자는 철도차량의 점검·정비를 행한 때에는 철도차량 점검·정비기록부에 그 내용을 기록하여야 하며, 「철도차량 안전기준에 관한 규칙」이 정하는 바에 따라 기록을 보존하여야 한다.

철도사업자는 다음의 자격을 갖춘 자를 철도차량의 점검·정비에 관한 책임자로 선임하여야 한다.

- 「국가기술자격법」에 의한 철도차량분야 기술사 또는 기능장 자격증 소지자로서 철도차량분야의 점검·정비에 관하여 2년 이상의 실무경험을 가진 자
- 「국가기술자격법」에 의한 철도차량분야 기사 또는 산업기사 자격증 소지자로서 철도차량분야의 점검·정비에 관하여 5년 이상의 실무경험을 가진 자
- 철도차량분야의 점검·정비에 관하여 10년 이상의 실무경험을 가진 자

제3절 철도서비스 향상 등

1. 철도서비스의 품질평가

건설교통부장관은 공공복리의 증진과 철도서비스이용자의 권익보호를 위하여 철도사업자가 제공하는 철도서비스에 대하여 적정한 철도서비스기준을 정하고, 그에 따라 철도사업자가 제공하는 철도서비스의 품질을 평가하여야 한다.

(1) 철도서비스의 기준

1. 철도의 시설·환경관리 등이 이용자의 편의와 공익적 목적에 부합할 것
2. 열차가 정시에 목적지까지 도착하도록 하는 등 철도이용자의 편의를 도모할 수 있도록 할 것
3. 예·매표의 이용편리성, 역 시설의 이용편리성, 고객을 상대로 승무 또는 역무서비스를 제공하는 종사원의 친절도, 열차의 쾌적성 등을 제고하여 철도이용자의 만족도를 높일 수 있을 것
4. 철도사고와 운행 장애를 최소화하는 등 철도에서의 안전이 확보되도록 할 것

(2) 평가기간

건설교통부장관은 철도사업자에 대하여 2년마다 철도서비스의 품질평가(품질평가)를 실시하여야 한다. 다만, 건설교통부장관이 필요하다고 인정하는 경우에는 수시로 품질평가를 실시할 수 있다.

(3) 절차

건설교통부장관은 품질평가를 실시하고자 하는 때에는 제1항의 규정에 의한 철도서비스 기준의 세부내역, 품질평가의 항목 등이 포함된 철도서비스품질평가실시

계획을 수립하여야 한다. 건설교통부장관은 품질평가를 하고자 하는 경우 품질평가를 개시하는 날 2주 전까지 철도사업자에게 품질평가실시계획, 품질평가의 기간 등을 통보하여야 한다. 건설교통부장관은 품질평가의 공정하고 객관적인 실시를 위하여 서비스 평가 등에 관한 전문지식과 경험이 풍부한 자가 포함된 품질평가단을 구성·운영할 수 있다.

(4) 평가결과의 공표

건설교통부장관은 철도서비스의 품질을 평가한 때에는 그 평가결과를 신문 등 대중매체를 통하여 공표하여야 한다. 건설교통부장관이 철도서비스의 품질평가결과를 공표하는 경우에는 다음의 사항을 포함하여야 한다.

- 평가지표별 평가결과
- 철도서비스의 품질 향상도
- 철도사업자별 평가순위
- 그 밖에 철도서비스에 대한 품질평가결과 건설교통부장관이 공표가 필요하다고 인정하는 사항

(5) 활용

건설교통부장관은 철도서비스의 품질평가결과가 우수한 철도사업자 및 그 소속 종사자에게 예산의 범위 안에서 포상 등 지원시책을 시행할 수 있으며, 철도서비스의 품질평가결과에 따라 사업개선명령 등 필요한 조치를 할 수 있다.

2. 우수철도서비스 인증

건설교통부장관은 공정거래위원회와 협의하여 철도사업자간 경쟁을 제한하지 아니하는 범위 안에서 철도서비스의 질적 향상을 촉진하기 위하여 우수철도서비스에 대한 인증을 할 수 있다. 인증을 받은 철도사업자는 당해 인증의 내용을 나타내는 표지를 철도차량, 역시설 또는 철도용품 등에 부착하거나 인증사실을 홍보할 수 있다.

인증을 받은 자가 아니면 우수서비스마크 또는 이와 유사한 표지를 철도차량, 역시설 또는 철도용품 등에 부착하거나 이를 홍보하여서는 아니 된다.

(1) 우수철도서비스 인증절차

건설교통부장관은 품질평가결과가 우수한 철도서비스에 대하여 직권으로 또는 철도사업자의 신청에 의하여 우수철도서비스에 대한 인증을 할 수 있다. 우수철도서비스인증을 받고자 하는 철도사업자는 우수철도서비스인증신청서에 당해 철도서비스가 우수철도서비스임을 입증 또는 설명할 수 있는 자료를 첨부하여 건설교통부장관에게 제출하여야 한다. 철도사업자의 신청에 의하여 우수철도서비스인증을 하는 경우에는 그에 소요되는 비용은 당해 철도사업자가 부담한다.

(2) 인증기준

우수철도서비스의 인증기준은 다음과 같다.

- 당해 철도서비스의 종류와 내용이 철도이용자의 이용편의를 제고하는 것일 것
- 당해 철도서비스의 종류와 내용이 공익적 목적에 부합될 것
- 당해 철도서비스로 인하여 철도의 안전 확보에 지장을 주지 아니할 것
- 그 밖에 건설교통부장관이 정하는 인증기준에 적합할 것

(3) 인증

건설교통부장관은 품질평가결과가 우수한 철도서비스 중 우수철도서비스인증기준에 적합하다고 인정되는 철도서비스 또는 우수철도서비스인증신청을 받아 심사한 결과 우수철도서비스인증기준에 적합하다고 인정되는 철도서비스에 대하여 우수철도서비스인증을 하고, 당해 철도사업자에게 우수철도서비스인증서를 교부할 수 있다. 건설교통부장관은 우수철도서비스인증의 공정하고 객관적인 실시를 위하여 서비스 평가 등에 관한 전문지식과 경험이 풍부한 자가 포함된 우수철도서비스인증심사단을 구성·운영할 수 있다. 건설교통부장관은 우수철도서비스인증을 받은

철도사업자에 대하여 예산의 범위 안에서 필요한 재정지원을 하거나 포상 등 각종 지원시책을 시행할 수 있다.

(4) 우수서비스마크

우수서비스마크는 우수철도서비스의 종류 및 내용에 따라 그 모양, 표시방법 등을 달리 정할 수 있으며, 우수서비스마크의 모양 등에 관하여 필요한 세부적인 사항은 건설교통부장관이 따로 정한다.

(5) 우수철도서비스인증의 사후관리

건설교통부장관은 우수철도서비스인증을 받은 철도사업자가 다음의 어느 하나에 해당되는 경우 당해 철도사업자에 대하여 철도서비스의 실태조사 등 필요한 사후관리를 할 수 있다.

- 철도사고를 발생시키는 등 사회적 물의를 야기한 경우
- 소비자 불만신고가 현저히 많이 접수된 경우
- 민간단체·관계기관 등의 요구가 있는 경우
- 그 밖에 건설교통부장관이 사후관리가 필요하다고 인정하는 경우

건설교통부장관은 우수철도서비스인증을 받은 철도사업자에 대한 사후관리 결과 당해 철도서비스의 제공 및 관리실태가 미흡하거나 당해 철도서비스가 우수철도서비스인증기준에 미달되는 경우에는 이의 시정·보완의 요구 등 필요한 조치를 할 수 있다.

3. 평가업무 등의 위탁

건설교통부장관은 효율적인 철도서비스 품질평가체제를 구축하기 위하여 필요한 경우 관계 전문기관 등에 철도서비스 품질에 대한 조사·평가·연구 등의 업무와 우수철도서비스 인증에 필요한 심사업무를 위탁할 수 있다. 이 경우 위탁받은 업무에 종사하는 관계 전문기관 등의 임원 및 직원은 형법 제129조 내지 제132조의 적용에 있어서는 이를 공무원으로 본다.

4. 자료 등의 요청

건설교통부장관 또는 평가업무 등을 위탁받은 자는 철도서비스의 평가 등을 행함에 있어서 철도사업자에게 관련자료 또는 의견제출 등을 요구하거나 철도서비스에 대한 실지조사를 할 수 있다. 자료 또는 의견제출 등을 요구받은 관련 철도사업자는 특별한 사유가 없는 한 이에 응하여야 한다.

5. 철도시설의 공동활용

공공교통을 목적으로 하는 선로 및 다음의 공동 사용시설을 관리하는 자는 철도사업자가 당해 시설의 공동 활용에 관한 요청을 하는 경우 협정을 체결하여 이용할 수 있도록 하여야 한다.

- 철도역 및 역시설(물류시설·환승시설 및 편의시설 등을 포함한다)
- 철도차량의 정비·검사·점검·보관 등 유지관리를 위한 시설
- 사고복구 및 구조·피난을 위한 설비
- 열차의 조성 또는 분리 등을 위한 시설
- 철도운영에 필요한 정보통신 설비

6. 회계의 구분

철도사업자가 철도사업외의 사업을 영위하는 경우에는 철도사업에 관한 회계와 철도사업외의 사업에 관한 회계를 구분하여 경리하여야 한다.

제4절 전용철도

"전용철도"라 함은 다른 사람의 수요에 따른 영업을 목적으로 하지 아니하고 자신의 수요에 따라 특수목적을 수행하기 위하여 설치 또는 운영하는 철도를 말한다. "전용철도운영자"라 함은 전용철도 등록을 한 자를 말한다.

1. 등록

(1) 등록 및 변경등록

전용철도를 운영하고자 하는 자는 전용철도의 건설·운전·보안 및 운송에 관한 사항이 포함된 운영계획서를 첨부하여 건설교통부장관에게 등록을 하여야 한다. 등록사항을 변경하고자 하는 경우에도 또한 같다.

건설교통부장관은 전용철도의 등록신청을 받은 때에는 등록기준에의 적합 여부를 확인한 후 등록기준에 적합하다고 판단되는 경우 전용철도운영등록증을 신청인에게 교부하여야 한다. 전용철도운영등록증을 교부받은 자가 등록사항을 변경하고자 하는 때에는 전용철도운영등록변경신청서에 등록사항의 변경 내용을 설명 또는 증명하는 서류를 첨부하여 건설교통부장관에게 제출하여야 한다.

(2) 등록예외

다만 다음과 같이 경미한 사항을 변경하는 경우에는 그러하지 아니하다.

1. 운행시간을 연장 또는 단축한 경우
2. 배차간격 또는 운행횟수를 단축 또는 연장한 경우
3. 10분의 1의 범위 안에서 철도차량 대수를 변경한 경우
4. 주사무소·철도차량기지를 제외한 운송관련 부대시설을 변경한 경우
5. 임원을 변경한 경우(법인에 한한다)
6. 6월의 범위 안에서 전용철도 건설기간을 조정한 경우

(3) 등록기준

전용철도의 등록기준은 다음과 같다.

- 전용철도 운영으로 인하여 재해의 발생 또는 환경의 심각한 훼손의 우려가 없을 것
- 전용철도 운영에 사용할 철도차량의 사용연한 및 규격이 별표 1의 기준에 적합할 것
- 전용철도 노선이 철도사업자의 노선에 연결되는 경우에는 전용철도의 운영으로 인하여 철도사업자의 철도차량 운행에 지장을 초래하거나 철도교통의 안전에 지장을 줄 염려가 없을 것
- 전용철도의 운영예정지의 주변지역에 소음피해 등을 야기하지 아니할 것

건설교통부장관은 등록기준을 적용함에 있어서 환경오염·주변여건 등 지역적 특성을 감안할 필요가 있거나 그 밖에 공익상 필요하다고 인정하는 때에는 등록을 제한하거나 조건을 붙일 수 있다.

(4) 제출서류

전용철도를 운영하고자 하는 자는 전용철도운영등록신청서에 다음의 서류를 첨부하여 건설교통부장관에게 제출하여야 한다. 이 경우 담당 공무원은 「전자정부구현을 위한 행정업무 등의 전자화촉진에 관한 법률」 제21조제1항에 따른 행정정보의 공동이용을 통하여 합병 후 존속하는 법인의 법인등기부등본을 확인하여야 하며, 신청인이 확인에 동의하지 아니하는 경우에는 해당서류를 첨부하도록 하여야 한다.

- 전용철도운영계획서
  - 철도차량의 종류 및 수량과 형식
  - 철도차량 차고지 및 운송부대시설의 위치와 그 수용능력
  - 철도차량의 운행계획
  - 설계도서 등 전용철도건설관련 내용(전용철도 건설이 포함되는 경우에 한한다)
- 전용철도를 운영하고자 하는 토지의 소유권 또는 사용권을 증명할 수 있는 서류
- 임원의 성명·주민등록번호를 기재한 서류(법인의 경우에 한한다)
- 그 밖에 참고사항을 기재한 서류

2. 결격사유

다음에 해당하는 자는 전용철도를 등록할 수 없다. 법인의 경우 그 임원중에 다음에 해당하는 자가 있는 경우에도 또한 같다.

- 금치산자 또한 한정치산자
- 파산선고를 받고 복권되지 아니한 자
- 철도사업법 또는「철도산업발전 기본법」「철도안전법」「도시철도법」「한국철도시설공단법」「한국철도공사법」등 철도관계법령을 위반하여 금고 이상의 실형을 선고받고 그 집행이 종료(집행이 종료된 것으로 보는 경우를 포함)되거나 그 집행이 면제된 날부터 2년이 경과되지 아니한 자
- 철도사업법 또는「철도산업발전 기본법」「철도안전법」「도시철도법」「한국철도시설공단법」「한국철도공사법」등 철도관계법령을 위반하여 금고 이상의 형의 집행유예선고를 받고 그 집행유예기간 중에 있는 자
- 철도사업법에 의하여 전용철도의 등록이 취소된 후 그 취소일부터 1년이 경과되지 아니한 자

3. 전용철도 운영의 양도·양수

(1) 양도·양수

전용철도의 운영을 양도·양수하고자 하는 자는 건설교통부장관에게 신고하여야 한다. 전용철도운영양도·양수신고서에 다음의 서류를 첨부하여 건설교통부장관에게 제출하여야 한다. 이 경우 담당 공무원은「전자정부구현을 위한 행정업무 등의 전자화촉진에 관한 법률」제21조제1항에 따른 행정정보의 공동이용을 통하여 법인 등기부등본(신청인이 법인인 경우에 한한다)을 확인하여야 하며, 신청인이 확인에 동의하지 아니하는 경우에는 해당서류를 첨부하도록 하여야 한다.

- 양도·양수계약서 사본
- 양도·양수에 관한 총회 또는 이사회의 의결서 사본 1부(법인의 경우에 한한다)

- 법인 임원의 성명·주민등록번호를 기재한 서류(법인의 경우에 한한다)

(2) 합병

전용철도의 등록을 한 법인이 합병하고자 할 때에는 건설교통부장관에게 신고하여야 한다. 합병하고자 하는 법인은 전용철도운영법인합병신고서에 다음의 서류를 첨부하여 건설교통부장관에게 제출하여야 한다. 이 경우 담당 공무원은 「전자정부구현을 위한 행정업무 등의 전자화촉진에 관한 법률」 제21조제1항에 따른 행정정보의 공동이용을 통하여 합병 후 존속하는 법인의 법인등기부등본을 확인하여야 하며, 신청인이 확인에 동의하지 아니하는 경우에는 해당서류를 첨부하도록 하여야 한다.

- 합병계약서 사본
- 합병 후 존속하는 법인의 합병당시의 사업용 고정자산의 명세서
- 합병 후 존속하는 법인의 임원 성명·주민등록번호를 기재한 서류
- 합병에 관한 총회 또는 이사회의 의결서 사본

(3) 효과

신고가 있는 때에는 전용철도의 운영을 양수한 자는 전용철도의 운영을 양도한 자의 전용철도운영자로서의 지위를 승계하며, 합병에 의하여 설립되거나 존속하는 법인은 합병에 의하여 소멸되는 법인의 전용철도운영자로서의 지위를 승계한다. 결격사유에 관한 규정은 양도·양수와 합병의 신고에 관하여 이를 준용한다.

4. 전용철도 운영의 상속

전용철도운영자가 사망한 경우 상속인이 그 전용철도의 운영을 계속하고자 하는 때에는 피상속인이 사망한 때부터 3월 이내에 건설교통부장관에게 신고하여야 한다. 상속인이 신고를 한 때에는 피상속인이 사망한 날부터 신고를 한 날까지의 기간에 있어서 피상속인의 전용철도의 등록은 이를 상속인의 등록으로 본다. 신고를 한 상속인은 피상속인의 전용철도운영자로서의 지위를 승계한다. 결격사유에 관한 규정은

상속신고에 관하여 이를 준용한다. 다만, 결격사유에 해당하는 상속인이 피상속인이 사망한 날부터 3월 이내에 그 전용철도의 운영을 다른 사람에게 양도한 때에는 피상속인의 사망일부터 양도일까지의 기간에 있어서 피상속인의 전용철도의 등록은 이를 상속인의 등록으로 본다.

전용철도 운영의 상속신고를 하고자 하는 자는 전용철도운영상속신고서에 다음의 서류를 첨부하여 건설교통부장관에게 제출하여야 한다.

- 피상속인이 사망하였음을 증명할 수 있는 서류
- 피상속인과의 관계를 증명할 수 있는 서류
- 신고인과 선순위 또는 동 순위에 있는 다른 상속인이 있는 경우에는 그 상속인의 동의서

5. 전용철도 운영의 휴지·폐지

전용철도운영자가 그 운영의 전부 또는 일부를 휴지 또는 폐지한 때에는 1월 이내에 건설교통부장관에게 신고하여야 한다. 전용철도운영의 휴지 또는 폐지의 신고를 하고자 하는 자는 전용철도운영휴지(폐지)신고서에 다음 각 호의 서류를 첨부하여 건설교통부장관에게 제출하여야 한다.

- 휴지 또는 폐지 사유를 기재한 서류
- 휴지의 경우 휴지기간·운영재개시기 및 휴지기간 동안의 전용철도시설의 관리 방안
- 폐지의 경우 전용철도시설의 처리방안

전용철도 운영의 전부 또는 일부를 휴지 또는 폐지를 하는 경우 휴지 또는 폐지로 인하여 철도운행 및 철도운행의 안전에 지장을 초래하지 아니하도록 하는 조치와 휴지 또는 폐지로 인하여 자연재해·환경오염 등이 가중되지 아니하도록 하는 조치를 하여야 한다.

6. 전용철도 운영의 개선명령

건설교통부장관은 전용철도 운영의 건전한 발전을 위하여 필요하다고 인정하는 때에는 전용철도운영자에게 사업장의 이전 또는 시설 또는 운영의 개선을 명할 수 있다.

7. 등록취소·정지

건설교통부장관은 전용철도운영자가 다음에 해당하는 때에는 그 등록을 취소하거나 1년 이내의 기간을 정하여 그 운영의 전부 또는 일부의 정지를 명할 수 있다. 다만, 거짓 그 밖의 부정한 방법으로 등록을 한 때에는 등록을 취소하여야 한다.

- 거짓 그 밖의 부정한 방법으로 등록을 한 때
- 등록기준에 미달하거나 조건을 이행하지 아니한 때
- 휴지 또는 폐지신고를 하지 아니하고 3월 이상 전용철도를 운영하지 아니한 때

8. 준용규정

철도사업자에 대한 면허 취소시의 청문 및 명의대여금지 규정은 전용철도에 관하여 이를 준용한다. 이 경우 "철도사업의 면허"는 "전용철도의 등록"으로, "철도사업자"는 "전용철도운영자"로, "철도사업"은 "전용철도의 운영"으로 본다.

제5절 국유철도시설의 활용·지원 등

1. 점용허가

건설교통부장관은 국가가 소유·관리하는 철도시설에 건물 그 밖의 시설물을 설치하고자 하는 자에게 국유재산법 제24조제3항의 규정에 불구하고 시설물의 종류 및 기간 등을 정하여 점용허가를 할 수 있다. 국가가 소유·관리하는 철도시설의 점용허가를 받고자 하는 자는 점용허가신청서에 다음의 서류를 첨부하여 건설교통부장관에게 제출하여야 한다.

- 사업개요에 관한 서류
- 시설물의 건설계획 및 사용계획에 관한 서류
- 자금조달계획에 관한 서류

- 수지전망에 관한 서류
- 법인의 경우 정관 및 법인등기부 등본
- 설치하고자 하는 시설물의 설계도서(시방서·위치도·평면도 및 주단면도를 말한다)
- 그 밖에 참고사항을 기재한 서류

점용허가를 받은 자가 점용허가기간의 연장을 받기 위하여 다시 점용허가를 신청하고자 하는 때에는 종전의 점용허가기간 만료예정일 3월 전까지 점용허가신청서를 건설교통부장관에게 제출하여야 한다.

건설교통부장관은 국가가 소유·관리하는 철도시설에 대한 점용허가를 하고자 하는 때에는 다음의 기간을 초과하여서는 아니 된다. 다만, 건물 그 밖의 시설물을 설치하는 경우 그 공사에 소요되는 기간은 이를 산입하지 아니한다.

- 철골조·철근콘크리트조·석조 또는 이와 유사한 견고한 건물의 축조를 목적으로 하는 경우에는 30년
- 제1호 외의 건물의 축조를 목적으로 하는 경우에는 15년
- 건물 외의 공작물의 축조를 목적으로 하는 경우에는 5년

점용허가는 철도사업자 및 철도사업자가 출자·보조 또는 출연한 사업을 경영하는 자에 한하며, 시설물의 종류와 경영하고자 하는 사업이 철도사업에 지장을 주지 아니하여야 한다.

2. 시설물 설치의 대행

건설교통부장관은 점용허가를 받은 자가 설치하고자 하는 시설물의 전부 또는 일부가 철도시설관리에 관계되는 때에는 점용허가를 받은 자의 부담으로 그 위탁을 받아 이를 직접 설치하거나 한국철도시설공단법에 의하여 설립된 한국철도시설공단으로 하여금 이를 설치하게 할 수 있다.

3. 점용료

점용허가를 받은 자는 건설교통부장관에게 점용료를 납부하여야 한다. 점용료는 점용허가를 할 철도시설의 가액과 점용허가를 받아 행하는 사업의 매출액을 기준으로 하여 산출하되, 구체적인 점용료 산정기준에 대하여는 건설교통부장관이 정한다.

철도시설의 가액은 「국유재산법 시행령」 제37조의 규정을 준용하여 산출하되, 당해 철도시설의 가액은 산출 후 3년 이내에 한하여 적용한다. 점용료는 매년 1월말까지 당해연도 해당분을 선납하여야 한다. 다만, 건설교통부장관은 부득이한 사유로 선납이 곤란하다고 인정하는 경우에는 그 납부기한을 따로 정할 수 있다. 건설교통부장관은 점용허가를 받은 자가 의한 점용료를 납부하지 아니하는 때에는 국세체납처분의 예에 의하여 이를 징수한다.

4. 권리와 의무의 이전

점용허가로 인하여 발생한 권리와 의무를 이전하고자 할 때에는 건설교통부장관의 인가를 받아야 한다. 점용허가를 받은 자가 그 권리와 의무의 이전에 대하여 인가를 받고자 하는 때에는 신청서에 이전계약서 사본과 이전가격의 명세서를 첨부하여 권리와 의무를 이전하고자 하는 날 3월 전까지 건설교통부장관에게 제출하여야 한다.

건설교통부장관의 인가를 받아 철도시설의 점용허가로 인하여 발생한 권리와 의무를 이전한 경우 당해 권리와 의무를 이전받은 자의 점용허가기간은 권리와 의무를 이전한 자가 받은 점용허가기간의 잔여기간으로 한다.

5. 원상회복의무

점용허가를 받은 자는 점용허가기간이 만료되거나 점용을 폐지한 때에는 점용허가된 철도재산을 원상으로 회복하여야 한다. 철도시설의 점용허가를 받은 자는 점용허가기간이 만료되거나 점용을 폐지한 날부터 3월 이내에 점용허가 받은 철도시설을 원상으로 회복하여야 한다. 다만, 건설교통부장관은 불가피하다고 인정하는 경우에는 원상회복 기간을 연장할 수 있다.

건설교통부장관은 원상으로 회복할 수 없거나 원상회복이 부적당하다고 인정하는 때에는 원상회복의무를 면제할 수 있다. 이 경우 건설교통부장관은 원상회복의무를 면제하는 경우에 당해 철도재산에 설치된 시설물 등의 무상 국가귀속을 조건으로 할 수 있다. 점용허가를 받은 자가 그 점용허가기간의 만료 또는 점용의 폐지에도 불구하고 당해 철도시설의 전부 또는 일부에 대한 원상회복의무를 면제받고자 하는 경우에는 그 점용허가기간의 만료일 또는 점용폐지일 3월 전까지 그 사유를 기재한 신청서를 건설교통부장관에게 제출하여야 한다.

건설교통부장관은 점용허가를 받은 자가 원상회복을 하지 아니하는 때에는 행정대집행법에 의하여 시설물의 철거 그 밖의 필요한 조치를 할 수 있다. 건설교통부장관은 점용허가를 받은 자의 면제신청을 받은 경우 또는 직권으로 철도시설의 일부 또는 전부에 대한 원상회복의무를 면제하고자 하는 경우에는 원상회복의무를 면제하는 부분을 명시하여 점용허가를 받은 자에게 점용허가 기간의 만료일 또는 점용 폐지일까지 서면으로 통보하여야 한다.

제6절 보칙

1. 보고·검사

건설교통부장관은 필요하다고 인정하는 때에는 철도사업자 및 전용철도운영자에 대하여 당해 철도사업 또는 전용철도의 운영에 관한 사항이나 철도차량의 소유 또는 사용에 관한 사항에 대하여 보고 또는 서류제출을 명할 수 있다. 건설교통부장관은 필요하다고 인정하는 때에는 소속공무원으로 하여금 철도사업 자 및 전용철도운영자의 장부·서류·시설 그 밖의 물건을 검사하게 할 수 있다. 검사를 하는 공무원은 그 권한을 표시하는 증표를 지니고 이를 관계인에게 내보여야 한다.

2. 수수료

이 법에 의한 면허·인가를 받고자 하는 자와 등록·신고를 하고자 하는 자 및 면허증·인가서·등록증·인증서 또는 허가서의 재교부를 신청하는 자는 건설교통부령이 정하는 수수료를 납부하여야 한다. 수료는 수입인지로 이를 납부하여야 한다.

3. 벌칙

다음에 해당하는 자는 2년 이하의 징역 또는 2천만원 이하의 벌금에 처한다.

- 면허를 받지 아니하고 철도사업을 경영한 자
- 거짓 그 밖의 부정한 방법으로 -철도사업의 면허를 받은 자
- 사업정지처분기간중에 철도사업을 경영한 자
- 사업계획의 변경명령을 위반한 자
- 타인에게 자신의 성명 또는 상호를 대여하여 철도사업을 경영하게 한 자
- 철도사업자의 공동활용에 관한 요청을 정당한 사유 없이 거부한 자

다음에 해당하는 자는 1년 이하의 징역 또는 1천만원 이하의 벌금에 처한다.

- 등록을 하지 아니하고 전용철도를 운영한 자
- 거짓 그 밖의 부정한 방법으로 전용철도의 등록을 한 자

다음에 해당하는 자는 1천만원 이하의 벌금에 처한다.

- 운임·요금의 신고를 하지 아니한 자
- 철도사업약관을 신고하지 아니하거나 신고한 철도사업약관을 이행하지 아니한 자
- 인가를 받지 아니하거나 신고를 하지 아니하고 사업계획을 변경한 자
- 건설교통부장관의 인가를 받지 아니하고 공동운수협정을 체결하거나 변경한 자
- 허가를 받지 아니하고 철도사업을 휴지 또는 폐지한 자
- 우수서비스마크 또는 이와 유사한 표지를 철도차량 등에 부착하거나 홍보한 자

4. 양벌규정

법인의 대표자나 법인 또는 개인의 대리인·사용인 그 밖의 종업원이 그 법인 또는 개인의 업무에 관하여 위반행위를 한 때에는 행위자를 벌하는 외에 그 법인 또는 개인에 대하여도 동조의 벌금형을 과한다.

5. 과태료

(1) 부과

과태료는 대통령령이 정하는 바에 의하여 건설교통부장관이 부과·징수한다. 과태료를 부과하는 때에는 당해 위반행위를 조사·확인한 후 위반사실·과태료금액·이의방법 및 이의기간 등을 명시하여 이를 납부할 것을 과태료처분대상자에게 서면으로 통지하여야 한다.

(2) 의견 진술

건설교통부장관은 과태료를 부과하고자 하는 때에는 10일 이상의 기간을 정하여 과태료처분대상자에게 구술 또는 서면에 의한 의견진술의 기회를 부여하여야 한다. 이 경우 지정된 기일까지 의견진술이 없는 때에는 의견이 없는 것으로 본다.

(3) 이의 제기

과태료 처분에 불복이 있는 자는 그 처분의 고지를 받은 날부터 30일 이내에 건설교통부장관에게 이의를 제기할 수 있다. 과태료 처분을 받은 자가 이의를 제기한 때에는 건설교통부장관은 지체 없이 관할법원에 그 사실을 통보하여야 하며, 통보를 받은 관할법원은 비송사건절차법에 의한 과태료의 재판을 한다. 기간 이내에 이의를 제기하지 아니하고 과태료를 납부하지 아니한 때에는 국세체납처분의 예에 의하여 이를 징수한다.

(4) 금액

건설교통부장관은 과태료의 금액을 정함에 있어서는 당해 위반행위의 동기·정도 및 횟수 등을 참작하되, 그 부과기준은 다음과 같다.

【표 3-15】 위반행위별 과태료 금액

(단위 : 만원)

위 반 행 위	관계조문	과태료 금액
1. 법 제18조의 규정에 위반하여 사업용 철도차량의 표시를 하지 아니한 때	법 제51조제1항제1호	200
2. 정당한 사유 없이 법 제21조의 규정에 의한 사업개선명령을 위반한 때	법 제51조제1항제2호	200
3. 법 제32조의 규정을 위반하여 철도사업에 관한 회계와 철도사업 외의 사업에 관한 회계를 구분하여 경리하지 아니한 때	법 제51조제1항제3호	200
4. 정당한 사유 없이 법 제47조제1항의규정에 의한 명령을 이행하지 아니하거나, 법 제47조제2항의 규정에 의한 검사를 거부·방해 또는 기피한 때	법 제51조제1항제4호	300
5. 법 제25조제1항의 규정을 위반하여 철도차량의 점검·정비를 하거나 기록·관리 및 보존을 한 때	법 제51조제1항제5호	100
6. 법 제20조제2항 내지 제4항의 규정에 의한 철도사업자의 준수사항을 위반한 때	법 제51조제2항제1호	50
7. 법 제25조제2항의 규정을 위반하여 철도차량의 점검·정비에 관한 책임자를 선임하지 아니한 때	법 제51조제2항제2호	100
8. 법 제22조의 규정에 의한 철도운수종사자의 준수사항을 위반한 때	법 제51조제3항	50

이 경우 과태료 해당 금액의 2분의 1의 범위 안에서 이를 가중하거나 경감할 수 있으나, 가중하는 때의 과태료의 총액은 법 제51조의 규정에 의한 과태료의 상한액을 초과할 수 없다.

(5) 절차

과태료의 징수절차에 관하여는 「국고금관리법 시행규칙」을 준용한다. 이 경우 납입고지서에는 이의방법 및 이의기간 등을 함께 기재하여야 한다.

(6) 특례

사업개선명령을 위반하여 과징금을 부과받은 자에 대하여는 과태료를 부과할 수 없다.

Ⅵ. 항만운송사업법

제1절 항만운송사업

1. 항만운송사업

가. 정의

- 영리를 목적으로 하는지를 불문하고 항만운송을 하는 사업

나. 항만운송

- 타인의 수요에 응하여 항만하역, 검수·감정·검량을 하는 것

2. 항만운송사업의 종류

가. 항만하역사업 : 다음의 행위를 행하는 사업

① 하주 또는 선박운항업자의 위탁을 받고 선박에 의하여 운송된 화물을 항만안에서 선박으로부터 인수 또는 하주에게 인도하거나, 선박에 의하여 운송될 화물을 항만안에서 선박에 인도 또는 하주로부터 인수하는 행위

② 항만안에서 화물을 선박에 적하하거나 선박으로부터 양하하는 일

③ 항만안에서 화물을 선박 또는 부선에 의하여 운송하거나, 해양수산부령이 정하는 항만과 항만 이외의 장소와의 사이(지정구간)에 있어서 화물을 부선 또는 범선에 의하여 운송하거나, 항만안 또는 지정구간에 있어서 예선에 의하여 부선 또는 뗏목을 예항하는 일. 다만, 해운법에서 규정하고 있는 해상화물운송사업자에 의한 운송 및 해상여객운송사업자의 여객선으로 여객을 운송

함에 수반되는 화물의 운송 및 해양수산부령이 정하는 운송을 제외한다.

④ 항만안에서 선박 또는 부선에 의하여 운송된 화물을 창고 또는 하역장에 반입하거나 선박 또는 부선에 의하여 운송될 화물을 하역장으로부터 반출하거나 이러한 화물을 하역장에서 적하양하 또는 보관하거나 화물을 부선으로부터 양하 또는 부선에 적하하는 일

⑤ 항만안 또는 지정구간에 있어서 뗏목으로 편성하여 목재를 운송하거나 항만안에서 뗏목으로 편성하여 운송된 목재 또는 선박이나 부선에 의하여 운송된 목재를 수면저목장에 반입하거나, 뗏목으로 편성하여 운송될 목재 또는 선박이나 부선에 의하여 운송될 목재를 수면저목장으로부터 반출하거나 이러한 목재를 수면저목장에서 적하 또는 양하하거나 보관하는 일

나. 기타 항만하역사업

- 검수사업 : 선적화물을 적하 또는 양하하는 경우에 그 화물의 개수의 계산 또는 인도인수의 증명(「검수」)을 행하는 사업
- 감정사업 : 선적화물 및 선박(부선을 포함한다)에 관련된 증명조사 및 감정(이하 「감정」이라 한다)을 행하는 사업
- 검량사업 : 선적화물을 적하 또는 양하하는 경우에 그 화물의 용적 또는 중량의 계산 또는 증명(「검량」)을 행하는 사업

3. 사업의 등록

(1) 등록

- 항만운송사업을 영위하고자 하는 자는 사업의 종류별로 해양수산부장관에게 등록
- 항만하역사업과 검수사업은 항만별로 등록
- 항만하역사업의 등록은 이용자별·취급화물별 또는 항만법 제2조제6호의 항만시설별로 등록하는 한정하역사업과 그 외의 일반하역사업으로 구분

(2) 절차

항만운송사업의 등록을 신청하고자 하는 자는 사업계획을 첨부한 등록신청서를 해양수산부장관에게 제출하여야 한다. 해양수산부장관은 등록신청을 받은 때에는 사업계획, 등록기준을 검토하여 등록요건에 적합하다고 인정하는 경우에는 등록증을 교부하여야 한다.

항만운송사업의 등록을 신청하고자 하는 자는 항만운송사업등록신청서(전자문서로 된 신청서를 포함한다)에 사업계획서 및 다음의 서류를 첨부하여 해양수산부장관 또는 지방해양수산청장에게 제출하여야 한다.

- 신청인이 법인인 경우
  - 정관
  - 최근 사업연도의 재무제표(기존의 법인에 한한다)
- 신청인이 개인인 경우
  - 재산 상태를 기재한 서류

신청서 제출시 담당공무원은 「전자정부구현을 위한 행정업무 등의 전자화촉진에 관한 법률」에 따라 행정정보의 공동이용을 통하여 법인등기부등본 및 주민등록등본을 확인하여야 한다. 다만, 신청인이 확인에 동의하지 아니하는 경우에는 이를 첨부하도록 하여야 한다.

사업계획서에는 사업에 제공될 시설 및 장비에 관한 다음의 서류를 첨부하여야 한다.

- 하역장비의 종류·명칭·형식·능력·설치장소 및 소유 또는 임차의 구별을 기재한 서류와 그 사실을 증명하는 서류
- 선박 또는 부선의 선명·용도·총톤수·적재톤수(예선 및 통선을 제외)·주기관의 마력수(예선)·계류장의 위치 및 소유 또는 임차의 구별을 기재한 서류와 그 사실을 증명하는 서류(선박 또는 부선을 소유하는 경우에는 선박국적증서나 선적증서의 사본 또는 부선증서의 사본)
- 사업소·하역장 또는 수면저목장의 명칭·위치 및 소유 또는 임차의 구별을 기재한 서류와 그 사실을 증명하는 서류

(3) 사업계획

항만하역사업의 사업계획에는 다음의 사항이 포함되어야 한다.

- 사업의 개요
- 사업소의 수·명칭 및 위치
- 사업개시예정일
- 다음 각목에 해당하는 종사원(일일고용하는 자, 3월이내의 기간을 정하여 사용하는 자 및 시험적으로 사용하는 자 제외)의 수
  - 현장직원(작업의 기획사무 및 화물의 인수·인도사무에 종사하는 자)
  - 현장감독(현장에서 작업의 지휘·감독에 종사하는 자)
  - 선내종사원(적하 또는 양하에 종사하는 선창책임자·갑판책임자 및 양하기책임자)
  - 선박의 승무원
  - 부선의 승무원
  - 보관직원(화물의 보관에 종사하는 자)
  - 건설기계조종사
- 사업에 제공될 시설 및 장비중 다음 각목의 사항
  - 하역장비의 종류별 대수 및 대별 능력
  - 선박의 척수 및 척별 적재톤수
  - 부선의 척수 및 척별 적재톤수
  - 예선의 척수 및 척별 주기관의 마력수
  - 통선의 척수 및 척별 총톤수
  - 상옥 및 창고의 동수와 동별 위치 및 면적
  - 하역장의 수·위치 및 면적
  - 수면저목장의 수·위치 및 면적
  - 종사원의 대기소의 위치 및 면적
- 수행하고자 하는 사업의 구체적인 내용
- 연간 추정 취급화물량

검수사업·감정사업 및 검량사업의 사업계획에는 다음의 사항이 포함되어야 한다.

- 사업의 개요
- 사업소의 수·명칭 및 위치
- 각 사업소별 검수사·감정사 또는 검량사(검수사등)의 수
- 각 사업소별 검수사등의 대기소의 위치 및 면적
- 연간 추정 취급화물량(검수사업 및 검량사업에 한한다)
- 연간 추정 취급건수(감정사업에 한한다)

(4) 등록증의 교부

해양수산부장관 또는 지방해양수산청장은 등록신청이 등록요건에 적합하다고 인정하는 경우에는 항만운송 사업등록증을 교부하여야 한다.

4. 등록기준

등록에 필요한 시설·자본금·노동력 등에 관한 기준은 다음과 같다. 다만, 해양수산부장관은 한정하역사업에 대하여는 이용자·취급화물 또는 항만시설의 특성을 참작하여 그 등록기준을 완화할 수 있다.

가. 항만하역사업의 등록기준

구분	종류 / 항만별 / 내용	일반하역사업			한정하역사업
		1급지 (부산항·인천항·울산항·포항항·광양항)	2급지 (여수항·마산항·동해항·군산항)	3급지 (1급지 및 2급지를 제외한 항)	
1.시설	시설평가액 (해양수산부령이 정하는 하역장비의 평가액이 총시설평가액의 3분의 2이상이 되어	10억원 이상	5억원 이상	1억원 이상	일반하역사업의 등록기준을 적용하되, 해양수산부장관은 이용자·취급화물 또는 항만시설의 특성을 참

	야 한다)				작하여 그 등록기준을 완화할 수 있다.
2. 자본금		2억원 이상	1억원 이상	5천만원 이상	

비고
1. 해양수산부장관은 물동량감소·항만조건 등의 특수한 사정이 있다고 인정되는 3급지항만에 대하여는 항만별로 그 사정이 존속하는 기간동안 당해 등록기준에서 정한 시설을 2분의 1의 범위 안에서 완화할 수 있다.
2. 개인의 경우에는 자본금에 갈음하여 재산평가액을 적용한다.
3. 해양수산부장관은 지방해양수산청장이 보유하는 하역장비를 전용사용하는 자에 대하여는 그 사용기간 동안 해양수산부령이 하역장비중 그 전용사용하는 하역장비의 평가액에 상당하는 하역장비의 확보를 유예할 수 있다.
4. 당해 업종에 필요한 시설은 다음 각목의 1에 해당하는 것이어야 한다.
  가. 해당항만하역사업자의 소유이거나 소유권 취득을 조건으로 임차한 시설
  나. 해당항만하역사업자가 1년 이상 전용하여 사용할 수 있는 시설. 다만, 제1호의 규정에 의한 시설기준중 급지별 최저시설평가액의 3분의 2 이상이 본인의 소유이어야 한다.

나. 검수·감정·검량사업의 등록기준

검수사·감정사 또는 검량사(검수사등)가 되고자 하는 자는 해양수산부장관이 실시하는 자격시험에 합격한 후 해양수산부장관에게 등록하여야 한다. 검수사업·감정사업 및 검량사업의 등록기준은 다음과 같다.

구분	검수사업			감정사업	검량사업
	1급지 (부산항 · 인천항 · 울산항 · 포항항 · 광양항)	2급지 (마산항 · 군산항)	3급지 (1급지 및 2급지를 제외한 항)		
1. 자본금	5천만원 이상	5천만원 이상	5천만원 이상	5천만원 이상	5천만원 이상
2. 검수사	가. 부산항 : 40인 이상 나. 인천항 : 25인 이상 다. 울산항·포항항·광양항 : 7인 이상	3인 이상	2인 이상		
3. 감정사				6인 이상	
4. 검량사					6인 이상

5. 운임 및 요금

(1) 인가

항만하역사업의 등록을 한 자는 해양수산부령이 정하는 바에 의하여 운임 및 요금을 정하여 해양수산부장관의 인가를 받아야 한다. 이를 변경하고자 할 때에도 또한 같다.

(2) 신고

특정 하주의 화물을 전용으로 취급하는 항만시설, 항만법 제9조제2항의 규정에 의하여 항만공사시행허가를 받은 비관리청이나 신항만건설촉진법 제7조제1항 또는 사회간접자본시설에 대한 민간투자법 제13조제3항의 규정에 의하여 지정된 사업시행자가 설치한 항만시설중 지방해양수산청장이 고시한 항만시설 에서 하역하는 화물 또는 컨테이너 전용 부두에서 취급하는 컨테이너 화물의 운임 및 요금에 대하여는 운임 및 요금을 정하여 해양수산부장관에게 신고 및 변경신고가 필요하다.

검수사업·감정사업 또는 검량사업의 등록을 한 자는 요금을 정하여 해양수산부장관에게 미리 신고하여야 한다. 이를 변경하고자 할 때에도 또한 같다.

(3) 요금의 변경과 조정

해양수산부장관은 신고된 내용이 항만운송사업의 건전한 발전과 공공복리의 증진을 위하여 필요하다고 인정할 때에는 그 내용의 변경 또는 조정에 관하여 필요한 조치를 명할 수 있다.

6. 사업의 양도·양수

항만운송사업의 등록을 한 자(항만운송사업자)가 그 사업을 양도하거나 사망한 때 또는 법인의 합병이 있는 때에는 그 양수인·상속인 또는 합병후 존속하는 법인이나 합병에 의하여 설립되는 법인은 등록에 따른 권리·의무를 승계한다.

민사집행법에 의한 경매, 「채무자 회생 및 파산에 관한 법률」에 의한 환가, 국세징수법·관세법 또는 지방세법에 의한 압류재산의 매각 기타 이에 준하는 절차에 따라 당해 사업의 시설·장비의 전부를 인수한 자는 종전 사업자의 권리·의무를 승계한다.

제2절 항만운송관련사업

항만운송관련사업을 영위하고자 하는 자는 항만별 및 업종별로 지방해양수산청장에게 등록하여야 한다. 등록 및 신고 기준은 다음과 같다.

【표 3-16】 항만운송관련사업의 등록 및 신고의 기준

구분			1급지 (부산항·인천항·울산항·포항항·광양항)	2급지 (여수항·마산항·군산항)	3급지 (1급지 및 2급지를 제외한 항)
등록 기준	1.항만용역업	가. 자본금 나. 선박	1억원 이상 통선 : 20톤 이상 급수선 : 50톤 이상	1억원 이상 통선 :10톤 이상 급수선 : 10톤 이상	5천만원 이상 통선 : 5톤 이상 급수선 : 5톤 이상
	2.선박급유업	가. 자본금 나. 급유선(급유부선 포함)	1억원 이상 총톤수 100톤이상	5천만원 이상 총톤수 30톤 이상	5천만원 이상 총톤수 10톤 이상
	3.컨테이너 수리업	가. 자본금 나. 공구창고 또는 공장	5천만원 이상 1동(50㎡) 이상	5천만원 이상 1동(30㎡) 이상	5천만원 이상 1동(30㎡) 이상
신고 기준	물품공급업	가. 자본금 나. 자동차	5천만원 이상 1대 이상	5천만원 이상 1대 이상	5천만원 이상 1대 이상

비고
1. 개인의 경우에는 자본금에 갈음하여 재산평가액을 적용한다.
2. 당해 업종에 필요한 시설 및 장비(이하 "시설등"이라 한다)는 다음 각목의 1에 해당하는 것이어야 한다.
  가. 해당항만운송관련사업자의 소유이거나 소유권 취득을 조건으로 임차한 시설등
  나. 해당항만운송관련사업자가 1년 이상 전용하여 사용할 수 있는 시설등
3. 항만용역업의 시설등의 기준중 통선의 선령은 목선의 경우에는 20년 이하이어야 하며 강선 및 FRP선의

경우에는 25년 이하이어야 한다. 다만, 선박안전법 제5조의 규정에 의한 선박검사 결과 안전운항에 지장이 없고 선박의 구조 및 환경상태가 양호하다고 지방해양수산청장이 인정하는 때에는 강선 및 FRP선에 한하여 5년의 범위안에서 그 선령을 연장할 수 있다.

4. 삭제<1999.5.27>
5. 지방해양수산청장은 다음 각목의 1에 해당하는 경우에는 그 업종의 시설등의 기준을 완화할 수 있다.

1. 항만용역업 : 등록

- 통선으로 본선과 육지간의 연락을 중계하는 행위
- 본선의 경비
- 본선의 이안 및 접안을 보조하기 위하여 줄잡이 역무를 제공하는 행위
- 선박의 청소(유창청소를 제외한다), 오물제거, 소독, 폐물수집 및 운반, 화물고정, 칠 등을 하는 행위
- 선박에서 사용하는 맑은 물을 공급하는 행위

2. 기타 항만하역관련사업

가. 물품공급업 : 신고

선박운항에 필요한 물품 및 주부식의 공급과 선박의 침구류 등을 세탁하는 사업을 영위하고자 하는 자는 본점 또는 주된 사무소 소재지의 항만을 관할하는 지방해양수산청장에게 신고하여야 하며, 그 영업구역은 항만법 제2조제2호의 규정에 의한 지정항만중 해양수산부령으로 지정하는 항만(항만시설 포함)과 항만법 제2조제2호의 규정에 의한 지정항만외의 항만으로서 해양수산부령으로 수역을 정하여 지정하는 항만(항만시설 포함)으로 한다.

나. 선박급유업 : 등록

- 선박용 연료유를 공급하는 사업

다. 컨테이너수리업 : 등록

- 컨테이너를 수리하는 사업

3. 사업의 정지 및 등록의 취소

- 항만운송사업법 또는 항만운송사업법에 의한 명령에 위반한 때
- 항만운송사업자 또는 그 대표자가 관세법 제269조 내지 제271조에 규정한 죄로 공소가 제기되거나 통고처분을 받은 때
- 등록 또는 신고의 기준에 미달하게 된 때
- 1년 이상 사업수행실적이 없는 때
- 부정한 방법으로 사업의 등록 또는 신고를 한 때

제3절 타항만 일시적 영업행위 등

1. 타항만 일시적 영업행위

가. 개념

- 항만운송사업자 또는 항만운송관련사업자가 등록을 하지 아니한 항만에서 일시적으로 영업행위를 하고자 할 때에는 미리 그 항만을 관할하는 지방해양수산청장에게 신고

나. 사유

- 동일한 사업을 수행하는 사업자가 해당 항만에 없거나 행정처분등으로 인하여 일시적으로 사업을 수행할 수 없게 된 경우
- 사업의 성질상 해당 항만의 사업자가 그 사업을 수행할 수 없는 경우
- 물품의 특성운반시간 등으로 인하여 선박의 수요를 적절한 시기에 충족시키기 곤란한 경우(물품공급업에 한한다)

다. 절차

- 항만운송사업자 또는 항만운송관련사업자가 등록하지 아니한 항만에서 일시적영업행

위를 하고자 하는 때에는 해양수산부령이 정하는 바에 따라 영업기간 등을 명시한 서면으로 신고
- 등록을 하지 아니한 항만에서 일시적으로 영업행위를 하기 위하여 신고한 항만운송사업자 또는 항만운송관련사업자는 그 신고한 내용에 부합되도록 영업행위 영위

2. 교육훈련기관

가. 설립

- 항만운송사업자 또는 항만운송관련사업자에게 고용되거나 역무를 제공하는 자에 대한 항만운송·항만안전 등에 관한 교육훈련을 실시하기 위하여 교육훈련기관을 설립
- 교육훈련기관은 법인
- 교육훈련기관은 해양수산부장관의 설립인가를 받아 그 주된 사무소의 소재지에서 설립등기를 함으로써 성립
- 교육훈련기관의 운영에 필요한 경비는 항만운송사업자 또는 항만운송관련사업자 및 당해 교육훈련을 받는 자가 부담
- 교육훈련기관에 관하여 이 법에 규정된 것을 제외하고는 민법중 사단법인에 관한 규정을 준용

나. 교육훈련기관의 운영

- 교육훈련기관은다음 연도의 사업계획 및 예산안을 매년 11월 30일까지 해양수산부장관에게 제출
- 교육훈련기관은 매 사업연도의 세입·세출결산서를 다음 연도 3월 31일까지 해양수산부장관에게 제출

다. 교육훈련기관의 정관

- 교육훈련기관의 정관에는 다음의 사항을 기재
  - 목적
  - 명칭
  - 사무소의 소재지

- 재산 및 회계에 관한 사항
- 이사의 임면에 관한 사항
- 총회 및 이사회에 관한 사항
- 정관의 변경에 관한 사항
- 존립시기나 해산사유를 정하는 경우에는 그 시기 또는 사유

라. 교육훈련기관의 감독

- 해양수산부장관은 교육훈련기관의 업무·재산 또는 회계관리에 관하여 위법·부당한 사항을 발견한 때에는 그 시정 명령 가능

3. 항만운송 및 항만운송관련 사업에 대한 행정처분

해양수산부장관은 항만운송사업자와 항만운송관련사업자가 다음과 같은 위반사항이 있는 때에는 당해 항만운송사업의 등록을 취소하거나 6월 이내의 기간을 정하여 당해 항만운송사업과 항만운송관련사업의 정지를 명할 수 있다. 부정한 방법으로 사업등록을 한 때에는 그 등록을 취소하여야 한다. 해양수산부장관은 항만운송사업 또는 항만운송관련사업의 등록취소 또는 사업폐쇄에 해당하는 처분을 하고자 하는 경우에는 청문을 실시하여야 한다.

위반사항	근거법령	행정처분의 기준		
		1차 위반	2차 위반	3차 위반
1. 법 제4조·법 제5조 또는 법 제26조의3의 규정에 의하여 사업등록 또는 사업신고를 한 항만운송사업자 또는 항만운송관련사업자가 그 사업범위를 위반하여 사업을 수행한 때	법 제26조 또는 법 제26조의5	사업정지 1월	사업정지 6월	등록취소 또는 사업폐쇄
2. 법 제6조 또는 법 제26조의3의 규정에 위반하여 항만운송사업자 또는 항만운송관련사업자가 등록 또는 신고의 기준에 미달하게 된 때	법 제26조 또는 법 제26조의5	사업정지 6월	등록취소 또는 사업폐쇄	
3. 법 제7조의 규정에 위반하여 검수사등이 등록을 하지 아니하고 검수사업·감정사업 또는 검량사업의 업무에 종사한 때	법 제26조	경고	사업정지 3월	등록취소
4. 법 제10조제2항의 규정에 위반하여 검수사업자·감정사업	법 제26조	경고	사업정지	등록취소

자 또는 검량사업자가 검수요금·감정요금 또는 검량요금을 정하여 미리 신고하지 아니하거나 변경신고하지 아니한 때			3월	
5. 항만운송사업자가 적당한 사유없이운임 및 요금을 인가받거나 신고한 것과 다르게 받은 때	법 제26조	사업정지 1월	사업정지 6월	등록취소
6. 항만운송사업자·항만운송관련사업자 또는 그 대표자가 관세법 제269조 내지 제271조에 규정한 죄로 공소가 제기되거나 통고처분을 받은 때	법 제26조 또는 법 제26조의5	사업정지 1월	등록취소 또는 사업폐쇄	
7. 항만운송사업자 또는 항만운송관련사업자가 1년 이상 계속하여 사업수행실적이 없는 때	법 제26조 또는 법 제26조의5	사업정지 3월	등록취소 또는 사업폐쇄	
8. 법 제27조의2의 규정에 위반하여 항만운송사업자 또는 항만운송관련사업자가 등록하지 아니한 항만에서 신고를 하지 아니하고 일시적 영업행위를 하거나 그 신고한 내용에 부합하지 아니하는 일시적영업행위를 한 때	법 제26조 또는 법 제26조의5	사업정지 1월	사업정지 3월	등록취소 또는 사업폐쇄

4. 과징금

해양수산부장관은 항만운송사업자 또는 항만운송관련사업자가 사업의 정지를 명하여야 하는 경우로서 그 사업의 정지가 당해 사업의 이용자등에게 심한 불편을 주거나 기타 공익을 해할 우려가 있는 경우에는 그 사업정지처분에 갈음하여 500만원이하의 과징금을 부과할 수 있다. 과징금을 부과하는 위반행위의 종별과 그 정도에 따른 과징금의 금액은 다음과 같다.

【표 3-17】 과징금을 부과하는 위반행위의 종별과 그 정도에 따른 과징금의 금액

위반사항	근거법령	과징금의 금액	
		1차 위반	2차 위반
1. 법 제4조·법 제5조 또는 법 제26조의3 규정에 의하여 사업등록 또는 사업신고를 한 항만운송사업자 또는 항만운송관련사업자가 그 사업범위를 위반하여 사업을 수행한 때	법 제27조의6	100만원	500만원

2. 법 제6조 또는 법 제26조의3의 규정에 위반하여 항만운송사업자 또는 항만운송관련사업자가 등록 또는 신고의 기준에 미달하게 된 때	법 제27조의6	100만원	
3. 법 제7조의 규정에 위반하여 검수사등이 등록을 하지 아니하고 검수사업·감정사업 또는 검량사업의 업무에 종사한 때	법 제27조의6		300만원
4. 법 제10조제2항의 규정에 위반하여 검수사업자·감정사업자 또는 검량사업자가 검수요금·감정요금 또는 검량요금을 정하여 미리 신고하지 아니하거나 변경신고하지 아니한 때	법 제27조의6		300만원
5. 항만운송사업자가 정당한 사유없이 운임 및 요금을 인가받거나 신고한 것과 다르게 받은 때	법 제27조의6	100만원	500만원
6. 항만운송사업자 또는 항만운송관련사업자가 1년 이상 계속하여 사업수행실적이 없는 때	법 제27조의6	300만원	
7. 법 제27조의2의 규정에 위반하여 항만운송사업자 또는 항만운송관련사업자가 등록하지 아니한 항만에서 신고를 하지 아니하고 일시적 영업행위를 하거나 그 신고한 내용에 부합하지 아니하는 일시적영업행위를 한 때	법 제27조의6	100만원	300만원

비고 : 해양수산부장관은 위반행위의 정도·횟수 등을 참작하여 과징금의 금액을 2분의 1의 범위 안에서 감경할 수 있다.

해양수산부장관은 과징금을 부과하고자 할 때에는 그 위반행위의 종별과 해당 과징금의 금액 등을 명시하여 이를 납부할 것을 서면으로 통지하여야 한다. 통지를 받은 자는 20일 이내에 과징금을 해양수산부장관이 정하는 수납기관에 납부하여야 한다. 다만, 천재·지변 기타 부득이한 사유로 인하여 그 기간 내에 과징금을 납부할 수 없는 때에는 그 사유가 없어진 날부터 7일 이내에 납부하여야 한다. 과징금의 납부를 받은 수납기관은 영수증을 납부자에게 교부하여야 한다. 과징금의 수납기관은 과징금을 수납한 때에는 지체없이 그 사실을 해양수산부장관에게 통보하여야 한다. 과징금은 이를 분할하여 납부할 수 없다.

해양수산부장관은 과징금을 납부할 자가 납부기한내에 이를 납부하지 아니한 때에는 국세체납처분의 예에 의하여 이를 징수한다.

Ⅶ. 농수산물유통 및 가격안정에 관한 법률

제1절 농수산물 생산조정 및 출하조절

1. 주요 생산지의 지정

가. 지정

- 농림부장관 또는 해양수산부장관은 농수산물의 수급조절을 위하여 생산 및 출하를 촉진 또는 조절할 필요가 있다고 인정하는 때에는 주요 농수산물의 생산지역이나 생산수면을 지정하고 그 생산지역이나 생산수면에서 주요 농수산물을 생산하는 자에 대하여 생산자금의 융자, 기술지도 등 필요한 지원가능

나. 주산지의 지정요건

- 주요 농수산물은 국내농수산물의 생산에서 차지하는 비중이 크고 생산·출하의 조절이 필요한 것으로서 농림부장관 또는 해양수산부장관이 지정하는 품목
- 주요 농수산물의 생산지역이나 생산수면(주산지)은 다음의 요건을 갖춘 지역 또는 수면중에서 구역을 정하여 이를 지정.
  - 주요 농수산물의 재배면적 또는 양식면적이 농림부장관 또는 해양수산부장관이 고시하는 면적 이상이거나 그 이상으로 될 것이 예상될 것
  - 주요 농수산물의 출하량이 농림부장관 또는 해양수산부장관이 고시하는 수량 이상이거나 그 이상으로 될 것이 예상될 것
  - 주요 농수산물을 효율적으로 출하할 수 있는 공동출하조직을 갖추고 있을 것

다. 주산지의 지정절차

- 농림부장관 또는 해양수산부장관은 특별시장·광역시장 또는 도지사의 요청에 의하여 주산지를 지정

- 농림부장관 또는 해양수산부장관은 주산지를 지정한 때에는 이를 고시하고 시·도지사에게 통지

라. 주산지의 지정변경·해제

- 시·도지사는 주산지의 구역을 변경할 필요가 있는 때에는 농림부장관 또는 해양수산부장관에게 지정의 변경을 요청
- 시·도지사는 주산지가 지정요건에 적합하지 아니하게 된 때에는 농림부장관 또는 해양수산부장관에게 그 지정의 해제를 요청
- 농림부장관 또는 해양수산부장관은 주요 농수산물의 생산 및 출하사정 기타 경제사정의 변동으로 인하여 필요하다고 인정하는 때에는 주산지의 지정을 변경하거나 해제 가능

2. 자조금의 적립지원

가. 자조금의 조성·운영 및 지원

- 농림부장관 또는 해양수산부장관은 생산자단체가 농수산물의 판로확대, 수급조절 및 가격안정을 도모하기 위하여 자조금(축산물의 소비촉진 등에 관한 법률 제3조의 규정에 의하여 설치된 축산자조활동자금은 제외)을 조성·운영하는 경우에는 그 생산자단체에 대하여 농산물가격안정기금 또는 수산발전기금에서 보조금을 지급가능

나. 자조금의 조성방법

- 자조금을 조성·운영하는 생산자단체(자조금조성단체)는 그 구성원이 자율적으로 납입하는 금액으로 자조금을 조성
- 조성된 자조금은 다음의 용도에 사용
  - 소비촉진을 위한 홍보사업
  - 당해 농수산물의 판로확대를 위한 시장개척사업
  - 품질향상, 자율적 수급조절 등을 위하여 당해 자조금조성단체의 구성원에게 실시하는 교육사업

· 법 제10조의 규정에 의한 유통협약이나 유통조절명령(당해 농수산물과 관련된 경우에 한한다)을 이행하기 위한 경비의 지출

• 당해 농수산물에 관한 유통정보의 제공, 농업관측 또는 수산업관측 및 당해 자조금 조성단체 구성원간의 유통정보화추진을 위한 사업
• 출하조절 등 당해 농수산물의 자율적 수급안정을 위하여 필요한 사업

다. 보조금의 지급

- 보조금의 지급대상이 되는 농수산물은 생산지역의 집중도가 높거나 생산자조직이 정비되어 있는 등 자조금의 조성이 용이한 농수산물중 농림부장관 또는 해양수산부장관이 정하여 고시하는 품목(친환경농산물의 경우에는 그 특성을 고려하여 여러 품목을 하나의 보조금 지급 대상품목으로 정할 수 있다)
- 보조금을 지급받고자 하는 자조금조성단체는 다음의 요건을 갖추어야 한다.
  • 자조금의 조성방법 및 자조금의 관리·운영에 관한 규정을 작성할 것. 이 경우 자조금의 회계는 다른 회계와 구분·계리하도록 하여야 한다.
  • 구성원이 생산하는 농수산물의 생산규모가 농림부장관 또는 해양수산부장관이 정하여 고시하는 기준을 초과할 것
  • 보조금은 「세계무역기구농업협정」이 허용하는 범위안에서 자조금조성단체가 자조금으로 매년 조성한 금액(자조금조성단체의 구성원이 납입한 원금에 한한다)을 한도로 하여 지급하되, 그 구성원이 생산한 제1항의 규정에 의한 농수산물의 연간 생산액의 1천분의 30을 초과할 수 없으며, 자조금조성단체의 대표성·조직화정도·사업역량 등을 감안하여 예산의 범위안에서 차등지원가능(연간 생산액의 산정기준은 농림부장관 또는 해양수산부장관이 정하여 고시)
- 보조금을 지급받고자 하는 자조금조성단체는 다음의 사항에 관한 서류를 갖추어 농림부장관 또는 해양수산부장관에게 보조금지급신청
  • 자조금의 관리·운영에 관한 규정
  • 자조금의 사용목적 및 사용계획
  • 자조금의 조성규모 및 조성방법
  • 자조금의 사용액 및 사용내역
- 농림부장관 또는 해양수산부장관은 농림부장관 또는 해양수산부장관의 허가를 받아 설립된 사단법인(생산자 또는 생산자단체가 사원인 법인에 한한다)이 자조금을 조성·운영하는 경우에는 자조금조성단체에 준하여 보조금을 지급 가능

3. 유통협약 및 유통조절명령

가. 유통협약

- 주요 농수산물의 생산자, 산지유통인, 저장업자, 도소매업자 및 소비자 등의 대표는 당해 농수산물의 자율적인 수급조절과 품질향상을 위하여 생산조정 또는 출하조절을 위한 협약(유통협약)을 체결할 수 있다.
- 농산물의 수급불안정으로 인한 문제를 해결하기 위하여 생산자, 유통인, 소비자 등의 대표가 자율적으로 협약을 맺어 수급조절품질향상을 위한 상호역할을 분담하는 제도
  예) 5cm미만 저급 양파의 유통금지 협약

나. 유통조절명령

- 농림부장관 또는 해양수산부장관은 부패변질되기 쉬운 농수산물로서 농림부령 또는 해양수산부령이 정하는 농수산물에 대하여 현저한 수급불안정을 해소하기 위하여 특히 필요하다고 인정되고 생산자단체의 요청이 있는 때에는 공정거래위원회와 협의를 거쳐 일정 기간동안 일정 지역의 당해 농수산물의 생산자등에 대하여 생산조정 또는 출하조절을 하도록 하는 유통조절명령(「유통명령」)을 발할 수 있다.
- 유통명령 포함되어야 하는 사항
  ① 이유, ② 대상품목, ③ 기간, ④ 지역, ⑤ 대상자, ⑥ 생산조정 또는 출하조절의 방안, ⑦ 명령이행확인의 방법 및 명령위반자에 대한 제재조치, ⑧ 사후관리 ⑨ 기타 농림부장관 또는 해양수산부장관이 유통조절에 관하여 필요하다고 인정하는 사항

4. 과잉생산시의 생산자보호

가. 방법

- 채소류 등 저장성이 없는 농수산물의 가격안정을 위하여 필요시 생산자 또는 생산자단체로부터 농수산물을 수매

※ 가격안정을 위하여 특히 필요하다고 인정하는 때에는 도매시장 또는 공판장에서 수매

- 수확이전에 수매

• 생산조정 또는 출하조절에도 불구하고 과잉생산이 우려되는 경우
• 생산자보호를 위하여 필요하다고 인정되는 경우

- 처리
  • 수매한 농수산물에 대하여는 농수산물의 생산지에서 폐기하는 등 필요한 처분

나. 재원

- 농산물가격안정기금 또는 수산발전기금

다. 수매 농수산물의 처분

- 수매한 농수산물은 이를 판매 또는 수출하거나 사회복지단체에 기증 기타 필요한 처분

라. 업무위탁

- 수매 및 처분에 관한 업무를 농업협동조합중앙회·산림조합중앙회·수산업협동조합중앙회 또는 농수산물유통공사법에 의한 농수산물유통공사에 위탁

5. 농산물의 수입

가. 농림부장관 추천 대상

- 세계무역기구설립을 위한 마라케쉬협정에 따른 대한민국양허표상의 시장접근물량에 적용되는 양허세율로 수입하는 농산물중 다른 법률에서 달리 정하지 아니한 농산물을 수입하고자

나. 대행

- 농산물의 수입에 대한 추천업무를 농림부장관이 지정하는 비영리법인으로 하여금 대행

다. 수입신청

- 농산물을 수입하고자 하는 자는 사용용도 기타 농림부령이 정하는 사항을 기재하여 수입추천신청

라. 비축 또는 생산자단체 지정 수입

- 비축용 농산물로 수입·판매하게 할 수 있는 품목 : 고추·마늘·양파·생강·참깨
- 생산자단체를 지정하여 수입·판매하게 할 수 있는 품목 : 오렌지·감귤류

마. 수입이익금의 징수

농림부장관은 추천을 받아 농산물을 수입하는 자중 다음의 농산물을 수입하는 자에 대하여 국내가격과 수입가격간의 차액의 범위 안에서 수입이익금을 부과·징수

- 고추·마늘·양파·생강·참깨 : 당해 품목의 판매수입금에서 농림부장관이 정하여 고시하는 비용산정기준 및 방법에 따라 산정된 물품대금·운임·보험료 기타 수입에 소요되는 비목의 비용과 제세공과금·보관료·운송료·판매수수료 등 국내판매에 소요되는 비목의 비용을 공제한 금액 또는 당해 품목의 수입자로 결정된 자가 수입자결정시 납입의 의사를 표시한 금액
- 참기름 : 당해 품목의 수입자로 결정된 자가 수입자 결정시 납입의 의사를 표시한 금액

수입이익금은 농산물가격안정기금에 납입

수입이익금을 소정의 기한 내에 납부하지 아니한 때에는 국세체납처분의 예에 따라 이를 징수

제2절 농수산물 도매시장

1. 농수산물도매시장

가. 농수산물도매시장의 정의

- 특별시·광역시 또는 시가 양곡류·청과류·화훼류·조수육류·어류·패개류·해조류 및 임산물 등의 전부 또는 일부를 도매하게 하기 위하여 농림부장관이나 해양수산부장관 또는 도지사의 허가를 받아 관할구역에 개설하는 시장

<거래품목>

- 양곡부류 : 미곡·맥류·두류·조·좁쌀·수수·수수쌀·옥수수·메밀·참깨 및 땅콩
- 청과부류 : 과실류·채소류·산나물류·목과류·버섯류·서류 및 유지작물류와 두류 및 잡곡중 신선한 것
- 축산부류 : 조수육류 및 난류

· 수산부류 : 생선어류·건어류·염건어류·염장어류·패류·해조류 및 젓갈류
· 화훼부류 : 절화·절지·절엽 및 분화
· 약용작물부류 : 한약재용 약용작물(야생물 기타 재배에 의하지 아니한 것을 포함한다). 다만, 「약사법」 제2조제5항의 규정에 의한 한약은 동법의 규정에 의한 의약품판매업의 허가를 받은 경우에 한한다.
· 기타 농어업인이 생산한 농수산물과 이를 단순가공한 물품으로서 개설자가 지정하는 품목

나. 중앙도매시장 : 특별시 광역시가 개설

- 특별시 또는 광역시가 개설한 농수산물도매시장 중 당해관할구역 및 그 인접지역의 도매의 중심이 되는 농수산물도매시장

다. 지방 도매시장 : 특별시 광역시, 시가 개설

- 중앙도매시장 외의 농수산물도매시장

라. 허가기준

① 도매시장을 개설하고자 하는 장소가 농수산물거래의 중심지로서 적절한 위치에 있을 것,

② 기준에 적합한 시설을 갖추고 있을 것

(단 시설이 구비되지 아니한 경우 일정기간 내에 이를 구비할 것을 조건으로 개설을 허가할 수 있다)

③ 업무규정의 내용이 도매시장의 건전한 운영을 기함에 적합하다고 인정되는 것일 것,

④ 운영관리계획서의 내용이 충실하고 그 실현이 확실하다고 인정되는 것

마. 개설권자의 의무

① 도매시장시설의 정비개선과 합리적인 관리,

② 경쟁촉진과 공정한 거래질서의 확립 및 환경개선,

③ 상품성 향상을 위한 규격화, 포장개선 및 선도유지의 촉진

2. 도매시장의 관리

가. 도매시장의 관리 방법

- 관리사무소 : 소속공무원으로 구성
- 시장관리자
  지방공기업법에 의한 지방공사(관리공사)
  공공출자법인

나. 관리사무소 및 시장관리자의 업무

- 시설물관리
- 사용료 징수
- 거래질서유지
- 유통종사자의 지도감독

3. 도매시장의 운영

가. 법률규정

- 도매시장의 개설자는 도매시장에 그 시설규모, 거래 액 등을 고려하여 적정수의 도매시장법인 또는 시장도매인을 두어 이를 운영하게 하여야 한다.
- 중앙도매시장에는 부류마다 도매시장법인을 두어야 한다.

나. 운영의 내용

- 위탁판매, 대금결제

다. 운영주체

- 도매시장법인
- 공공출자법인(법에 운영주체로 규정하고 있지 않지만 도매시장법인의 정의에 공공출자법인을 포함하고 있으므로 운영의 주체)

-시장도매인

라. 운영 유형

① 도매시장법인을 두는 경우

② 시장도매인을 두는 경우

③ 도매시장법인과 시장도매인을 함께 두는 경우

※ 중앙도매시장의 경우 ① 유형과 ③유형이 가능

4. 도매시장법인

가. 도매시장법인의 정의

- 농수산물도매시장의 개설자로부터 지정을 받고 농수산물을 위탁 받아 상장하여 도매하거나 이를 매수하여 도매하는 법인(도매시장법인의 지정을 받은 것으로 보는 공공출자 법인을 포함)

나. 도매시장법인의 지정

- 개설자가 부류별로 지정
- 3-10년의 범위 내에서 시성유효기간 설성(사업개시예정일부터 3년간의 사업계획서를 제출히도록 요구하고 있으므로 현재 3년으로 운영)

다. 도매시징법인의 자격요건

① 해당 부류의 도매업무를 효과적으로 수행할 수 있는 지식과 도매시장 또는 공판장업무에 2년 이상 종사한 경험(해당기관에서 근무한 경험)이 있는 업무집행담당임원이 2인 이상 있을 것

② 임원 중 금고이상의 실형의 선고를 받고 그 형의 집행이 종료(집행이 종료된 것으로 보는 경우를 포함한다)되거나 집행이 면제된 후 2년이 경과되지 아니한 자가 없을 것

③ 임원 중 파산선고를 받고 복권되지 아니한 자나 금치산자 또는 한정치산자가 없을 것

④ 임원 중 도매시장법인의 지정취소처분의 원인이 되는 사항에 관련된 자가 없을 것

5. 도매시장법인의 영업

가. 도매방법

- 수탁판매의 원칙 : 도매시장법인이 행하는 도매는 출하자로부터 위탁을 받아 시행

※ 특별한 경우는 매수하여 도매

<u>매수하여 도매하는 경우</u>

① 농림부장관의 수매에 응하기 위하여 필요한 경우
- 과잉생산시의 생산자 보호 : 가격안정을 위하여 특히 필요하다고 인정하는 때에는 도매시장 또는 공판장에서 이를 수매
- 비축사업 등 : 가격안정을 위하여 특히 필요하다고 인정하는 때에는 도매시장 또는 공판장에서 수매하거나 수입

② 다른 도매시장법인 또는 시장도매인으로부터 매수하여 도매하는 경우

③ 당해 도매시장에서 주로 취급하지 아니하는 농수산물의 품목을 갖추기 위하여 대상품목과 기간을 정하여 도매시장의 개설자의 승인을 얻어 다른 도매시장으로부터 이를 매수하는 경우

나. 도매시장에서의 매매

- 경매 또는 입찰의 방법으로 매매
- 다음의 특별한 사유가 있는 경우에는 정가 또는 수의매매

<u>정가매매 또는 수의매매를 할 수 있는 경우</u>

① 도매시장법인이 매수하여 도매 거래하는 경우

② 도매시장의 개설자의 허가를 받아 중도매인 또는 매매참가인외의 자에게 판매하는 경우

③ 천재, 지변 기타 불가피한 사유로 인하여 경매 또는 입찰의 방법에 의하는 것이 극히 곤란한 경우

④ 거래량이 적은 품목으로서 경매 또는 입찰의 방법에 의하여는 거래가 곤란하다고 업무규정으로 정하는 품목을 판매하는 경우

⑤ 경매 또는 입찰이 종료된 후 입하된 품목과 경매 또는 입찰을 실시하였으나 매매되지 아니한 물품으로서 경매 또는 입찰의 방법에 의하는 것이 곤란하거나 부적당한 경우

⑥ 저장성이 없거나 기타 특별한 사유로 인하여 신속히 처분할 필요성이 인정되는 품목으로서 도매시장의 개설자가 정하는 품목을 경매시작전에 반출하는 경우(당일에 반입된 해당품목 전체물량의 100분의 30을 초과할 수 없다)

⑦ 다른 도매시장 또는 공판장(법 제27조의 규정에 의한 경매사가 경매를 실시하는 농수산물집하장을 포함한다)에서 이미 가격이 결정되어 바로 입하된 물품을 매매하는 경우로서 당해 물품을 반출한 도매시장 또는 공판장의 개설자가 가격, 반출지, 반출물량 및 반출차량 등을 확인한 경우

다. 경매 또는 입찰방법

- 최고가격 제시자에게 판매
- 경매 또는 입찰의 방법은 전자식을 원칙

※ 다음의 경우 거수수지식기록식서면입찰식 등의 방법 가능

- 농수산물의 수급조절과 가격안정을 위하여 수매비축 또는 수입한 농수산물을 판매하는 경우
- 품목별지역별 특성을 고려하여 도매시장의 개설자가 필요하다고 인정하는 경우

- 경매 또는 입찰을 하는 때마다 사전비공개무작위의 원칙에 의하여 이를 수행할 경매사 지정

라. 거래상대방과 특례

- 도매시장법인은 도매인, 매매참가인에게 판매
- 중도매인매매참가인외의 자에게 판매할 수 있는 경우
  - 당해 도매시장의 중도매인 또는 매매참가인에게 판매한 후 남는 농수산물이 있는 경우
  - 도매시장의 개설자가 도매시장에 입하된 물품의 원활한 분산을 위하여 특히 필요하다고 인정하는 경우

마. 영업제한

- 장소제한 : 도매시장외의 장소에서 농수산물의 판매업무를 하지 못한다
- 내용제한 : 농수산물의 판매업무외의 사업을 겸영하지 못한다

※ 농수산물의 포장가공저장수출입 등의 다음의 사업은 겸영할 수 있다

- 농수산물의 생산지에서의 포장선별보관 등 출하관련사업
- 농수산물의 신선도유지 또는 후숙(後熟)을 위한 저장업
- 도매시장에서 거래되는 농수산물의 재포장 또는 단순가공사업
- 농수산물의 판매업무외의 사업으로서 농림부장관 또는 해양수산부장관이 정하여 고시하는 사업

바. 대량입하품목 등의 우선판매

- 효율적인 유통을 위하여 필요한 경우에는 대량입하품, 표준규격품, 예약출하품 등을 우선적으로 판매 가능

- 우선판매 대상품목
  - 대량입하품
  - 도매시장의 개설자가 선정하는 우수출하주의 출하품
  - 예약출하품
  - 농수산물품질관리법 제4조의 규정에 의한 표준규격품 및 동법 제5조의 규정에 의한 품질인증품
  - 기타 도매시장의 개설자가 도매시장의 효율적인 운영을 위하여 특히 필요하다고 업무규정으로 정하는 품목

6. 공공출자법인

가. 역할

- 도매시장 관리 및 운영
  - 관리 측면에서는 관리사무소와 관리공사의 역할을 하고 운영측면에서는 도매시장의 역할 수행

나. 설립

- 개설자가 설립
- 출자자
  - ① 지방자치단체, ② 관리공사, ③ 농림수협 등, ④ 당해 도매시장 또는 당해 도매시장으로 이전되는 시장에서 농수산물을 거래하는 상인과 그 상인단체, ⑤ 도매시장법인, ⑥ 기타 도매시장의 개설자가 도매시장의 관리운영을 위하여 특히 필요하다고 인정하는 자
  - ① 지방자치단체, ② 관리공사, ③ 농림수협 등에 의한 출자액의 합계가 총출자액의 100분의 50을 초과하여야 한다.
- 적용법률 : 상법상의 주식회사에 관한 규정, 농안법
- 도매시장법인 지정 간주시점 : 설립등기를 한 날

7. 시장도매인

가. 정의

- 농수산물을 매수 또는 위탁 받아 도매하거나 매매를 중개하는 영업을 하는 법인

나. 도입시기

- 지방도매시장은 농안법 시행일인 2000. 6. 1부터 도입이 가능
- 중앙도매시장은 중앙도매시장의 거래체계 및 시설의 정비 상황과 지방도매시장의 운영실적 등을 고려하여 2004년 1월 1일부터 2년의 범위 내에서 대통령령이 정하는 날부터 도입 가능

※ 도매시장은 운영주체를 도매시장법인만 두거나, 시장도매인만 두거나, 도매시장법인과 시장도매인을 함께 둘 수 있다.

다. 지정

- 개설자가 3-10년 범위 내에서 부류별로 지정
- 지정요건
  - 임원 중 금고이상의 실형의 선고를 받고 그 형의 집행이 종료(집행이 종료된 것으로 보는 경우를 포함한다)되거나 집행이 면제된 후 2년이 경과되지 아니한 자가 없을 것
  - 임원 중 당해 도매시장 안에서 시장도매인의 업무와 경합되는 도매업 또는 중도매업을 하는 자가 없을 것
  - 임원 중 파산선고를 받고 복권되지 아니한 자나 금치산자 또는 한정치산자가 없을 것
  - 임원 중 제82조제2항의 규정에 의하여 시장도매인의 지정취소처분의 원인이 되는 사항에 관련된 자가 없을 것

※ 요건을 갖추지 아니하게 된 때에는 당해 임원을 지체 없이 해임하여야 한다.

라. 영업

- 시장도매인이 매수, 위탁 또는 중개를 함에 있어서는 출하자와 협의하여 송품장에 기재한 거래방법에 따라서 하여야 한다.

마. 영업의 제한

- 다음의 경우 품목과 기간을 정하여 시장도매인이 농수산물을 위탁 받아 도매하는 것을 제한 또는 금지
  - 대금결제 능력을 상실하여 출하자에게 피해를 입힐 우려가 있는 경우,
  - 표준정산서에 거래량, 거래방법을 허위기재 하는 등 불공정 행위를 한 경우,
  - 기타 도매시장의 개설자가 도매시장의 거래질서유지를 위하여 필요하다고 인정하는 경우
- 시장도매인은 당해 도매시장의 도매시장법인중도매인에게 농수산물을 판매하지 못함

8. 중도매인

가. 정의

- 개설자의 허가 또는 지정을 받아 농수산물도매시장·농수산물공판장 또는 민영농수산물도매시장에 상장된 농수산물을 매수하여 도매하거나 매매를 중개하는 영업을 하거나
- 농수산물도매시장·농수산물공판장 또는 민영농수산물도매시장의 개설자로부터 허가를 받은 비상장농수산물을 매수 또는 위탁 받아 도매하거나 매매를 중개하는 영업을 하는 자

나. 허가

- 부류별로 3-10년의 범위 내에서 개설자의 허가

다. 결격사유

- ① 파산선고를 받고 복권되지 아니한 자나 금치산자 또는 한정치산자
- ② 금고이상의 실형의 선고를 받고 그 형의 집행이 종료(집행이 종료된 것으로 보는 경우를 포함한다)되거나 면제되지 아니한 자
- ③ 중도매업의 허가가 취소된 날부터 2년이 경과되지 아니한 자
- ④ 도매시장법인의 주주 및 임직원으로서 당해 도매시장법인의 업무와 경합되는 중도매업을 하고자 하는 자
- ⑤ ① 내지 ④에 해당하는 임원이 있는 법인

라. 의무

- 매매참가인의 거래참가를 방해하거나 정당한 사유 없이 집단적으로 농수산물의 경매 또는 입찰에 불참하는 행위를 하여서는 안 된다

마. 영업

- 중도매인의 업무범위 등의 특례
  - 허가를 받은 중도매인은 도매시장 안에 설치된 공판장(도매시장공판장)에서도 그 업무를 행할 수 있다.
- 중도매인의 거래 방법 및 업무범위

9. 매매참가인

가. 정의

- 「매매참가인「이라 함은 농수산물도매시장, 농수산물공판장 또는 민영농수산물도매시장에 상장된 농수산물을 직접 매수하는 자로서 중도매인이 아닌 가공업자, 소매업자, 수출업자 및 소비자단체 등 농수산물의 수요자를 말한다.

나. 기능

- 매매참가인 제도는 도매시장(또는 공판장)에서 농수산물을 대량으로 구입하고자 하는 수요자를 중도매인과 함께 경매입찰에 참가시킴으로써 경매를 활성화시키고 유통비용을 절감시키는데 그 의의가 있다.

다. 매매참가인의 관리

- 매매참가인이 도매시장의 거래에 참가하고자 하는 경우에는 개설자에게 신고하여야 하며 개설자는 신고한 매매참가인의 관리 및 운영에 관한 사항을 별도로 정할 수 있다. 매매참가인은 농수산물의 수요자로서 도매시장 내에서 판매행위를 하지 못한다.
- 중도매인은 매매참가인의 거래참가를 방해하는 행위를 하여서는 아니 된다.

10. 산지유통인

가. 정의

- 시장개설 자에게 등록하고, 농수산물을 수집하여 농수산물도매시장·농수산물공판장 또는 민영농수산물도매시장에 출하하는 영업을 하는 자

나. 산지유통인의 등록

- 산지유통인은 부류별로 도매시장의 개설자에게 등록하여야 하며 도매시장의 개설자가 정한 등록신청서를 도매시장의 개설자에게 제출
- 등록 예외

· 산자단체가 구성원의 생산물을 출하하는 경우
· 도매시장법인이 매수한 농수산물을 상장하는 경우
· 중도매인이 비상장농수산물을 매매하는 경우
· 시장도매인이 매매하는 경우
· 종합유통센터수출업자 등이 잔품을 도매시장에 상장하는 경우
· 도매시장법인이 다른 도매시장법인 또는 시장도매인으로부터 매수하여 판매하는 경우
· 시장도매인이 도매시장법인으로부터 매수하여 판매하는 경우

11. 경매사

가. 경매사의 수

- 도매시장법인이 확보하여야 하는 경매사의 수는 2인 이상으로 하되 품목별도매시장별 거래물량 등을 고려하여 업무규정으로 정한다.

나. 결격사유

- 파산선고를 받고 복권되지 아니한 자나 금치산자 또는 한정치산자
- 금고이상의 실형의 선고를 받고 그 형의 집행이 종료(집행이 종료된 것으로 보는 경우를 포함한다)되거나 집행이 면제된 후 2년이 경과되지 아니한 자
- 금고이상의 형의 집행유예 또는 선고유예를 받고 그 유예기간 중에 있는 자

- 당해 도매시장의 시장도매인, 중도매인, 산지유통인 또는 그 임직원

다. 경매사 자격시험

- 경매사 자격시험은 농수산물유통공사의 장이 실시

라. 시험과목

- 시험은 필기시험과 실기시험으로 구분하여 실시
- 필기시험 과목
  - 도매시장 관계법령, 경매실무 및 유통상식이 포함

제3절 농수산물공판장 및 민영농수산물도매시장

1. 농수산물공판장

가. 정의

- 지역농업협동조합, 지역축산업협동조합, 품목별, 업종별협동조합, 임업협동조합 및 수산업협동조합과 그 중앙회 기타 농업, 농촌기본법에 의한 영농조합법인 및 농업회사법인과 수산업법에 의한 영어조합법인과 공익상 필요하다고 인정되는 법인으로서 농수산물유통공사법에 의한 농수산불유통공사가 농수산물을 도매하기 위하여 특별시징, 광역시장 또는 도지사의 승인을 얻어 개설, 운영하는 사업장

나. 공판장의 개설

- 농림수협등 기타 생산자단체와 공익법인이 공판장을 개설하고자 하는 때에는 기준에 적합한 시설을 갖추고 시·도지사의 승인을 얻어야 한다.

다. 농수산물공판장의 거래관계자

- 공판장에는 중도매인, 매매참가인, 산지유통인 및 경매사를 둘 수 있다.
- 공판장의 중도매인은 공판장 개설자가 지정하되, 지정기준은 도매시장의 중도매인 허가에 관한 규정을 준용한다.

라. 운영

- 도매시장에 관한 규정 중 수탁판매의 원칙(제31조), 매매방법(제32조), 경매 또는 입찰방법(제33조), 거래의 특례(제34조), 수탁의 거부금지(제38조), 하역업무(제40조), 출하자에 대한 즉시 대금결제(제41조제1항), 수수료 등의 징수제한(제42조) 규정을 준용(법 제45조)

2. 민영도매시장

가. 개설

- 민간인등이 특별시, 광역시 또는 시지역에 민영도매시장을 개설하고자 하는 때에는 시·도지사의 허가를 받아야 한다.
- 민간인등이 민영도매시장의 개설허가를 받고자 하는 때에는 민영도매시장개설허가신청서에 업무규정과 운영관리계획서를 첨부하여 시·도지사에게 제출하여야 한다.

나. 민영도매시장의 운영

- 민영도매시장의 개설자는 중도매인·매매참가인·산지유통인 및 경매사를 두어 직접 운영하거나 시장도매인을 두어 이를 운영하게 할 수 있다.
- 민영도매시장의 중도매인은 민영도매시장의 개설자가 지정한다.
- 농수산물을 수집하여 민영도매시장에 출하하고자 하는 자는 민영도매시장의 개설자에게 산지유통인으로 등록하여야 한다.
- 민영도매시장의 경매사는 민영도매시장의 개설자가 임면한다.
- 민영도매시장의 시장도매인은 민영도매시장의 개설자가 지정한다.
- 민영도매시장의 개설자가 중도매인·매매참가인·산지유통인 및 경매사를 두어 직접 운영하는 경우 그 운영 및 거래방법 등에 관하여는 농수산물도매시장 관련 규정을 준용

3. 농수산문종합유통센터

가. 정의

- 농수산물의 출하경로를 다원화하고 물류비용을 절감하기 위하여 농수산물의 수집포장가공보관수송판매 및 그 정보처리 등 농수산물의 물류활동에 필요한 시설과 이와 관련된 업무시설을 갖춘 사업장

나. 설치

- 국가 또는 지방자치단체는 종합유통센터를 설치하여 생산자단체 또는 전문유통업체에 그 운영을 위탁 할 수 있다

다. 운영주체

- 농림수협 등(유통자회사를 포함한다)
- 종합유통센터의 운영에 필요한 자금과 경영능력을 갖춘 자로서 농림부장관해양수산부장관 또는 지방자치단체의 장이 농수산물의 효율적인 유통을 위하여 특히 필요하다고 인정하는 자
- 종합유통센터를 운영하기 위하여 국가 또는 지방자치단체와 농림수협 등이 출자하여 설립한 법인

라. 지원

- 농림부장관해양수산부장관 또는 지방자치단체의 장은 지원대상자를 선정
- 부지구입시설물설치장비확보 및 운영을 위하여 필요한 자금을 보조 또는 융자

4. 농수산물도매시장·공판장 및 민영도매시장의 시설기준

구분	시설
필수시설	경매장(유개), 주차장, 냉장실, 저빙실, 오물처리장, 위생시설(수세식화장실), 사무실, 하주대기실 출하상담실
부대시설	상온창고, 중도매인점포, 중도매인사무실, 저온창고, 가공처리장, 재발효 및 추열실, 소각시설, 농산물 품질관리실, 음식물 쓰레기 처리시설, 제빙시설, 염장조, 염장실, 용융기
기타시설	회의실, 경비실, 기계실, 금융기관의 점포, 기타 이용자의 편의를 위하여 필요한 시설

5. 수수료

1) 도매시장법인 또는 시장도매인이 농수산물의 판매를 위탁한 출하자로부터 징수하는 거래액의 일정률에 해당하는 위탁수수료

- 양곡부류 : 거래금액의 1천분의 20
- 축산부류 : 거래금액의 1천분의 20(도매시장 또는 공판장 안에 도축장이 설치된 경우 축산물가공처리법에 의하여 징수할 수 있는 도살해체수수료는 포함되지 아니한다)
- 약용작물부류 : 거래금액의 1천분의 50
- 수산부류 : 거래금액의 1천분의 60
- 화훼부류 : 거래금액의 1천분의 70
- 청과부류 : 거래금액의 1천분의 70

2) 시장도매인 또는 중도매인이 농수산물의 매매를 중개한 경우에 이를 매매한 자로부터 징수하는 거래액의 일정률에 해당하는 중개수수료

- 중도매인이 징수하는 중개수수료의 최고한도 : 거래금액의 1천분의 40
- 시장도매인이 출하자와 매수인으로부터 각각 징수하는 중개수수료는 해당부류 위탁수수료 최고한도의 2분의1 이내

6. 포전매매의 계약

- 농림부장관이 정하는 채소류 등 저장성이 없는 농산물의 포전매매의 계약은 서면에 의한 방식으로 하여야 한다.
- 농산물의 포전매매의 계약은 특약이 없는 한 매수인이 당해 농산물을 계약서에 기재된 반출약정일부터 10일 이내에 반출하지 아니한 때에는 그 기간이 경과한 날에 해제된 것으로 본다. 다만, 매수인이 반출약정일이 경과되기 전에 반출지연사유와 반출예정일을 서면으로 통지한 경우에는 그러하지 아니하다.
- 농업협동조합과 그 중앙회는 포전매매에 있어서 표준계약서의 양식을 정하여 이를 계약서의 작성기준으로 이용할 것을 권장할 수 있다.
- 농림부장관과 지방자치단체의 장은 생산자 및 소비자의 보호나 농산물의 가격과 수급의

안정을 위하여 특히 필요하다고 인정하는 때에는 대상품목·지역과 신고기간 등을 정하여 계약당사자에게 포전매매계약의 내용을 신고하도록 할 수 있다.

7. 농산물가격안정기금의 용도

기금은 다음 각호의 사업을 위하여 필요한 경우에 융자 또는 대출할 수 있다.

- 농산물의 가격조절과 생산·출하의 장려 또는 조절
- 농산물의 수출촉진
- 농산물의 보관·관리 및 가공
- 도매시장·공판장 및 민영도매시장의 출하촉진·시설 및 운영
- 농산물의 상품성 제고
- 기타 농림부장관이 농산물의 유통구조개선 및 가격안정을 위하여 필요하다고 인정하는 사업

【참고문헌】

곽윤직, 민법총칙, 박영사, 2004

권오경외 3인, 물류관리사〔이론편〕, 한국물류협회, 2006

김남진, 행정법 Ⅰ Ⅱ, 법문사, 1992

김동희, 행정법 Ⅰ Ⅱ, 박영사, 1992

박민규, 물류법규, 박영사, 2004

최정일, 행정법(상), 박영사, 2000

정태용,「인·허가 의제제도에 관한 고찰」, 월간 법제, 2002. 2.

최양규, 화물유통촉진법국회검토보고서, 국회 건설교통위원회, 2004.11

한상우,「인·허가 법제실무」, 법제처 홈페이지(www.moleg.go.kr) 자료

【인터넷 자료】

건교부 홈페이지<http://www.moct.go.kr/>

국회 법률지식정보시스템<http://likms.assembly.go.kr/law/jsp/main.jsp>

국회 의안정보시스템<http://likms.assembly.go.kr/bill/jsp/main.jsp>

법제처 홈페이지<http://www.moleg.go.kr>

산자부 홈페이지<http://www.mocie.go.kr/index2.html>

저자 약력

박민규

저자는 강원도 춘천에서 태어났고, 전북 남원에서 유년시절을 보냈으며, 부산에서 초·중·고등학교를 다녔다. 1993년 제37회 행정고등고시에 합격하여 해양수산부에서 근무를 하였다. 1998년 미국 University of Wisconsin에 유학하기 전까지 해양수산부에서 수산·해운관련 업무와 관련 법령 개정작업과 관련 업무를 담당하였다.

University of Wisconsin에서 법학석사학위를 받았으며 계속해서 University of Wisconsin Law School에서 법학박사(S.J.D) 학위를 받았다. 2001년 5월 미국 뉴욕주 변호사시험에 합격하였으며 같은 해 9월부터 뉴욕주 변호사협회 회원으로 활동을 하고 있다. 미국에서 귀국하여 해양수산부 법무담당관실과 무역진흥과에서 법제업무 및 FTA, WTO 등 통상관련 업무를 담당했으며, 2003년 9월부터 인하대학교 국제통상학부에서 법학개론, 통상법, 국제거래법, 무역관계법, 통상분쟁사례연구 등을 강의하고 있으며 국제통상물류대학원 및 물류전문대학원에서 물류법규를 강의하고 있다.

저서로는 <물류법규>, <대외무역법>, <외국환거래법>이 있으며, <국민참여를 통한 입법 및 법제 개선방안 연구>, <수산보조금의 분류 및 WTO/DDA 협상 대응전략>, <200해리 시대에 부응한 수산자원 관리제도 개선방안>, <미국 행정 입법과정에의 국민참여 제도연구>, <경제자유구역청의 효율적 운영방안에 관한 연구> 등 다수의 논문 및 연구보고서가 있다. 주요 연구 분야는 물류, 통상, 일반행정 및 법제, 해양수산 정책·제도·법령 등 다양하며, 현재 여러 관련연구를 수행하고 있다.

현재 인하대학교 국제통상물류대학원 부원장이며, 외교통상부·해양수산부·산자부·건교부·산림청등 정부기관과 수협·한국수산회 등 민간단체의 자문위원과 관세사·물류관리사·화물운송종사자 자격시험 등 각종 시험위원으로도 활동하고 있다.

유통산업발전법

2007년 2월 7일 초판 인쇄
2007년 2월 13일 초판 발행

저자 / 박민규

발행인 / 고종식

발행처 / 우용출판사

등록일 / 1997년 11월 25일

출판등록 / 제 2001-1호

주소 / 서울특별시 마포구 망원1동 338-53

전화번호 / 02)324-6577

팩시밀리 / 02)324-6177

정가 / 17,000원

ISBN / 978-89-87951-67-6

『이 저서는 인하대학교의 지원에 의하여 발간되었음.』